青青子衿系列·郑培凯 主编

行走大唐

陈尚君 著

CITY UNIVERSITY OF HONG KONG PRESS
香港城市大學出版社

GUANGXI NORMAL UNIVERSITY PRESS
广西师范大学出版社
·桂林·

行走大唐
XINGZOU DATANG

图书在版编目（CIP）数据

行走大唐 / 陈尚君著．—桂林：广西师范大学出版社，2018.7（2022.1 重印）
（青青子衿系列 / 郑培凯主编）
ISBN 978-7-5598-0904-9

Ⅰ．①行… Ⅱ．①陈… Ⅲ．①中国历史－史料－唐代 Ⅳ．①K242.06

中国版本图书馆 CIP 数据核字（2018）第 108785 号

广西师范大学出版社出版发行
（广西桂林市五里店路 9 号　邮政编码：541004
网址：http://www.bbtpress.com）
出版人：黄轩庄
全国新华书店经销
广西广大印务有限责任公司印刷
（桂林市临桂区秧塘工业园西城大道北侧广西师范大学出版社集团有限公司创意产业园内　邮政编码：541199）
开本：787 mm × 1 092 mm　1/32
印张：10.375　　字数：191 千字
2018 年 7 月第 1 版　　2022 年 1 月第 4 次印刷
定价：58.00 元

总　序

香港城市大学出版社邀约我编一套丛书，希望由著名的人文学者来执笔，反映文、史、哲、艺各个领域的学术研究，最好是呈现长期累积的研究心得与新知，厚积薄发，深入浅出，让一般读者读得兴味盎然。这一套书要有学术内容，但不是那种教科书式的枯燥罗列，或是充满了学术术语与规范的高头讲章。社长与副社长跟我讨论了一番，劝我出面联系学界名流，请他们就自己著作中，挑选一些比较通俗而有启发性的文章，或说说自己在学术研究上最有开创性的心得，编辑成书，出版一个系列，以吸引关心人文知识的读者，并能刺激青年学者，启导他们在学术研究的道路上，得到前辈的启发，追寻有意义的学术方向。

大学出版社出版学术书籍，一般有两种类别与方向：一是毫无趣味的入门性教科书，虽然言之有物，却干巴巴的，呈现某一学术范畴的全面知识，主要提供基础学问给学生，可以作为回答考试的标准答案。另一类则是学术专题的深入研究，将学者钻研多年所累积的学术成果撰写成专著，解决特定的学术问题，为学术的提升贡献新知，是专家写给专家看的书籍。

出版社想出的这一套丛书系列，是希望我联络学界耆宿，说服他们写随笔文章，揭示自己潜泳在学海中的经验与心得，既要有知识性，有学术的充实内涵，又要有趣味性，点出探求学术前沿与新知的体会。其实，这类文章最难写，先得吃透了整个学术领域的知识范畴，潜泳其间，体会出知识体系的脉络，然后像叶天士那样的名医把脉一样，知道学术研究的病灶难点，指出突破的方向与探索的前景。出版社希望的目标，听起来很有道理，说起来很轻巧，却是最难以做到的。

现在有许多学术著作，展示了刻苦钻研的成果，像清朝的考证学一样，旁征博引，把古往今来的相关知识全都引述了一通，类似编了本某一专题的批注大全，最后才说出几页自己的研究心得。有些论述长篇累牍，往往没有什么新意，只让我们看到作者皓首穷经的辛苦耕耘，却不一定有什么收获。这样的研究专著，看来是为了学术职场的升等，写给学术考核的专家们看的。精深难懂的研究专著，有其出版的必要，因为它总是长期学术耕耘的成果，功不唐捐，甚至有可能是可以传世的巨作，要经过好几代学者的分析才能体会其中的奥义。但是，一般而言，大量的学术专著也只是显示了作者的努力，让学术同行认可其专家的地位，是给少数研究者看的。有他不多，没他不少，对学术的发展与知识的传播，似乎无关紧要。一般的知识精英，对学术有兴趣，是想知道研究领域出现了真知灼见，能够启动深刻的人文思考，并不想知道某一专题研究的过程与细节，就好像人们都对科学研究的成果感兴趣，却不肯待在实验室里，跟着科学家长年累月观察实验的过程。所以，出一套丛书，请学术名家就他们毕生研究的经验，以随笔的形式，总结一下心得，则是大家都喜闻乐见的。

接受了出版社的委托，联络了一些朋友，大家都很给面子，说“应该的，应该的”，做了一辈子学问，也该总结一下，让一般读者知道探求学问的门径，理解人文学术研究的心路历程。反正都到了退休的年龄，完全不必理会学术职场的名利，可以静下心来反思自己的学术道路，如何可以金针度人。大家有了撰著的兴趣，都问我，这套学者随笔丛书的名称是什么。我突然福至心灵，好像是天上文曲星派了个小精灵来点醒，脱口就说，“青青子衿，悠悠我心”，有了，就是“青青子衿”系列。

“青青子衿”一词，来自《诗经·郑风·子衿》，诗不长，只有三段：

> 青青子衿，悠悠我心。纵我不往，子宁不嗣音？
> 青青子佩，悠悠我思。纵我不往，子宁不来？
> 挑兮达兮，在城阙兮。一日不见，如三月兮。

按照汉代学者的解释，是讲年轻人轻忽了学习，让老师们有点担心，希望他们回到学校，认真读书。陈子展先生是这样译成白话的：

> 青青的是你的衣领，悠悠不断的是我的忧心。纵使我

不往你那里去，你难道就不寄给我音讯？青青的是你的佩玉绶带，悠悠不断的是我的心怀。纵使我不到你那里去，你难道就不到我这里来？溜啊踏啊，在城阙啊。一日不见，如三月啊！

这首诗的解释，过去是有歧义的，主要是朱熹推翻汉代以来的诠释，认定了“郑风淫”，所以，这也是一首男女淫奔之诗。结果朱熹的说法成了明清以来的正统解释，连现代人谈情说爱，也都喜欢引述这首诗，特别是“一日不见，如三月兮”这两句，很容易就联想到《王风·采葛》同样的诗句，让人日思月想，情思绵绵。其实，认真说起来，朱熹的说法并不恰当，这首诗也不是一首“淫诗”。汉代的《毛传》明确指出：“《子衿》刺学校废也。乱世，则学校不修焉。”对“嗣音”的“嗣”字，解释得很清楚：“嗣，习也。古者教以诗乐，诵之歌之，弦之舞之。”至于“一日不见，如三月兮”，《毛传》说：“言礼乐不可一日而废。”郑玄则笺解说：“君子之学，以文会友，以友辅仁。独学而无友，则孤陋而寡闻。”唐代孔颖达《毛诗正义》更延伸解释：“礼乐之道，不学则废，一日不见此礼乐，则如三月不见也，何为废学而游观乎？”大体说来，从汉到唐的经解诠释，说的是严师益友，互勉向学的意思，比起朱熹突然指为“淫奔之诗”，要恰当得多。

清末的王先谦在《诗三家义集疏》中，引述古人对《子衿》一诗的理解与传述，是这么说的：

> 魏武《短歌行》：“青青子衿，悠悠我心。但为君故，沉吟至今。”虽未明指学校，但无别解。北魏献文诏高允曰：“道肆陵迟，学业遂废。《子衿》之叹，复见于今。”《北史》：大宁中征虞喜为博士，诏曰：“丧乱以来，儒规陵夷，每揽《子衿》之诗，未尝不慨然。”宋朱子《白鹿洞赋》：“广《青衿》之疑问，宏《菁莪》之乐育。”皆用《序》说。

列举了曹操以来，历代对《子衿》的理解与认识，包括朱熹的《白鹿洞赋》在内，都同意《毛序》的诠释，是关心学业，没有人提起“淫奔”的想法。也不知道朱熹撰写《诗经集传》的时候，是否突然吃错药了，满心只想男女之事，让后人想入非非。

当然，诗无达诂，可以随你解释，只要解释得通就好。我们采用汉代去古未远的解释，希望青年读者读了这套书，可以对学术发生兴趣，在人文思维方面得到启发。假如你坚持“青青子衿”是首情诗，那更好，希望你能爱上这套书。

郑培凯

目 录

第三编　守护大唐

自　序

有唐一代，绵历近三百年，既混一南北，国力强盛，复融通东西，文化多元。其皇室源出边朔，行事恣肆，不尽守礼法，其臣民更各怀异秉，气血壮盛，因而得创造灿烂之文化，演绎不寻常之故事，称雄世界，泽被西亚东瀛，沾溉宋元明清。其余光遗烈，至今令人追想，诚有以也。

尚君自负笈沪上，至今恰为四十年。初从师习唐宋文学，后感兼顾为难，乃弃宋专唐，期能有所建树。因早年失学，根柢浅薄，不敢自是，常卑以自持，乃自清理基础文献始，凡历二十余年，方得渐次增廓堂庑，发为议论。回看走来路，居然亦稍有积累。更因秉师明训，不敢妄作，广参前贤，偶有体悟，因尤彰明史源，尽搜文本，析疑辨伪，穷源竟委，论说颇有不同于前贤今哲者，于是形诸著作。凡文献发掘积累者，则循传统而汇为专书，先后成《全唐诗补编》《全唐文补编》《旧五代史新辑汇证》等书；读群籍而自成见解者，则写成论文，结集者亦得五六册；其余读书随兴，形于札记，师友催督，即事成篇，亦渐有所得，陆续有所刊布。古人品茗谈学，请益会友，行箧中常携自印巾箱本，广为馈赠，得通声气。近年学者多印笔记，正为此遗风。尚君未能免俗，不免为高人讥嘲，亦难辞咎。

本书所收，皆与李唐有关之短篇，凡存文五十二篇，多为近年所写。写作缘起不同，庄重者有之，游戏者亦有之，漫无统摄，更缺理论，惟皆能有感而发，持之有据，言之妥洽。承郑培凯先生与香港城市大学出版社诸公不弃，嘱拼为一集，因以关涉有唐文史者为主，乃总题曰《行走大唐》。凡分四编。一曰《窥探大唐》，凡涉真相分析或揭示者归之；二曰《玩赏大唐》，凡分析作品、评骘人物、展示事实者归之；三曰《守护大唐》，凡涉辨伪析疑者归之；四曰《推敲大唐》，凡涉前贤时哲研究成就之评说、本人学术致力原委者归之。诸文皆说明最初发表时间及刊布处，且大多保持发表时面貌。偶有内容重复或体例难划一处，读者谅之。

杜牧诗云："六朝文物草连空，天澹云闲今古同。鸟去鸟来山色里，人歌人哭水声中。深秋帘幕千家雨，落日楼台一笛风。惆怅无因见范蠡，参差烟树五湖东。"（《题宣州开元寺水阁》）牧之感慨六朝，与今人追怀大唐盛衰，事隔百纪，感同一揆。鸟声山色，万物何曾遽变；人歌人哭，读史催人警醒。如是而已，复何言哉！

是为序。

陈尚君

公元2017年2月28日于复旦

第一编　窥探大唐

玄武门蒙难者的女眷[1]

因为唐高祖的犹豫与不忍，玄武门事变不可避免地发生。秦王李世民与他的幕僚出重金收买玄武门守将常何，设伏袭杀太子建成和齐王元吉，并当着高祖的面，杀死养在宫中的侄子，逐步逼父皇退逊。两月后太宗即位，开创贞观之治的全新局面。这是世所同知的事实。

事变以后关键人物的命运，史书多有披载。退位的高祖在大安宫又活了九年，与他在位时间相当，只是待遇差了许多。太宗曾在全国范围内搜捕太子与齐王的余党，经魏征劝说改变了做法，求得和解。不久追改建成为息王，谥隐，世称隐太子，齐王降封巢王，谥刺，二谥皆含失德之意，但皆得以王礼葬，也就是说并没有加以大逆的罪名。尽管事变因违反基本的伦理秩序，太宗及其史官始终不遗余力地希望证明事变的合理性，如太宗十八起兵兴唐啊，太子、齐王将不利于秦王啊，太子庸碌无能、猜贤妒能啊，无奈一册漏网的《大唐创业起居注》将老父决策、大郎二郎拼力建唐的过程记录得清清楚楚，武德间的事实也因反复掩饰而弄得迷离不清，提

1　本文原刊于《东方早报》2015年10月11日。

供今人解读的各种可能。这些已经有无数研究论文加以分析，我在这里只想利用存世和新见文献，揭示太子、齐王身后两家女眷的一些情况。

李建成夫妇墓志，几年前在西安南郊出土，当时在葛承雍先生处见到拓本，《秦晋豫新出墓志搜佚续编》（赵文成、赵君平编，国家图书馆出版社，2015）收录了二志拓本。建成墓志题作《大唐故息隐王墓志》，内容极其简单："王讳建成，武德九年六月四日薨于京师。粤以贞观二年岁次戊子正月己酉朔十三日辛酉，葬于雍州长安县之高阳原。"真是惜墨如金的文字，除了新提供了下葬的时间、地点，其他皆阙如。建成妃墓志题作《大唐故隐太子妃郑氏墓志铭》，逾千字，内容极其丰富，尽管对事变仍讳莫如深，且全文用典颇多，解读不易，但对郑氏家世、去世、享寿及丧事皆记载清晰。志载郑氏卒于上元三年（676）正月三十日，享寿七十八岁，即在事变后又活了四十年。她与太宗为同一年出生。太子建成死时年三十八，较其妻年长十岁。墓志述事变后："而泰终则否，福极生灾，祸构春闱，刑申秋宪。妃言依别馆，遽沐殊私。栋折榱崩，更荷栖游之地；巢倾穴毁，重承胎卵之仁。"太子之死当然是伏法，其妻也从东宫迁出，但不久即获得新皇恩典，重新得到栖息之居所。墓志载其卒于长乐门内，或即其寓所。"殡于第五女归德县主之宅"，"祔葬隐陵之侧"。知太子除五子外，至少还有五个女儿，其女封归德县主，即其女眷仍保留了基本待遇。志题称"隐太子妃"，太子墓称"隐陵"，也即承认建成曾任太子的经历，其墓得称陵，尽管未必有其实。

太宗在贞观十三年（639）让己子赵王福出继建成一房，赵王夫妇墓志已经出土；以曹王明出继齐王一房。其中最吊诡的就是，曹王李明的生母杨氏，就是齐王元吉之妃，也就是太宗的弟媳妇。杀弟而夺其妻，宋代理学家肯定大加挞伐，唐代则罕有议论。据说长孙皇后去世后，太宗因宠爱杨氏，欲立其为后，为魏征谏止。以齐王妻所生子出继齐王，确实是很妥当的安排。特别要提到的是，曹王后人李皋为中唐名臣，是宗室中难得人才。

虽然杀了太子和齐王诸子，但在皇权危机解除后，太宗对兄弟之诸女则仍落实待遇，封县主嫁人，平稳生活。太子诸女，除前引归德县主外，还有下文要特别介绍的闻喜县主李婉顺。齐王女则有归仁县主，墓志由初唐四杰之首王勃撰写，见于日本存唐抄《王勃集》残本，十年前已收入拙辑《全唐文补编》卷一五。从墓志可以解读出来的情况是，在齐王被杀后，至少有五个女儿活了下来。齐王妃杨氏似乎是带着女儿进入太宗的后宫，“抚幼中闱”。县主卒于总章元年（668），年四十四，也就是说当其父被杀时仅两岁，未必断乳。到贞观十八年（644）二十岁，获封归仁县主，出嫁天水姜氏，即唐初有名的外戚家族。尽管杨妃抱女入宫侍奉二伯，有些悲壮，但因其后为太宗所宠信，连带她的女儿也没受太大委屈。所谓“奉盥饵于前厢，侍温凊于侧寝，二尊齐养，诚周于造次之间”，只有温暖，没有仇恨，杀夫杀父的痛苦，在这里都没有痕迹，只有皇上的恩德。王维的《息夫人怨》：“莫以今时宠，能忘旧日恩。

看花满眼泪，不共楚王言。”用在这里正恰当。

隐太子第二女李婉顺，嫁贞观名臣刘林甫之子刘应道，卒于龙朔元年（661），享年不详。刘应道对她一往情深，亲自为妻撰写墓志，刘应道死后又由其子刘献臣撰文（二文均收入《隋唐五代墓志汇编·陕西卷》第三册），所记家庭生活和夫妻感情极其细腻动人。刘应道说其妻年十七封闻喜县主下嫁，二人成婚共同生活达二纪，即二十四年，由此逆推，其成婚当在贞观十二年（638），出生大约在武德四年（621），即事变发生时约五岁。刘应道讲了许多其妻的优点，如谦裕从顺、和睦家人、治家有方、管理得体，都是应有之义，比较独特的是以下这一段：“少而志学，及长逾励。壶务之余，披省无辍。虽名家之说，未足解颐；而历代之事，其如抵掌。至于艺术方技，咸毕留思；诸子群言，鲜或遗略。雅好文集，特加钦味。每属新声逸韵，无亏鉴赏。至若目见心存，耳闻口诵，始窥文而辩意，未终篇而究理。与仆并驱于畴昔，余每有愧焉。及陈废兴，叙通塞，商榷人物，综核名理，抗论发辞，莫不穷其指要，实有大丈夫之致，岂儿妇人之流欤！而固存扮挹，耻于眩曜，与朋类常谈，未尝及乎经史。不有切问，终日如愚，虽亲亲之伦，竟无睹其奥者。”说她从小就养成读书学习的良好习惯，结缡后于料理家事外，成天忙着读书，所看并不以名家诗文为限，且熟悉历代史实，能够抵掌而谈，对艺术、方技、诸子百家尤其抱有浓厚兴趣，而且记性好，理解、分析、鉴赏能力都极其出众，能“辩意”“究理”，有思辨能力。“及陈废兴，叙通塞，商榷人物，综核名理，抗论发辞，莫不穷其指要，实有大丈夫之致，岂儿妇人之流欤！”特别要将这几句再引一下。刘应道说其妻在闺室以外，“终日如愚”，绝无任何风采，但夫妻相对，关门聊天，则具有大学问家的气势，纵论历代王朝的兴亡得失，评述历朝政治的举措是非，雌黄历史人物，且都能深入得其指要，议论皆具理论高度。刘应道赞其妻“有大丈夫之致”，可惜身为罪人之女，得保首级为幸，所知一切，只能向帘儿下面低语，其畏祸避世之情可想。刘应道官至秘书少监，早年藏书即达六七千卷之多，晚年更受诏编录四部群书，结交遍天下，是有识见的博达之士。其妻死后他历二十多年不再娶，以夫妻共同生活的正室维持原状，自己居于东窗下八九尺之地直到去世。他对妻的赞誉值得信任。在李婉顺身上是否可以推知一些其亡父的影子呢？难说，毕竟她五岁就丧亲了，但也不能完全否定吧。

唐太宗的另一面[1]

唐太宗是伟大的英明君主，虽然袭杀兄弟夺位的过程不太光彩，但秉政后励精图治，虚心纳谏，征服四裔，国力强盛，贞观之治成为后世理想社会的代名词。

即便这样的英明君主，也有极其荒唐、几乎败政的另一面。请允许我摘录一段稍微有些冗长的历史原始记录：

> [贞观]十七年（643）四月乙酉，废太子承乾为庶人。丙戌，诏曰：“（前略）可立治为皇太子，所司备礼册命。”甲午，临轩，授皇太子册。己亥，御两仪殿，皇太子侍侧，陈孝德以戒之，谓侍臣曰：“朕御天下十有七载，遂得太子一诣寝门，知子唯父，义已体之。然初立以长，不能废弃，今者丧败，其自取之矣。”初，承乾之将废也，魏王泰日入奉侍，太宗面许立为太子。因谓侍臣曰：“泰昨入见，自投我怀中，云：‘臣今日始得与陛下为子，更生之日也。臣有一孽子，臣百年之后，当为陛下

1　本文原刊于《文汇读书周报》2017年1月9日。

杀之，传国晋王。’父子之道，故当天性，我见其如此，甚怜之。”褚遂良进曰：“陛下大失言，伏愿审思，无令错误也。安有陛下百年之后，魏王持国执柄，为天下之主，而能杀其爱子，传国于晋王者乎！陛下日者立承乾为太子，而复宠爱魏王，礼数有逾于承乾者，良由嫡庶不分，所以至此。殷监不远，足为龟镜。陛下今日既立魏王泰，伏愿陛下别安置晋王，始得安全耳。”太宗涕泗交下，曰：“我不能。”因起入内。太宗以晋王仁孝，心所钟爱。又以太原瑞石文云“李治万吉”，意以为嗣，而未发言。泰任数知太宗爱晋王，因谓之曰：“汝善于元昌，今败，得无于忧色？”晋王忧之，见于颜色。太宗怪而屡问，方言其故。太宗慨然有悔立泰之言矣。是日，太宗御两仪殿，群官尽出，诏留司徒长孙无忌、司空房玄龄、兵部尚书李世勣、谏议大夫褚遂良，谓曰：“我三子一弟，所为如此，我心无聊。”因自投于床，引佩刀。无忌等争趋抱持太宗，手中争取佩刀，以授晋王。无忌等请太宗所欲，曰：“我欲立晋王。”无忌曰：“谨奉诏，有异议者，臣请斩之。”太宗谓晋王曰：“汝舅许汝也，宜拜谢。”晋王因下拜。太宗谓无忌等：“既符我意，未知物论何如？”无忌等又曰：“晋王仁孝，天下属心久矣。伏乞召问百僚，必无异辞，若不手舞同音，臣负陛下万死。”妃嫔列于纱窗内，倾耳者数百人，闻帝与无忌等立

> 晋王议定，一时嚂叫，响振宫掖。太宗于是御太极殿，召文武六品以上曰："承乾悖逆，泰亦败类，朕所观之，皆不可立。欲选诸子尤仁孝者，立为冢嗣，尔其为朕明言。"众咸言晋王忠孝仁爱，文德皇后之子，立为储君，无所与让，皆腾跃欢叫，不可禁止。太宗见众情所与，颜色甚悦。是日，泰从百余骑至永安门，诏门司尽辟其骑，令引泰于肃章门入，出玄武门，幽于北苑。

这段记录见于《册府元龟》卷二五七，虽是宋人编纂的类书，但文本来源可以确认是今已失传的《太宗实录》。两《唐书》、《资治通鉴》也载，不及此详。

太宗即位后广纳嫔妃，生子众多，但能继嗣者只有长孙皇后所生三子，即长子太子承乾、四子魏王泰、九子晋王治。承乾在太宗即位后两月即立为太子，并无失德。泰封魏王，好文学，太宗为开文学馆，泰也急于表现，乃约请文士编成五百五十卷的地理总志《括地志》。太宗常夸奖魏王，魏王更拉拢亲信，有夺嫡之谋。太子感到危险，内心忧惧，于是通过东宫属官，联络拥有军功的宰相侯君集等，为自己声援，以求稳固嗣君之位。在长孙皇后、魏征等关键人物去世后，矛盾激化，太子先败，因而出现前引文开始的一段。

太子败，魏王认为嗣位非他莫属，更恃宠撒娇，"自投我怀中"。他书还有吮乳的记载，魏王此时至少二十四岁，公开如此，据说是北族遗风。太宗经历了武德间的兄弟之争，最后喋血解决，并没有接受教训，过分表达对魏王的喜爱，甚至轻言夺嫡，终于酿成承乾的失败。对魏王的谎言，太宗也缺乏判断能力，真相信魏王继任后会善待乃弟，甚至要杀子传弟云云。在关键时刻，他身边名臣之敢于直谏，及时提醒，改变了太宗的预案。

晋王治世称仁孝朴厚，但他的身边显然有高人指点，并得到国舅长孙无忌的支持。既有人编造太原瑞石文之谶言，又在与魏王争夺父亲信任时，以忧形于色，屡问方告，得到肯定。即便如此，太宗仍不愿放弃魏王，既涕泗交下，痛心疾首，又引刀欲自尽。所谓“我三子一弟，所为如此，我心无聊”，一弟指汉王元昌，也卷入逆谋。称三子，知晋王也有错失，但史无记载。对自己处事不当，引致家庭惨剧，全无自省。晋王确立为太子的过程，虽有他的表态，但又显然被内外诸臣所挟持、所欺瞒。专制时代，每每如此，太宗也不能例外。

在做出如此重大决策的时刻，更有趣的一幕是：“妃嫔列于纱窗内，倾耳者数百人，闻帝与无忌等立晋王议定，一时喊叫，响振宫掖。”几乎是后宫全程直播，数百人围观，太宗后宫之无序，于此可见。在他弥留之际，才人武氏即私结太子，也不难想见。

废太子承乾碑，已经在昭陵出土。太子当年即被处死。魏王当天被囚禁，后迁居均州郧乡，即今湖北十堰一带，潦倒以终。其后人墓志陆续有出土。晋王继位后称高宗，溺爱武氏，贬逐拥立自己的诸臣。他身殁唐也就亡了，武后建立了大周王朝。若不是女主解决不了继承问题，加上五王恢复唐统，玄宗以两次政变重建山河，太宗几乎触动了大唐覆亡的机关。明君也有发昏的时候，此一例也。

殷颜世婚与文化传承[1]

两个文化家族，维持了两百多年六代人的交替婚姻，今人很难想象，甚或认为违反科学，会造成人种退化甚至痴呆。然而中古时期真的发生过，且因此造就了伟大的书法家和文学家颜真卿。

殷、颜两家，汉魏为山东名族，东晋时南渡，门风融南北之长。南朝梁、陈间，颜之推遇乱归北，历仕北齐、北周、隋，所著《颜氏家训》叙南北文化之差异，最负盛名。其后人有名的是颜师古、颜元孙、颜真卿，多以学术名家。殷不害仕陈，工书画，后人有名者则有殷令名、殷仲容、殷亮等，前二人为唐前期一流书家。

颜之推《颜氏家训·后娶》："思鲁等从舅殷外臣，博达之士也。"思鲁为之推子，据此知之推妻即殷氏。外臣，梁武帝太清元年（547）任行台选郎，见《陈书》卷一《武帝纪》，是颜、殷之婚至晚始于梁代。

西安碑林藏颜真卿撰《颜勤礼碑》云："父讳思鲁，……娶御正中大夫殷英童女，《英童集》呼颜郎是也。"是父子皆娶殷女为妻。殷英童为殷不害子，仕北周为御正中大夫、麟趾殿学士，入隋

1 本文原刊于《文汇读书周报》2017年2月5日。

为益州晋熙郡守。《历代名画记》卷八称“殷英童善画兼楷隶”，但未有作品存留。

《颜勤礼碑》云：“先夫人陈郡殷氏洎柳夫人。”勤礼为真卿曾祖，至此已三世以殷氏为妻。

颜真卿《颜氏大宗碑》云：“……昭甫，字周卿，少聪颖，而善工篆、隶、草书，与内弟殷仲容齐名，而劲利过之，特为伯父师古所赏。凡所注释，必令参定焉。”昭甫为真卿祖，至此则四世皆娶殷氏为妻。昭甫妻为殷令名女，殷仲容姊。《元和姓纂》卷四云令名为不害兄弟不占曾孙，他书又云为不害后，估计其间有过嗣关系。

颜真卿《殷践猷墓碣铭》云：“长妹兰陵郡太夫人，真卿先妣也。”是其父颜惟贞仍娶殷氏为妻，即真卿之母。其人为殷子敬女，殷践猷妹。子敬为殷令名弟令言子，于真卿为外祖。

此外，颜师古女颜颀（631—677），嫁殷令名子殷仲容（633—703），详见《考古与文物》2007年5期陕西省文物考古研究所撰《唐殷仲容夫妇墓发掘简报》。颜昭甫之季女，即颜真卿之季姑颜真定，则嫁殷令德孙殷履直为妻，而其女复嫁颜真卿长兄颜阙疑为妻。真卿六兄颜幼舆则娶殷践猷女为妻。以上所述，已经涉及二百多年间六代人之九次联姻，这些还仅是依靠颜真卿文集为主而保存下来的记录，实际的情况应该比这还要丰富得多。

就前文所考，颜、殷缔婚最晚开始于梁代，其后殷英童仕北周，颜之推归北齐，殷不害兄弟仕陈，南北隔绝并没有中断两族之世好。至隋唐一统，当然更有接续之必要。从历史渊源来说，这两族都属于北方世家而入南侨居者，其家族传统兼有南北文化延续之优长。唐柳芳《氏族论》（《新唐书》卷一九九引）说到汉魏旧族之文化趋向时，有“山东之人质，故尚婚娅”，“江左之人文，故尚人物”。颜、殷两族秉承山东旧族之传统，沾溉江左士风之浸染，门第、家风、姻娅均有可称者，且留下许多相互携持扶助的佳话。

殷氏世工书画，自殷不害以下，代有美誉，而唐初殷令名、殷仲容父子尤称擅场。令名有《益州长史裴镜民碑》，赵明诚《金石录》卷二三以为“笔法精妙，不减欧虞，惜不多见”。康有为《广艺舟双楫》卷三以为“吾最爱殷令名书《裴镜民碑》，血肉丰泽，《马周》《褚亮》二碑次之矣”。卷六云：“方润整朗者，当以《裴镜民碑》为第一，是碑笔兼方圆，体极匀整。”其后颜真卿所走正是此一路数。高宗、武后间，殷仲容之书尤负盛名。窦臮《述书赋》卷下谓其“奕世工书，尤善书额”，“皆精妙旷古”。宋人得见者尚有十余碑，存世则以《马周碑》和《昭陵六骏赞》著名。颜真卿虽未及见殷仲容，但其父祖辈多蒙其照拂并传笔法。颜真卿《颜氏家庙碑》云其祖父颜昭甫：“幼而颖悟，尤明诂训。工篆、籀、草、隶书，与内弟殷仲容齐名，而劲利过之，特为伯父师古所赏重，每有注述，必令参定。”昭甫书迹不存，时人亦无类似评价，恐不免过誉，但与仲容常有研习，当可相信。真卿乾元元年四月《谢赠祖官表》：“臣亡父故薛王友先臣惟贞，亡伯故濠州刺史先臣元孙等，并襁褓苴麻，孩提未识，养于舅氏殷仲容，以至成立。”《颜元孙神道碑》云：“少孤，养于舅殷仲容家，身长六尺二寸，聪锐绝伦，工词赋章奏，有史才，明吏事。”《颜氏家庙碑》云其父惟贞：“君仁孝友悌，少孤，育舅殷仲容氏，蒙教笔法。家贫无纸笔，与兄以黄土扫壁木石，画而习之，故特以草、隶擅名。”可知颜元孙、颜惟贞皆蒙殷氏养育并“蒙教笔法”。颜真卿出生仅四岁，父即因伤恸伯姊而去世。《殷践猷墓碣铭》云：“长妹兰陵郡太夫人，真卿先妣也，中年孀嫠，遗孤十人，未能自振。君悉心训奖，皆究恩意，故能长而有立。”可以相信颜真卿的早年生活和教育都是在舅家度过，得到殷家许多关照，包括他早年习书的经历。

近年出土《殷亮墓志》，保存颜真卿内侄殷亮的详细生平。叙述安史乱起，颜杲卿、颜真卿二人守官有责，分别举义，殷家似乎分担了照顾颜氏眷属之责任。乱平，颜真卿为死难请恤，颜氏子孙死难离散者十余人，但没有提及殷家人物。墓志说叛军也为殷、颜族人之孝行感动，殷家历劫而得平安无恙。从殷亮本人经历看，他在仕途上多蒙颜真卿提携。真卿获命为荆南节度使，未成行即约殷亮为从事。贬官江西，殷亮一直陪侍左右。颜杲卿、颜真卿先后殉国，殷亮为颜杲卿撰写传记，又撰《颜鲁公行状》，记录二人之浩然正气和生平事业，留下二家世代姻亲之不朽嘉话。

元载的平反[1]

元载是中唐前期的权臣，肃宗末因依附权宦李辅国入相，仅旬日肃宗崩，代宗即位，清除了李辅国，但因元载“能伺上意，颇承恩遇”，居然任首相达十六年之久。任相的王缙、杜鸿渐皆热衷佛事，俯仰居位，权归元氏，任情祸福，“鼻息干虹蜺”，弄得皇上忍无可忍，但又不敢轻易动手。直到大历十二年（777）三月，方出奇谋扳倒元载，立即诛杀，罪名一是专权，二是贪腐。后一项有具体的记录，据说其家光胡麻就有八百石，稀罕的钟乳（用于服食）有五百两。罪名昭彰，史有明文，后亦无平反昭雪之记载。

近日承文物出版社葛承雍先生寄示西安市文物稽查队编《西安新获墓志集萃》，其中有会昌四年（844）刘三复撰《严厚本墓志》云：

> 元载、杨炎之谥，纷纷而□□有三十余年，公谥元为忠，杨为厉。相国郑公覃问曰：“元载贪冒有状，而恣其悍妻恶子，奈何以忠相之？”公抗辞曰：“元载赃罪盈

1　本文原刊于《文汇读书周报》2016年11月7日。

亿，斯可恶也，然当代宗朝有将不利于东宫者，载有翊戴德宗之功。□欲□之，其可得乎？”其议遂定。

稍有残缺，但意思明白，彼此都承认元载严重贪腐，私德有缺，但他曾翊戴太子，延存皇脉，这就是最大的功劳，最后定议。元载的铁案，在他死后六十年，突然因这位小人物而翻了过来。

郑覃任相在甘露事变发生之当月，即大和九年（835）十一月至开成四年（839）五月，在相最有名的事件是《开成石经》之完成，当然此与时政无关。严厚本为何在此时借定谥的名义为元载平反，是否与甘露事变后宦官权势有关，都难以确定，而他所提元载对保全德宗储位的功劳，则大体有线索可寻。德宗为代宗长子，其母沈氏以良家子入选东宫，赐给太子男广平王李豫，虽为长子，其实庶出。沈氏又在安史之乱间下落不明，多年前的电视剧《珍珠传奇》就是搬演她的故事。德宗李适虽然在代宗即位就立为皇太子，但缺乏母爱，更无外家奥援，储位确实令人担忧。其实代宗为太子时储位也风雨飘摇，幸亏李泌编出一通章怀太子《黄台瓜辞》的故事方得化险为夷。谁知历史会不会重演呢？德宗在储位十八年，绝大多数时间元载秉政，虽然没有见到显著事实，但太子之位没有动摇。遗憾的是德宗即位后，立即罢免因审鞫元载而入相的常衮，起用元的亲信杨炎。此后绵历五十多年，皇位在德宗子孙间传了四代五帝，元载如被丢弃的死狗般没人再作议论。

照理说，元载秉政十六年，门生故旧很多。我们读大历十才子的诗，看到元的大公子元伯和广结名士，异常活跃。读唐传奇《任氏传》《枕中记》，作者沈既济为杨炎所荐引，杨则为元载亲信。今人对两部小说之寓意，到底是讲元载还是杨炎、刘晏，颇多争议（参卞孝萱《唐人小说与政治》的相关部分引王梦鸥、丁范镇、程毅中诸家说）。但令人感到奇怪的是，受到元载牵连而贬死岭南的韩会，其弟韩愈也相随倥偬万里，后执文坛牛耳廿多年，又任史官，对元载之忠奸从未有所议论。

原因何在呢？我觉得重要的原因还在元载出身清寒，因随母而冒姓元氏，身后无有力之家族支持。唐代政治讲出身华衮，依序渐进，元载之骤居显要，为清论所不喜，其间得罪人必多，以致身后萧条。

那么，民间如何看其为人呢？有一篇久不为学者注意的小说，保留了难得的记录。唐末范摅著《云溪友议》采民间传说以备异闻，新奇有趣而多非事实，有《窥衣帷》一篇，说元载娶宰相王缙女王韫秀为妻，渐渐为王家轻怠，甚至目为乞儿，“厌薄之甚”。王氏拿出妆奁钱，鼓励元载读书应考。元载辞家游秦，有诗别妻：“年来谁不厌龙钟，虽在侯门似不容。看取海山寒翠树，苦遭霜霰到秦封。”我在你家备受冷落，不能见容，只能艰难赴京，寻求前途。妻答诗：“路扫饥寒迹，天哀志气人。休零离别泪，携手入西秦。”你不要在乎人情冷暖，我跟定了你，咱们一起进京。元载骤得显贵后，王氏作诗寄诸姨妹：“相国已随麟阁贵，家风第一右丞诗。笄年解笑明机妇，耻见苏秦富贵时。”我家本就出过大诗人王维，元郎也已入相，你们这些势利眼，哪里识得苏秦的才华。王家亲属来趋附，王韫秀大大羞辱了一通，绝不给脸。待到元载事败，王氏本可免死，但自负“二十年太原节度使女，十六年宰相妻”，“死亦幸矣”！多么动人的故事。可以说，唐宋以后贫贱夫妇挣扎图强，历尽艰难而得臻一品之故事，在这里全部具备了。但仔细追究，元妻王氏是天宝间名将王忠嗣女，元撰岳丈碑文还在，王缙入相较元载晚两年，他任太原节度使，即杜诗所说“稍喜临边王相国”，则更在其后。“家风第一右丞诗”，到底是谁家？原来一切都出虚构，惟一可见的，是民间对出身清寒的元载的同情。

严厚本是严武的侄子，严武在元载秉政初，历任黄门侍郎、成都尹、剑南节度使，或因此而存感恩，方便时就提出了元载的历史评价，将旧案翻了过来。史官失载，湮没千年，偶为世知，更感珍贵，谨揭出如上。

郭子仪的生存智慧[1]

古人说人生在世，凡有三不朽，上者立德，中者立功，下者立言。立德除个人修行，还得靠机缘，颜回若非沾了孔子的光，其修行恐真不易为人所知。立功则个人努力可致，当然也要靠世乱或御边的机会。只有立言，人人都可达到，因而中国存世的古籍汗牛充栋。每一位发言者真能不朽吗？天知道。

郭子仪出身华阴郭氏，武举及第，从左卫长上（《旧唐书》本传作“长史”，误，此从《郭家庙碑》碑阴题名）做起，快六十了，方任九原太守兼朔方节度右兵马使。当时在十节度使中，朔方军的实力不在前列。意想不到的安史之乱，给了郭子仪做梦也想不到的机缘。他被任命为朔方节度使，率军从灵武东讨，出晋北，与河东节度使李光弼连手，成为扭转唐廷在安史叛乱初期不利形势的主要力量。身陷叛军占据的长安城中的杜甫，最初对郭并不看好，《哀王孙》云：“朔方健儿好身手，昔何勇锐今何愚。”但后来的变化出乎预料，到乾元元年末，除河北外，叛军仅盘踞邺下一隅。杜甫《洗兵马》：“中兴诸将收山东，捷书夕报清昼同。河广传闻

1　本文原刊于《文汇读书周报》2017年2月27日。

一苇过，胡危命在破竹中。祇残邺城不日得，独任朔方无限功。”又说：“成王功大心转小，郭相谋深古来少。”即便邺下兵溃，杜甫笔下的郭子仪依然是值得信赖的主将。《新安吏》云：“况乃王师顺，抚养甚分明。送行勿泣血，仆射如父兄。”仆射就指郭子仪。

战事几经苍黄，到代宗初年，叛乱基本敉平，论功以郭子仪、李光弼为最。李光弼在乱平次年就去世了，郭子仪更显得突出。同时，他也始终不断地感到功业盈满、来自皇帝身边亲信宦官的猜忌。这种猜忌在肃宗后期就屡次发生，他都躲开了，到代宗初年，更时时感到功高不赏之恐惧。据说宦官害其功，使人盗掘郭家先人祖坟。这是奇耻大辱的事情，部将怒劝子仪缉盗，子仪拒绝了，上朝时自请有罪：“臣领师徒，出外征伐，动经岁年，害人之兄、杀人之父多矣。其有节夫义士，刃臣于腹中者众。今构隳辱，宜当其辜。但臣为国之心，虽死无悔。”是说自己领军打仗多年，无论杀敌或是战亡，因父兄死亡怨恨自己的人太多，祖坟被掘，权当赎还自己之罪愆。说得多坦荡。赏论战功，子仪获赠豪宅，在京城亲仁里大兴土木。他知道自己功高震主，无端的猜忌或传闻都可能给自己和家族带来祸害。他的设计出乎所有人意外，在自家豪宅中通大路，开商店，“里巷负贩之人，上至公子簪缨之士，出入不问”。他家女眷梳洗，路人都可以见到。他家子弟不了解他的苦心，哭着劝谏：“大人功业已成，而不自崇重，以贵以贱，皆游卧内。某等以为虽伊、霍不当如此也。”你老人家功业巍巍，应该森严庄重一些，至少家应该是一个私密的空间，干吗让那些不三不四的人出入卧室以内，前代伊尹、霍光辅佐人主，也从来并不如此啊。郭子仪答道：“尔曹固非所料。且吾官马粟者五百匹，官饩者一千人，进无所往，退无所据。向使崇垣扃户，不通内外，一怨将起，构以不臣。其有贪功害能徒成就其事，则九族齑粉，噬脐莫追。今荡荡无间，四门洞开，虽谗毁是兴，无所加也。吾是以尔。”（引文见《太平广记》卷一七六引胡璩《谭宾录》，胡书内容多取国史实录，相当可靠。）说明白了，我地位高，随从多，马有千匹，从官千人，相随住在京城，如果高宅深院，内外不通，必然引起许多猜恨。贪功害能之人何代不有，但凡有人怀怨，诬告有不臣之心，将无从解释，闹不好还会招来株连九族的大祸。现在我四门洞开，示人以坦荡，即便有人诬告，也不会招致祸事。可以见到他为人之周慎惧满，在功高盖世之际没有头脑发热，知道自古功高招祸的事实，以盈满为诫。当然，生活奢侈一些，享受一些，皇上都不会计较，将军有疾，将军好色，都是人情之常吧。

郭子仪之谨慎小心、自污避祸，其家人未必明白，也难以向家人透底说穿。代宗震于其功高，将自己的女儿升平公主嫁与子仪次子郭暧。偏偏这位郭公子做了驸马，与公主关系始终没有协调好，古人称为“琴瑟不调”。这小两口经常吵架，不知什么原因，一次郭暧居然骂公主说：“倚乃父为天子耶？我父嫌天子不作。”你以为你老爹是皇帝，就可以摆公主的架子吗？其实你爹做皇帝，是因为我老子嫌弃做皇帝什么都要管，不想做，才让你爹做的。

一下子就把公主骂哭了，马上就打车回宫，亲口询问可有其事。好在这位皇上还算明白，知道是不懂事的小两口胡闹，劝慰公主说：“汝不知，他父实嫌天子不作。使不嫌，社稷岂汝家有也？”说着说着，自己也觉得委曲，“因泣下，但命公主还”。还是让女儿委曲回去吧。郭子仪听闻，知道事情闹大了，于是“拘暖，自诣朝堂待罪”。皇上当然再次大度，劝慰郭子仪：“谚云：‘不痴不聋，不作阿家阿翁。’小儿女子闺帏之言，大臣安用听？”阿家即阿姑，“阿家阿翁”即今所谓公婆。看来这位皇上还读过一些书，知道《释名》卷四引里语“不瘖不聋，不成姑公”。隋代长孙平也曾引鄙谚作“不痴不聋，未堪作大家翁”。这是民间处事的基本原则，即小辈的恩爱怨骂，长辈不要过分当真，不然家族恩怨将无穷无尽。当然，从代宗的立场说，郭子仪毕竟权重内外，不能轻易动摇，乐得做和事佬。在郭子仪则始终明白伴君如伴虎的道理，过了这趟，还不知道以后如何，于是将郭驸马杖打数十，让这浑小子长些记性。以上所引皆见唐赵璘笔记《因话录》卷一，后来戏曲《打金枝》就是靠这段故事敷衍而成。

《旧唐书》本传说：“前后赐良田美器、名园甲馆、声色珍玩，堆积羡溢，不可胜纪。代宗不名，呼为大臣，天下以其身为安危者殆二十年，校中书令考二十有四。权倾天下而朝不忌，功盖一代而主不疑，侈穷人欲而君子不之罪。富贵寿考，繁衍安泰，哀荣终始，人道之盛，此无缺焉。”在安史乱定后，郭子仪还活了近二十年，权倾天下，功盖一代，享尽富贵，家族贵盛，都因他的惧盈畏祸而造就。他的部将子孙，在中晚唐政治舞台上始终很活跃。其孙女后为宪宗妃，生穆宗，被尊为郭太后，更被认为穆、敬、文、武四朝大内之实际掌控人。真是福荫云仍，德泽绵长。

司空见惯真相之揣测[1]

司空见惯的故事，一般认为最早的记载是唐末孟启《本事诗》：

> 刘尚书禹锡罢和州，为主客郎中、集贤学士。李司空罢镇在京，慕刘名，尝邀至第中，厚设饮馔。酒酣，命妙妓歌以送之。刘于席上赋诗曰："鬟髻梳头宫样妆，春风一曲《杜韦娘》。司空见惯浑闲事，断尽江南刺史肠。"李因以妓赠之。

《太平广记》卷一七七引《本事诗》，"李司空"作"李绅"。今人对此史实颇多怀疑。岑仲勉《唐史余沈》卷三《司空见惯》条辩云："刘自和州追入，约大和元、二年，至六年复出，于时绅方贬降居外，曾未作镇，何云罢镇在京？且唐制重内轻外，郎官尤名贵，自称刺史，口吻尤不类，同时守司空者乃裴度，此涉于李绅之全误者也。"《太平广记》涉及唐人笔记称官名、尊称者，

1 本文原刊于《新民晚报》2009年2月15日。

多改为直呼其名，虽便于宋人阅读，但改错的也很多。《本事诗》只作“李司空”，硬改为“李绅”，未必有什么证据，经岑氏将二人行迹逐一排比，其误显而易见。卞孝萱四十多年前分别作《李绅年谱》和《刘禹锡年谱》，逐年排比二人事迹，更可证定以李绅为李司空之不足凭据。

较早记载此一故事的唐范摅《云溪友议》卷中《中山悔》，所叙与《本事诗》颇多不同：

> 昔赴吴台，扬州大司马杜公鸿渐为余开宴。沉醉归驿亭，稍醒，见二女子在旁，惊非我有也。乃曰：“郎中席上与司空诗，特令二乐伎侍寝。”且醉中之作，都不记忆。明旦修状启陈谢，杜公亦优容之，何施面目也。余以郎署州牧，轻忤三司，岂不过哉！诗曰：“高髻云鬟宫样妆，春风一曲《杜韦娘》。司空见惯寻常事，断尽苏州刺史肠。”

所叙更为曲折，但破绽却更明显。杜鸿渐，两《唐书》都有传，是肃、代间的名臣，《旧唐书·代宗纪》记其卒于大历四年（769）十一月。刘禹锡的出生可以肯定是在大历七年（772），在杜死后三年，当然绝不可能相见沉醉了。宋人已经发现了这一记载的讹误，刻意加以弥缝，如詹玠《唐宋遗史》（原书不存，见《诗话总龟》卷二六、《苕溪渔隐丛话后集》卷九引）即径改作“韦应物赴大司马杜鸿渐宴”，并发议论认为：“观此则应物豪纵不羁之性，暮年犹在也。”苏州刺史最有名的当然是韦应物，其生活时代也与杜鸿渐相当，似乎还说得过去。但仔细算来，韦任苏州刺史在唐德宗贞元四年（788），距离杜去世已接近二十年，何况唐人根本没有说此是韦应物的事。《唐宋遗史》喜欢乱改唐诗故事，在此不一一列举。

那么，是否此事全出于《本事诗》和《云溪友议》作者的虚构或采辑传闻呢？《本事诗》单列此条，不易鉴别，《云溪友议》中的《中山悔》一则，由刘禹锡的一系列故事构成，其一叙早年轻率改动牛僧孺文卷，晚始悟前非，并以之告诫子弟；其二述早年喜臧否人物，以致一直仕途不偶；其三历评同时前后人诗文的优劣；其四即此司空见惯故事，其首并云述此目的是要告诫“夫人游尊贵之门，常须慎酒”的道理；其五述在夔州作诗事。各节叙事具有连贯性，显然有同一来源。《云溪友议序》称：“近代何自然续《笑林》，刘梦得撰《嘉话录》，或偶为编次，论者称美。”唐兰撰《〈刘宾客嘉话录〉的校辑与辨伪》（刊《文史》第四期，中华书局1965年出版），认为“《中山悔》一篇中，多有出于《嘉话录》者。然范氏多窜易旧文，故仅附录于后”。其中多处文字可以与他书引《嘉话录》互校。海峡对岸的台湾学者罗联添稍早也作《〈刘宾客嘉话录〉校补及考证》，发表在《幼狮学志》2卷1期、2期，1963年1月、4月发行，虽然没有将《云溪友议》此节叙事全部作为《嘉话录》佚文录出，但也注意到二者部分文字的重叠关系，并做了校订。海峡两岸的这两位学者，在完全没有沟通可能的独自研究中，试图恢复《刘宾客嘉话录》一书的原来面貌，得到了基本一致的结论。

那么，《刘宾客嘉话录》是一部什么面貌的著作呢？该书序较长，韦绚自述长庆元年（821）十七岁时，到峡中的白帝城，叩谒当时任夔州刺史的刘禹锡。韦是刘在永贞革新时故友韦执谊之子，时执谊去世已多年，刘遂收留韦绚在身边。其后数年，“晨昏与诸子起居，或因宴命坐，与语论，大抵根于教诱，而解释经史之暇，偶及国朝文人剧谈、卿相新语、异常梦话，若谐谑、卜祝、童谣佳句，即席听之，退而默记，或染翰竹简，或簪笔书绅，其不暇记，因而遗忘者不知其数，在掌中梵夹者百存一焉”。即刘视韦若子侄，经常在一起讲论学问和掌故，涉及的内容非常广泛。韦也很勤奋，不断将听到的内容记录下来。直到大中十年（856），即在开始从刘问学三十五年后，才将这些记录整理出来，编成《刘宾客嘉话录》，当时刘禹锡去世也已经十四年了。如前所述，这本《嘉话录》的原书也早已散失，存本为后人拼凑，真伪参半，所幸他书引录较多，得以有刘论学闲谈的诸多妙语留存后世。前引《云溪友议》以刘禹锡第一人称叙述的经历，符合韦绚记录刘禹锡嘉谈的风格，所涉二乐妓侍寝的经历，似乎也不是别人可以杜撰。那么，这位司空到底是谁，事情又发生在什么时候呢？确实很难作出明确的解答。今人瞿蜕园、卞孝萱、蒋维崧、陶敏都对刘禹锡诗文作过深入研究和全面解读，对此也没有找到合理答案。

在此，我想作一个稍大胆一些的推测。我认为这位“扬州大司马杜公”，很可能是中唐名臣杜佑。杜佑在贞元五年（789）末出镇扬州，职衔是“检校礼部尚书、扬州大都督府长史、充淮南节度使”，到十六年（800）兼领徐泗濠节度使，直到十九年（803）三月入相，在扬州长达十四年（均见《旧唐书·德宗纪》）。现在扬州唐城遗址还有杜佑的题名石柱（数年前被移至崔致远纪念馆前，有些不伦不类）。此其一。杜佑从扬州入相时的职衔，是“检校司空、同中书门下平章事、太清宫使”（同前），刘诗中“司空”的称呼可以得到落实。此其二。刘禹锡与杜佑的关系非常特殊。据卞孝萱《刘禹锡年谱》所考，刘在贞元十二年（796）任太子校书，后因父卒于扬州，去办理丧事，为杜佑赏识，大约在十六年起担任杜的掌书记，约一年多，现在刘的文集里面还有十多篇为杜起草的表奏。到十八年调补京兆府渭南县主簿，离开扬州。在第二年杜佑入朝为相到达长安初期，刘还为杜草拟了《为杜相公自淮南追入长安至长乐驿谢赐酒食状》《代杜相公谢就宅赐食状》，大约杜初为相，还来不及配备助手，刘以故吏代作文书，也可见关系的特殊。此其三。

杜佑是中唐名相。他所著《通典》二百卷，对于从上古到唐代的历代典章制度都有详尽的记录。他在扬州长期任职，主要职任就是将东南财赋转输到两京，卓有建树，因此可以直接从淮南节度使入为宰相。杜佑的孙子就是高唱“十年一觉扬州梦”的风流诗人杜牧。杜佑一生大致“始终言行，无所玷缺”，在扬州更没有那么多韵事流传，但有件事似乎比杜牧还走得远。“唯在淮南时，妻梁氏亡后，升嬖妾李氏为正室，封密国夫人，亲族子弟言之不从，时论非之。”（均见《旧唐书·杜佑传》）宋以后，小妾扶正是常有的事，但在唐代则是很严重的事件，可以获刑的，在《唐律疏议》中有明确规定。杜佑在夫人去世后，不顾亲属子弟的再三劝谏，不顾当时舆论的谴责，执意将自己喜欢的小妾立为正房，还为其请求封号。唐代士庶的界限非常严格，士人或官员流连北里、多蓄妾侍，都不是大问题，但以出身卑下的妾为正室，则为士流所不齿。杜佑以使相之尊，以妾为妻，可见其性情至上，特立独行。

前引《云溪友议》刘禹锡自述经历，是自己将赴苏州，杜为己开宴，大约杜请乐妓出来佐欢，刘乘醉作诗，表达对杜身边艳妓环绕的歆羡之情，杜当即让两位女子陪侍归旅舍。其中“惊非我有也”“何施面目也”两句，很可玩味。前句透露刘亦有侍妾，但这两位则非我所有者；后句则是知道自己是后辈，是下属，居然因醉而夺司空之爱，确实很失身份。在此，也可以看到他与司空之间非常特殊，甚至是亲密随便的关系。刘在被贬朗州司马后，写信给任宰相的杜佑，自称“小人自居门下，仅踰十年，未尝信宿而不侍坐，率性所履，固无遁逃，言行之间，足见真态”。杜虽然是上司，但彼此亲密信任，经常彻夜陪坐，言行都率性而为，不受牵拘。还说自己在杜幕下犯过许多错误：“尝掩人以自售矣，尝近名以冒进矣，尝欺谩于言说矣，尝沓贪于求取矣，尝狎比其琐细矣，尝媒孽其僚友矣，尝矫激以买直矣，尝詀讘以取容矣，尝漏言于咨诹矣，尝败务于簿书矣。”（均见《上杜司徒书》）问题都很严重，但杜都能包容，隐隐透露出一些消息。

以上分析了司空可以是杜佑的种种可能。不赞同者肯定要提出反驳：《云溪友议》和《本事诗》记载不同，何以采信前者而不取后者？《云溪友议》称“昔赴吴台”，又称“以郎署州牧，轻忤三司”，刘诗也称“断尽苏州刺史肠”。刘任苏州刺史在大和五年（831），时杜佑去世已经十九年，显然难以契合。这一诘难，只能作部分解释。据周勋初《韦绚考》（收入《唐人笔记小说考索》）所考，韦在刘任苏州刺史前几年，即制科及第，然后入西川李德裕幕府，他从刘受学，主要在此以前。刘叙“昔赴吴台”，显属多年前的事情。刘的出生，其实是在当时属于苏州的嘉兴境内。颇怀疑此“昔赴吴台”指早年的一段经历，不是赴任苏州刺史。当然，此仅属推测。由于刘禹锡的谈话，经过韦绚多年后的记录，再经过范摅、孟启的改写，已经几度变形，所叙与事实不免颇多出入，后人也就只能姑妄信之了。

瞿蜕园说刘禹锡与元白韩柳之交谊[1]

中唐文学，韩愈、柳宗元、元稹、白居易最称大家，诸人间卓然自立而可与抗衡者，亦仅禹锡一人，即称并世五家亦可。刘与四人均有极密切之交往，虽早晚、亲疏、事功及文学建树各有不同，要为中唐最可称道的文学风景。瞿蜕园《刘禹锡集笺证》对此解读至为精彩，不能不为之分疏一二。

柳宗元为禹锡一生最心会之朋友，其为人心气极高，亦最为耿介重义。瞿蜕园特别注意到柳在长期流贬中，对王叔文始终推重，未尝有异辞，并认为其《寄许京兆孟容书》称与王叔文等“共立仁义，裨教化”，“勲勲勉励，唯以中正信义为志，以兴尧舜孔子之道、利安元元为务”，这是共同的目标和理想；但失败则在于：“加以素卑贱，暴起领事，人所不信，射利求进者填门排户，百不一得，一旦快意，更造怨讟，以此大罪之外，诋诃万端，旁午构扇，尽为敌雠，协心同攻，外连强暴失职者以致其事。”相信这是他外贬多年冷静思考后的总结。瞿蜕园认为“此数十语于永贞政变之内幕揭发无遗”，可以揭示许多隐情。至于柳与韩、刘之关系，

1　本文为拙文《瞿蜕园解读刘禹锡的人际维度——〈刘禹锡集笺证〉评述》中的一节，全文原刊于《东方早报》2016年2月21日。

瞿蜕园认为“韩非真知柳者”，“柳于韩殆亦非心服”；对刘在柳去世后一系列文章中，不道其性行，评价文章亦仅借他人之言，瞿认为“盖禹锡知宗元深，决其志事必不湮没，故不为赘词，且哀之极亦不暇文也”。

韩愈与刘、柳关系的解读，大约是瞿著中最精彩的文字。众所周知，韩与刘、柳在贞元后期已有深交，但因言得罪而贬阳山，于路上有“同官尽才俊，偏善柳与刘。或虑语言泄，传之落冤仇。二子不宜尔，将疑断还不”的猜疑。永贞政败，韩则作《永贞行》丑诋之，今论者或谓韩与刘、柳政治立场迥异，并进而斥其人品。瞿蜕园则认为贞元末同官中，刘所最亲者即为柳、韩，待其结交王叔文、韦执谊时，则韩已南贬，因此而廓清韩之贬因得罪王之曲解。又梳理韩遇贬之缘由，一为言天旱人饥而指斥京兆尹李实，二或为言宫市，皆与永贞诸人所见相同，王叔文等无论成党与否，皆不至排韩。至永贞败后韩所作诸诗，瞿认为确有许多“无以自解”处，如比王、韦为共工、驩兜，瞿认为是因颂圣而“运用故实不无过甚”。对《永贞行》则认为一则为“宦官之拥兵者张目”，二则述“求官不得者忿嫉之词”，三则将王、韦等比为董贤、侯景，有“天位未许庸夫干”，“谓王、韦将谋篡，其谁信之”。这些过分甚至诬枉之词，瞿的解读是韩既要颂圣以让“君、相见此诗必深许其忠”，又要尽量撇清关系，“汲汲以不与刘、柳同党自明”，同时也留与刘、柳今后相见之余地。对韩之诸诗，刘、柳皆未曾以为忤，也无怨韩之辞，瞿认为乃二人与韩在政治取径上虽不同调，

"乃更望愈之仕途亨遂，早据要津，始有弹冠相庆之可冀也"。这样解读虽似有些俗见，但可能正是元和间三人升沉各异、始终没有"损及私交"的合理解答。柳宗元殁于贬所，韩愈为其撰墓志、祭文及《罗池庙碑》，尽了朋友之责任。刘禹锡先后有祭文悼念柳、韩，都反复述及三人之交谊。在政治风潮中人生命运会有起伏荣黜，三人虽曾稍有龃龉，而最终能友道始终，诚为不易。瞿之设身处地为古人着想，不掩恶，不苛求，极具学人之识见。

元稹为中唐大家，无论其出身、仕历及交往，当时与后世皆有较多争议，瞿蜕园则广征文献，为其辩白。一是《旧唐书》本传云元和初元稹针对王叔文等故事，奏请东宫官宜选正人，瞿则引元稹原奏，所针对者为以沉滞僻老及疏弃斥逐之人，并非针对二王而发。二是他的进用因得宦官崔潭峻推荐之力，朝论鄙之，因此而为武儒衡于朝官聚食时侮之。瞿以为虽然元谄事潭峻为事实，不必曲护，但其时显宦而得交宦官者并非仅此特例，个人之间的交往有和有不和，任何时代都一样。崔奏进元诗，瞿认为元之新艳诗体为当时广传，"中官进以为娱"，皇帝也未必理解其中谏诤之意。他认为朝官对元之不屑，并非因缘宦官，而是出身明经，进身太速所致。且举出元和十年刘、柳等被召入京，元亦被召者之一，认为事出李吉甫，不能以召永贞党人为名，故一并召及；但诸人到京而吉甫已亡，秉政者武元衡不赞成诸人起复，因而有再贬远州之处置，元亦再贬通州司马。武儒衡为元衡从父弟，有仇隙借机发挥也很正常。三是裴度对元的极度反感，瞿分析说："至于稹与度似已至不可调和之程度，盖度腾章诋稹，非有深憾不至于此。以常理而论，度在平淮西以后，被推为元老重臣，似不应有轻率忿激之章奏，殆必有交扇其间者也。”原因难以究竟。瞿的这些分析，对理解中唐政事也很重要。至于元、刘间的交往，瞿认为二人在贞元末即可能结识，对顺宗时变政的举措，元亦应可赞成。其后元之贬官，刘颇表同情，元贬江陵，与朗州不远，来往更显密切。到长庆间元稹与李绅、李德裕同在翰林，因各自友人之关系，交往更深，刘除夔州，也可能得三人之助。其后十年，刘与元稹、李德裕关系密切的程度，几近无话不谈，且多有心曲之交流与时政之感慨。唯元死得突然，殊为可惜。此外，元、白齐名且交谊密切数十年，但刘与元、李走近以后，元似无意牵扯白入局，也是有趣的事情。

白居易与禹锡同年出生，但登进士第则晚了七年。贞元、元和间文学声名鹊起，他亦勇于言事，但大多泛言时政得失，偶及中贵，因不似禹锡之结党抱团，多数情况下并无大碍。至元和十年（815）因越职言事得罪宰执，贬居江州，用世之心发生根本转折。瞿蜕园追踪刘、白二人之家世渊源与早年轨迹，认为结交于弱冠应属可能。元和、长庆间二人诗名各得擅场，有文字交往之痕迹，但绝无彼此私谊可言，是甚为可怪者。白居易云二人初逢在宝历二年（826）秋，时白自苏州因病去职，刘则和州任满，不期而遇于扬州，时二人皆已五十四岁。瞿蜕园虽认为“初见”“初逢”都是泛言，但也找不出二人前此同游之确证。不可思议的是，此后十六年，二人似乎一下子都认可了对方的价值，成为最好的诗友。特别是大和五年（831）元稹去世以后，白与刘唱和更频繁。《淳熙秘阁续帖》载白与刘书云：“微（元稹）既往矣，知音兼勍敌者非梦（禹锡字梦得）而谁？”

瞿蜕园认为白、刘二人志趣颇有不同，禹锡始终未忘用世，而居易中年后敛尽锋芒；在人事上，居易因婚杨氏，与杨汝士兄弟亲好，而诸杨属李宗闵、牛僧孺一党，禹锡则与李德裕为莫逆之交。虽然有这些不同，但瞿蜕园认为元、白、刘三人同为开元和新派之人物，为诗各成壁垒；居易尤能知人，能服善；特别称赏刘禹锡“雪里高山头白早，海中仙果子生迟”“沉舟侧畔千帆过，病树前头万木春”二联，得其神妙。挽刘诗“杯酒英雄君与操，文章微婉我知丘”二句，“概括禹锡一生遭际，与二人之契合，其旨甚深”。也就是说二人唱和诗虽很少涉及时政，但“感往伤今，惊心触目，殆只相喻于无言”。二人之友谊，与刘、柳之深交，虽在不同的层面，但有特别的境界。可以说是脱尽铅华，勘破事功，在风花雪月中悟出人生的真谛，在心照不宣间彼此惺惺相惜。

李繁是圣贤还是败类[1]

正因为罗宁广征文献，提供了《邺侯家传》作者李繁的生平轮廓、《邺侯家传》的成书和流传文本，以及此书存世佚文的基本情况，更引起我继续探究的巨大兴趣。

《邺侯家传》作者李繁到底是个怎样的人？两《唐书》皆附其传于其父《李泌传》后，除冤死一节外，颇多恶行，其尤者则“漏言裴延龄以误阳城，师事梁肃而烝其室”（《直斋书录解题》）。前者据说为贞元十一年（795）春事，名臣陆贽罢相后两度上奏言权臣裴延龄奸佞，德宗右裴而黜陆。阳城是享天下清名的名士，被李泌推荐为谏官后，久不进言，乃至新进士韩愈作《争臣论》规谏而无效，但此时却拍案而起，为陆贽伏阁切谏，事方得缓，城亦得直臣之名。较早记录此事者柳玭《柳氏叙训》云：

> 李相国泌居相位，请征阳道州为谏议大夫。阳既至，亦甚御恩。未几，李薨于相位，其子繁居丧，与阳并居。阳将献疏斥裴延龄之恶，嗜酒目昏，以恩故子弟待繁，

1　本文原刊于《东方早报》2015年11月15日。

召之写疏。繁强记，绝笔诵于口，录以呈延龄，递奏之云："城将此疏行于朝数日矣。"道州疏入，德宗已得延龄稿，震怒，俄斥道州，竟不反。（见《戒子通录》卷二引）

但仔细推敲，颇多疑问，即"献疏斥裴延龄之恶"者为陆贽，阳城因陆贽被贬仗义伏阁，亦不存在多日前即将疏示人之理。且亦不因此事贬道州，其间尚有转国子司业一任。烝梁肃妾事，就较难追究了。今可知者，李泌贞元五年（789）卒于相位，次年德宗思及泌之为人，嘱其家编成文集二十卷，由梁肃作序以传。其时李繁与梁肃肯定有许多过从。梁肃卒后，其遗妾是否因情而与李繁有染，无从追究。但身兼陆贽知贡举时门生和梁肃古文传人两重身份的韩愈，对李繁的态度，或者可以提供参考。韩愈《送诸葛觉往随州读书》：

邺侯家多书，插架三万轴。
一一悬牙签，新若手未触。
为人强记览，过眼不再读。
伟哉群圣文，磊落载其腹。
行年五十余，出守数已六。
京邑有旧庐，不容久食宿。
台阁多官员，无地寄一足。

我虽官在朝，气势日局缩。
屡为丞相言，虽恳不见录。
送行过浐水，东望不转目。
今子从之游，学问得所欲。
入海观龙鱼，矫翮逐黄鹄。
勉为新诗章，月寄三四幅。

诗作于韩愈去世前一年，即长庆三年（823），当时李繁约五十余岁，即生于大历中期，为李泌五十后所生子。李泌去世后李繁袭其爵，故此处邺侯为李繁而非李泌。诗称其家多藏书，为人尤博学而强记，圣贤文章经典尤充实于胸中。诸葛觉即僧淡然，孟郊作《送淡公十二首》，叙彼此缱绻之情，韩愈也曾作诗《嘲鼾睡》戏谑。上引诗认为他得与李繁游，“学问得所欲”，上天入海均可从心所欲，对其人其学评价都很高。韩愈又作《处州孔子庙碑》，称赞李繁到任处州，立即修复孔子庙，既塑颜回、子夏等七十二人像，又以历代大儒公羊高、左丘明、孟轲、荀况、扬雄、郑玄等数十人图于壁，简直就是韩愈《原道》崇儒主张的实践者。韩愈因此而点赞：“邺侯尚文，其于古记，无不贯达，故其为政，知所先后，可歌也已！”在这里都看到韩愈对李繁的由衷赞美，展示李繁为人的另一面。但前诗也透露出，李繁虽为故相之子，在京城有旧庐，似乎与朝中多官关系极其疏远，原因不明，或与其早年失德有关。中唐存世诗文为数极大，就我阅读所知，与李繁有诗文来往者实属寥寥。以李繁之博学多才，不至如此吧，然确实如此。

李繁的著作，除《邺侯家传》外，至少还有三种。

一是《北荒君长录》三卷，《新唐书·艺文志》著录于史部地理类，仅见《资治通鉴考异》卷一九引及贞元四年（788）回纥请改回鹘一例，无从知其书之全貌，就书名推测应是有关北边民族历史或君长世系之专著。

二是《玄圣蘧庐》一卷，《新唐书·艺文志》著录于子部道家类，仅见宋初名臣晁迥在其三部著作中引及此书。《法藏碎金录》卷一引其序云："冀深信照之，能度苦厄，又知有以常相见，不在于眼界。"同书卷二引及其书凡十六篇，有《心宗》第十一、《不动》第十二、《梦觉》第十三、《闻思》第十四，谓其宗旨为"开心宗之性，示不动之体，悟梦觉之真，入闻思之寂"，赞其"咸有妙旨"，受其启发而"朝夕趣向，事理亲切"。卷五引其解《心经》语"身心俱不动，为求无上道"，认为"此语意存诚，入道足矣"。卷七赞其"不动之心，可以习成"之说。《昭德新编》卷下云其引《法华经》十六字"开示悟入佛之知见是也"，赞其"内外典故证据甚明，谈功德者当如是解"。《道院集要》卷二引其对心法的认识，举鹦鹉可以得道证众生平等。凡此皆知李繁深信佛法，妙契禅趣。

三是《大唐说纂》四卷，《崇文总目》作《唐说纂》。宋代洪迈《容斋四笔》卷八云"予家有之，凡所纪事率不过数十字，极为简要，《新史》大抵采用之。其《忠节》一门曰：'武后问石泉公王方庆曰：“朕夜梦双陆不胜，何也？”曰：“盖谓宫中无子，意者恐有神灵儆夫陛下。”因陈人心在唐之意，后大悟，召庐陵王，复其储位，俾石泉公为宫相，以辅翊之。’”陈振孙《直斋书录解题》卷一一则云此书“不著名氏，分门类事若《世说》，止有十二门，恐非全书”。可知仅此。王方庆劝武后归唐嗣事，也与一般认为狄仁杰事有所不同。

以上三书虽皆不存，片断遗存可略知李繁之性情趣向及学识兴味。但他影响最大的著作还是《邺侯家传》，其成书也颇具悲壮色彩。

李繁之被处决在文宗大和三年十一月十日，《旧唐书·文宗纪》所载很明确。其涉罪事由，《旧唐书》本传载为任亳州刺史时，“州境尝有群贼剽人庐舍，劫取货财，累政擒捕不获，繁潜设机谋，悉知贼之巢穴，出兵尽加诛斩，时议责繁以不先启闻廉使，涉于擅兴之罪”；偏偏又遇上以严苛著称的御史中丞温造，派遣与李繁有嫌隙而锐于生事的御史舒元舆来处置，于是罗织成大狱，李繁终难逃一死。舒元舆是唐后期有名的古文家，也是甘露事变中被族诛的四相之一。有关李繁一案的原始文案不存，无法究诘真相如何。元舆有名的寓言小品《养狸述》就认为国多鼠窃必然“小人道长，而不知用君子以正之”，他即以勇于捕鼠之狸自负，当其在位即以“止遏”“暴横”自任。他存诗仅数首，但有一组到坊州按狱的诗作，认为“真非既巧饰，伪意乃深韬。去恶犹农夫，稂莠须耘薅。恢恢布疏网，罪者何由逃”；“寄谢守土臣，努力清郡曹”。

即陷狱者的解释都是伪言巧饰，他以农夫去恶草的态度布下恢恢法网，决不允许遁逃。我比较倾向他是一位具有理想主义色彩的酷吏，李繁进了他的罗网，实在很不幸。舒元舆的理想和峻急很快得到回报，不到四十岁就入相，任相月余就身陷大逆，完成恶恶相报的循环。

李繁入狱时间无从确定，但从舒元舆出使坊州六旬结案来推测，李繁从亳州案发到解送京兆待判，先后大约会有几个月时间。不管李繁的错误有多严重，其实最多是绥靖地方用法过度的罪错，《旧唐书》本传说“时人冤之”，时任陕虢观察使王起进言：“繁父有功，而二千石不宜偿贼死。”但李繁仍难逃一死。在个人生死未卜之际，李繁想到的是用最后的时间记录父亲的传奇人生和卓越实践，用最简陋的纸笔记录自己所知的一切。这应是读《邺侯家传》者应知的背景。从另一立场说，这时李繁大约六十岁，其父李泌去世已经四十年，他所能回忆而叙写的，只能是四十年前、自己不足二十岁之际，父亲所告知的内容。一个人如果晚年写回忆录，追忆四十年前的往事，模糊错讹必不可避免，何况要追述自己年青而心智未成熟时所听闻于父亲的叙述，加上陷狱而生死不测的冤抑，有意弘传父亲论政处事之功业，狱中又无法查证国史实录，其偏颇失实当然无法避免。

虽然《邺侯家传》很偶然地得以保存到宋代，但评价之两极，也达到极致。激赏此书者首推司马光，《资治通鉴》据本书节写入书的篇幅极大，据我所作不完全精确的统计，多达一万七千多字，并在《考异》中引录几十则，对该书内容与他书记载有歧异者加以考辨。《邺侯家传》全书十卷，若推算全书字数在十万字左右，司马光习惯对原文都有节略，也就是说几乎将全书中论政精彩的部分都采撷入编。虽然司马光在述李泌去世时云：“泌有谋略，而好谈神仙诡诞，故为世所轻。”有些为自己解释，但也透露《邺侯家传》的记载，唐时或司马光当时，相信的人并不多，但司马光将其谈“神仙诡诞”部分剔除后，仍深加采信。与司马光看法不同的是，晁公武《郡斋读书志》卷二下《韩魏公家传》提要认为“如李繁录其父泌，崔胤记其父慎由，事悉凿空妄言，前世谓此等无异庄周鲋鱼之辞，贾生鹏鸟之对者也。而《唐书》皆取之，以乱正史”。又引宋祁说谓其书“浮侈”。洪迈《容斋四笔》卷一一认为：“又有子孙述先德，叙家世，如李繁《邺侯传》《柳氏序训》《魏公家传》之类，或隐己之恶，或攘人之善，并多溢美，故匪信书。”读书很仔细的陈振孙已经发现韩愈对李繁“拳拳”之情，但仍认为陷阳城而烝梁妾二事之所为“殆非人类”，按照那时通行的道德决定一切的原则，认为“韩公无乃溢美，而所述其父事，庸可尽信乎？”他们都读过原书，所评应皆属有识。

我们如果认真地加以追究，则不难发现，李泌是西魏八柱国之一李弼之六世孙，其父承休仅任吴房令，地位不高。他比肃宗年幼十一岁，少年时为张九龄所知，天宝间因上书言事得供奉东宫，说肃宗为太子时以他为师，恐怕已经有所夸饰。安史乱起，他以东宫旧僚的身份至灵武效力，肃宗与其熟悉而多有垂问，得闻机密，都是可以理解的，但若说肃宗将其“延致卧内，动皆顾问”，让其“掌枢务”，凡“将相迁除，皆与泌参议，权逾宰相”，均不免有所夸张。至少我们在肃宗时期的当代文献中，难以得到有力的左证。只有《邺侯家传》非常详尽记录肃、代、德祖孙三帝与李泌无所不及的私密谈话，但凡这三十年间的军国大事几乎都涉及了，且都有板有眼，契合时政，应机发言，识见恢廓，虽然仍有瑕疵，但大端能够说圆，不管你信不信，反正司马光是相信的。

那么，《邺侯家传》究竟是一本什么性质的书呢？应该说有几种可能。一是李繁所记，确实皆其少年时其父所告，或者说其父一生都保持如宋臣记日录、时政记那样的好习惯，每日凡涉起居言论、身历目击，皆有所记录；李繁本具超强的记忆，早就熟读，虽身陷囹圄，仍能叙述始末，不乱分寸。二是其父本有一些特异之经历，李繁早年即曾亲闻亲见，他对唐时历史和人事掌故本就烂熟于心，当遭遇牢狱之灾时，借其父之故事框架，表述自己对于治国理政之原则和理想。前引韩愈诗称其“为人强记览，过眼不再读。伟哉群圣文，磊落载其腹”，所为“群圣文”，应该就是历代先贤有关治国理政之经典著作。《邺侯家传》中大量的君臣对话，与其说是李泌的卓见，不如说是李繁的理想。其三则其书本近小说，李泌匪夷所思的传奇经历中的绝大部分都难以与史实相印证，许多都出于李繁的虚构。这一可能虽然不能完全排除，但若如此更显得李繁的伟大，他居然能如此随心所欲地编造历史，把司马光全套进去了。我比较倾向第二种可能。回到李繁之为人，他是官二代，年轻时的失德如果都是真的，也只能说明他不知世事深浅，卖弄自己的惊人记忆而陷前辈于不幸，率意牵情而不循世俗之道德规范。但他从政以后，并没有明显的丑闻，相反是一位服膺儒家学说的勤学者、归依佛法的超然居士。意外地身陷死牢，方有突然的憬悟，借先人之往烈，存自己之理想，留下一部难得的奇书。

且说冯道[1]

《旧五代史·冯道传》载，晋高祖曾以用兵事问冯道，冯道认为“讨伐不庭，须从独断”，即是否出兵讨叛，均请高祖裁定，自己决不参与意见，且说：“臣本自书生，为陛下在中书，守历代成规，不敢有一毫之失也。”就是说自己虽然是宰相，但本属书生，不知兵事，且按照梁、唐以来的习惯，宰相不问军事相沿已久，自己绝不踰越。还说在前朝，明宗也曾就此见问，自己也如此回答。这里冯道当然不是批评晋高祖违规，而是要说明五代时期文武分治的事实，武将决定政权的大势归属，文官则负责朝廷的日常运作。当然特殊情况也有，如清泰朝李崧对石敬瑭任六军副使的保荐。

唐末动乱的根本原因，是拥有武力的地方军阀的割据战争。唐后期河北叛镇依靠衙前军保持实力的做法，为多数军阀所师法，并逐渐形成了组织严密而具有很强战斗力的禁军体制。在梁败以后，禁军的向背决定了各代政权的归属。

五代帝王多数出身下层，甚至不识字，缺乏治理国家的实际能力，他们需要有政治上的有力助手来辅佐霸业。在多数情况下，

1　本文为拙文《纷乱中的秩序　回环中的变动——五代十国之我见》中的一节，全文原刊于《文汇报·文汇学人》2015年6月6日。

霸府或潜邸旧人就充当了这样的角色，由是形成由枢密使主持军政的局面。五代各朝都有这样一批权臣，如敬翔之于梁太祖、郭崇韬之于唐庄宗、安重诲之于唐明宗、桑维翰之于晋高祖、景延广之于晋末帝、史弘肇之于汉隐帝、王峻之于周太祖、王朴之于周世宗，都是。这些权臣在权力达到巅峰时，不可避免地与君主发生冲突，部分选择了退让，如敬翔、桑维翰等，很多人最终成为权力的牺牲品。在改朝换代之际，此类人物很少得到善终，因为大致是前一任君主的实际执行者。

然而政权更迭过程中，文官的情况则比较特殊，他们既是前朝的一分子，但又很少涉及朝廷重大决策；在新朝建立后，朝廷的日常运作仍然需要这些人来执行。唐庄宗经过长达近二十年的血腥战争灭梁以后，对梁大臣仅处置了一批懿戚佞臣，对多数高官仅象征性地予以贬逐，且很快起复，其中精英人物如李琪、崔协、郑珏均被命为宰相。以后各次更迭中，似乎连这种象征性的贬官也免了。即使如晋高祖斥清泰一朝为伪，但对一般文官都给以优礼，包括部分唐末帝的幕府旧人。对于前朝的官牒职状，一般也都予以承认，并确定了官员身份材料失落的认可办法。

官员虽然有在地方任职和在朝廷任职的不同，但基本职责都是维持政权的运作。地方官的日常事务是赋税和狱讼，遇战事则有守土和供给军需的责任。朝廷的日常责任由中书门下负责，如六部负责制礼作乐、官员选授、财务入出、营造刑狱，兵部也主要负责与军事相关的具体事务，并不负责节帅的遴选除授。上述工作，事实上是中央控制全国的一整套运作机制，无论谁做皇帝，都需要这套班子。在文武分流、军政分治的情况下，当禁军变乱，拥立新主人时，文臣可以心安理得地出迎，而不存愧疚之心。五代君臣之谊淡薄，当然更很少死守效忠了。

在这里要特别说到对冯道的评价。冯道先世为农为儒，出身不高。以他的勤奋好学，得以成立，先事幽州刘守光，再为唐庄宗掌书记，以他的踏实勤勉得到信任。唐明宗时为相，君臣颇相得，冯道也经常告以民生艰难、稼穑辛苦的道理，甚至给明宗讲聂夷中《伤田家》，要他以百姓为念。他在几次最艰困的时候都能挺身而出，一是出使契丹，朝臣无人愿行，他挺身出行，在契丹被扣，历尽艰难；二是后晋战败，契丹主入汴，问冯道："天下百姓，如何可救？"冯道告："此时百姓，佛再出救不得，惟皇帝可救。"因他的努力避免了契丹对中原衣冠的屠戮。冯道有诗自述："穷达皆由命，何劳发叹声。但知行好事，莫要问前程。冬去冰须泮，春来草自生。请君观此理，天道甚分明。"（《天道》）"莫为危时便怆神，前程往往有期因。须知海岳归明主，未省乾坤陷吉人。道德几时曾去世，舟车何处不通津。但教方寸无诸恶，狼虎丛中也立身。"（《偶作》）他虽四朝为相，但其实只是一介书生，身处乱世，以自己的努力广行好事，不计个人安危得失。《册府元龟》卷三一〇所存《周世宗实录》本传赞云：

> 道历仕四朝，二入中书，在相位二十余年，以持重

镇俗为己任，性廉俭，不受四方之赂，未尝以片简扰诸侯。私门之内，无累茵，无重味，不畜姬仆，不听丝竹。有寒素之士求见者，必引于中堂，语及平生。其待遇也，心无适莫，故虽朝代迁置，人无间言，屹若巨山，不可转也。议者以为厚德稽古，宏才伟量，盖汉胡广、晋谢安之徒与！

虽长期为显宦，但始终保持农儒本色，成为乱世中的道德楷模。在前述五代文武分治的大背景下，冯道的作为并没有违反儒臣立身的基本原则。欧阳修在百年以后，为了建构宋代士人的道德高地，将仅仕一朝或历仕数朝视为评价人物的根本原则，因此而斥冯道为无耻之尤者，实在是脱离时代、强人所难的苛评。当然，冯道绝非完人，他的学养因为《兔园策》的披露而稍显不足，为郭威迎请湘阴公刘赟知他不足知人，对周世宗的轻视更显出他的怕硬欺软。《旧五代史》本传赞以孔子相比当然有些不伦，但也不是不讲道德底线而谋取个人利益的政客，在可能的范围内，他尽了自己的努力。

道听途说的特殊价值[1]

先讲两个故事。

唐宣宗大中年间（847—859），有过两件完全无关的事情。一是秀才孙明拟往潘州，探访曾任九卿职务而贬逐到那里的韦某，诗人李频写诗送行："北鸟飞不到，北人今去游。天涯浮瘴水，岭外问潘州。草木春冬茂，猿猱日夜愁。定知迁客泪，应只对君流。"（《送孙明秀才往潘州访韦卿》）潘州即今广东茂名，在唐代是很边远的地方。李频为孙送行，也对韦的遭遇表示同情。就在此前后的大中十年（856），京城发生了一件怪事，京城巡逻发现一位长期落魄的术士衣装华丽，以为偷盗所得，将其逮捕。术士招供：司农卿韦廑欲求官，让他祷祝，术士要他自书官阶一通，乃大呼："韦廑有异志，令我祭天！"祭天是皇帝的行为，醮禳是驱灾求吉，术士将二者混淆，当然是讹诈。韦廑听到喧叫，立即慌了："愿山人赐百口之命，家之货财珍玩，尽与之。"算你狠，花钱避灾吧。巡逻上报，闹上朝廷，皇上还算明白，说："韦廑城南甲族，为奸人所诬，勿使狱吏辱之。"将术士杖死，韦廑贬永州司马（《资治

1　本文原刊于《文汇报·文汇学人》2014年11月14日。

通鉴》卷二四九）。可是到二十年后《云溪友议》所载，韦廑写成韦覲，司农卿成了太仆卿，过程更详尽，附加京兆尹崔傴谓府囚叛狱而与巫者交涉，韦的贬地换成了潘州，李频的诗稍改文字，成了“察院李公明远”为送韦而作。这位李明远是一品孙，大中六年（852）任左千牛备身，诗人杜牧为草制词。

代宗时的权相元载，出身不高，寅缘玄宗好道，开元末登四子科（为通道书者设置），安史乱后因善理财官显，代宗即位后入相，柄国政十六年，天下侧目。大历十二年（777），以罪赐自尽，据说受贿的胡麻就有八百石之多，牵连被贬的有韩愈兄长韩会、小说家沈既济。其妻为天宝名将王忠嗣女，夫败后自请从死，也算节烈女子。然而《云溪友议》卷下《窥衣帷》所载，王氏成为诗人王维的侄女，曾任宰相的河东节度使王缙女。相女嫁穷秀才，时久而见怠，于是王氏出奁资劝夫进学。元乃入京，以诗别妻自述委屈：“年来谁不厌龙钟，虽在侯门似不容。看取海山寒翠树，苦遭霜霰到秦封。”妻请偕行，并赠诗：“路扫饥寒迹，天哀志气人。休零离别泪，携手入西秦。”元到京“屡陈时务，深符上旨”，寻拜相，王寄诸姨妹诗：“相国已随麟阁贵，家风第一右丞诗。笄年解笑明机妇，耻见苏秦富贵时。”元贵盛无比，王又有诗劝诫。待元盈满被诛，代宗欲赦免王氏，王叹曰：“王家十三娘，二十年太原节度使女，十六年宰相妻，谁能书得长信、昭阳之事，死亦幸矣！”坚求一死。这里包含了诗家女子能诗劝夫、贫贱夫妇相扶进取，以及才女殉死的几层故事。然而按诸史实，怎么也对不上号。

元妻为王忠嗣之女，有元载所撰岳丈碑为证；王缙入相比元晚二年，他镇河东为大历三年（768）事，杜甫《诸将五首》“稍喜临边王相国”可证，时元居相位已六年；《旧唐书·元载传》云王氏“素以凶戾闻，恣其子伯和等为虐”，与此之贤淑晓理异。

《云溪友议》作者范摅，自号五云溪人，是唐晚期越州（今浙江绍兴）的一位好事文士。该书自序称：“谚云：‘街谈巷议，倏有裨于王化。’野老之言，圣人采择。孔子聚万国风谣，以成其《春秋》也。”他认为孔子修《春秋》乃聚“街谈巷议”“万国风谣”而成，他也有志效仿。就目下所知，他没有留下写诗的记录，更无诗歌传世，并世诗人包括长期居住越州的方干，也未见与他交往。宋初人说他有子能诗，方干见后评论：“必不寿。”真伪不详。范摅曾“少游秦、吴、楚、宋”，据说曾交结名流，可就书中揭示的线索，交往层次并不高。他向往编著“近于丘坟”的经典，然而他常分不清国史实录与“街谈巷议”的区别，以为听闻者皆足为信史。他强调刘向所云的“传闻不如亲闻，亲闻不如亲见”，知道纪事应求可靠，然而这段话恰来自王子年《拾遗记》卷一，那也是一本喜欢编造历代帝王后妃离奇故事的志异书，可见范摅心仪《春秋》，其实是依傍传奇。怀着如此好奇而庄重的心情，加上本身对本朝史实、文坛掌故以及人事、年代、地理等鉴别能力皆苦不甚高，《云溪友议》以五分之四篇幅记录唐诗故事，留下唐时民间有关名家名篇的大量离奇故事。

如同今日之娱乐记者或小道传播者一样，范摅只是认真记录者，他的记录真伪杂糅，事实与虚构并存。比如记大中七年（853）浙东幕府听盛小丛歌送侍御崔元范归京，崔作诗有“独向柏台为老吏，可怜林木响余声”句，时以为不祥，至是年秋崔鞫狱于谯中而卒。近代出土有《唐故秦国太夫人赠晋国太夫人郑夫人合祔墓志》云：“长曰元范，……由拔萃科聘诸侯府，升宪台为监察御史，不幸短折，士林痛之。”志主为其母。再如录廖有方元和十年（815）在宝鸡旅窆逝者始末，也可与《西安碑林博物馆新藏墓志汇编》268号载《唐故京兆府云阳县令廖君墓铭》印证。录韦丹与僧灵澈唱和诗序，真实性也无庸怀疑。此外还有一些，不尽举。

然而以范摅之好奇而学无根柢，离谱不经的叙事也在在多有。比如他说贺知章与顾况“每在班行，不妄言笑”，其实贺去世时顾仅十来岁，顾入仕更在贺死后许多年。再如说柳宗元到柳州，友人吕温作诗相嘲：“柳州柳刺史，种柳柳江边。柳馆依然在，千株柳拂天。”及南卓镇黔南，吕又作诗：“黔南南太守，南郡在云南。闲向南亭醉，南风变俗谈。”其实吕温卒于元和六年（811），柳有哀唁，后四年柳方守柳州。南卓守黔更在吕卒后四十多年，岂非见鬼？其实这一切都是柳宗元《种柳戏题》的民间衍派作品，柳诗云：“柳州柳刺史，种柳柳江边。谈笑为故事，推移成昔年。垂阴当覆地，耸干会参天。好作思人树，惭无惠化传。”

范摅又述“皇甫大夫在夏口日”，有道士自称黄山隐，排衙而入，吟诗有“古者有七贤，六个今何在”句，“自谓我是一贤也”。大夫以名利相诱，道士即“脱其道服，饰以青衿，引见谢陈，礼度甚恭”，大夫怒而斩之，判书有“黄泉六个鬼，今夜待君来”。就揭露道士之假清高，确是好段子。但鄂岳节度驻节夏口，从来没有姓皇甫之节度使，而中唐名臣如皇甫镈，则没有这段经历，故事就不知从何而来了。

又述李杜事，说严武镇蜀，杜甫乘醉戏言：“不谓严挺之有此儿也。”严武怒而相讥：“杜审言孙子，拟捋虎须？”再说：“与公等饮馔谋欢，何至于祖考矣！”房琯也以微言得祸。严母“恐害贤良，遂以小舟送甫下峡”。“李太白为《蜀道难》，乃为房、杜之危也。”且解“所守或非人，化为狼与豺”二句“谓武之酷暴矣”。其实杜甫入严武幕府时，李白、房琯皆已亡故，《蜀道难》因殷璠《河岳英灵集》收入，可以肯定作于天宝十二载（753）以前，与安史之乱、玄宗奔蜀无关，更谈不上为房、杜忧了。范摅一不留心就把唐代民间之胡乱解诗记录下来了。在同一节中还有“章仇大夫兼琼为陈拾遗雪狱”、“陈冕字子昂”、“高适侍御与王江宁昌龄申冤”、李白作歌“疑严武有刘焉之志”、章彝外家报怨严武等离奇的记录，皆经不起史实的推敲。

又载徐安贞久居中书，恐遭罪累，“乃逃隐衡山岳寺，为东林掇蔬行者，诈喑哑不言者数年”。其实两《唐书》皆有徐传，自开元二十五年（737）入中书，卒于天宝三载（744）后不久，履历清楚，哪有时间躲到衡山作哑僧。

又载“秭归县繁知一，闻白乐天将过巫山，先于神女祠粉壁，大署之曰：‘苏州刺史今才子，行到巫山必有诗。为报高唐神女道，速排云雨候清词。’”白居易见题诗，告诉繁知一：“历阳刘郎中禹锡，三年理白帝，欲作一诗于此，怯而不为。罢郡经过，悉去千余首诗，但留四章而已。”称此四章“乃古今之绝唱”。其实白居易元和十三年（818）守忠州，刘禹锡三年后守夔州（境有白帝城），二人出守苏州、和州（即历阳）更在十多年后。诗刻在山石间，何可即去？何况宋欧阳修、陆游游庙见有李吉甫、丘玄素、李贻孙、敬骞、蔡穆等诗，皆在刘前。所记四诗，皆乐府《巫山高》，未必亲至题写。至于误记作者，尚是末事。一段叙事能错成这样，真亏范夫子之妙裁。

再如吟戎昱诗“千金未必能移姓，一诺从来许杀身”，范摅解释“京兆尹李銮拟以女嫁昱，令改其姓，昱固辞焉”，因作此诗。其实戎昱原诗题作《上湖南崔中丞》，是大历四、五年间赠湖南观察使崔瓘，内容只是说感激知遇、重诺轻财之意，原作“千金未必能移性”，何曾有拒绝改姓之事，京兆尹李銮也不知所出。以上诸端是可以理清事实者，还有许多极有名的诗事，仅知有讹误，不知真相究竟如何。如云：“李龟年奔迫江潭。杜甫以诗赠之曰：‘岐王宅里寻常见，崔九堂前几度闻。正值江南好风景，落花时节又逢君。’”此诗也见郑处诲《明皇杂录》，宋人编杜集时收入，且以“崔九即殿中监涤也，中书令湜之弟也”一段录作杜甫自注。岐王李范是玄宗四弟，卒于开元十四年（726）；崔九是崔涤，也卒于同一年。杜甫那一年方十五岁，何曾有过这么阔的朋友？诗是好诗，就是与杜甫不合辙。

再如刘禹锡有名的“司空见惯”故事，范摅的记录最生动香艳：“昔赴吴台，扬州大司马杜公鸿渐为余开宴。沉醉归驿亭，稍醒，见二女子在旁，惊非我有也。乃曰：‘郎中席上与司空诗，特令二乐伎侍寝。’且醉中之作，都不记忆。明旦修状启陈谢，杜公亦优容之，何施面目也。”以刘自述出之，不让人不信。诗极有名，但叙事错得离谱。杜鸿渐相代宗，平生未曾在扬州任职，大历四年（769）卒，刘禹锡出生于其后三年，二人无缘会面。刘刺苏州时，镇扬州者先后为崔从、牛僧孺，二人皆未带司空衔。《本事诗》载此事另一版本，也难究诘。

又述顾况于御沟外得落叶题诗：“旧宠悲秋扇，新恩寄早春。聊题一片叶，将寄接流人。”写诗和之，《本事诗》更有从上流送入宫中，不久收到和诗。那年代电邮还没发明，内外传情如此方便。可唐人愿信，先后有四五种不同版本。

以上种种，要严肃考史，究明真相，实在是吃力不讨好之事。若从民间传播来考察，则可有较合理之解释。近百年来若敦煌吐鲁番出土学郎题诗、长沙窑出土瓷器题诗、长治出土墓志盖题诗，共同特点是随意抄录改动，没有定本意识，更不在意作者为谁，但在广大地域内，却有许多共同的内容，可以揭示唐诗民间传播的一些特点。著名诗人也如同今日之明星一般，有其拥趸，有关其人其诗的曲折动人故事，当然是民间乐于知闻的，有涉风情艳闻当然更好，至于是否准确可靠，那又何必在乎，考据家永远只是少数人。范摅一生未仕，行走下层，认真采辑记录，能力也不足以考清事实，恰好完成记录传闻原貌的责任。今人常以谣言或八卦指称讹误不经的道听途说，但一经流传，常不胫而走，唐时又何尝不是如此呢。

唐五代笔记，存者或佚而可辑者逾百种，其文献来源差别很大。如《大唐新语》《谭宾录》等以国史实录为依据，《北梦琐言》部分取资五代实录，均较翔实；《次柳氏旧闻》录柳芳述高力士所谈，《戎幕闲谈》《嘉话录》叙李德裕、刘禹锡所谈，《尚书故实》录宾护尚书（今人考为张彦远）所谈，《贾氏谈录》记贾黄中所述，也都来源明白；赵璘《因话录》录平生见闻，李浚（李绅子）《松窗杂录》录前辈所谈，可说渊源有自。范摅似乎不曾有机会接触上层公卿，他的叙述喜谈名人轶事，主要来自道听途说。从史学征信的立场上来说，他的著作确实大可怀疑，从文学传播视角，则有特殊的价值。

“明皇幸岷山，百官皆窜辱，积尸满中原。士族随车驾也，伶官张野狐觱栗，雷海清琵琶，李龟年唱歌，公孙大娘舞剑。”随驾士族居然由一群优伶组成，这就是民间思维。

另一个王昭君[1]

王昭君和亲后六百年，另一位女子也奉命和亲，她的身份是公主，文学素养也高，在突厥十几年，先后侍奉沙钵略可汗与他的儿子都蓝可汗。其间她经历了国破家亡的剧痛，她伤感，也曾挣扎，最后为了民族团结献出了头颅，只有头颅回到她思念又不敢回去的故土。在她的身后，没有青冢，也没有笳声的哀怨。这位传奇而不幸的女性，是北周的千金公主。

公主是北周赵王宇文招的女儿，周武帝的侄女。在她出生的时候，鲜卑宇文氏建立的北周政权已经开国八年，周皇室贵族已经不像当年宇文黑獭那样只知道打仗，宗室诸王的汉文写作水平大为提高。从南朝来到北方的大诗人庾信，是赵王家的常客，存世庾诗与赵王唱和的有十多首。从《和赵王观妓》《奉和赵王美人春日》等诗看，他似乎已经参与赵王的私人生活。虽然观妓未必带女孩子同去，我相信在公主少年时期，与这位大诗人有很多接触，也曾从他学诗。赵王有一诗存世。日本奈良正仓院藏相传圣武天皇书写的《杂集》里，有《周赵王集》，可以知道他虽是鲜卑贵族，汉诗文

1　本文原刊于《东方早报》2014年12月14日。

造诣很是了得。在这样的家庭，公主早年的教育和修养可以想见。当时封千金公主，是家族或皇族的贵女。但她十六岁时，周武帝去世，继位的静帝实在荒唐，国政落入国舅杨坚之手。公主十八岁被命和亲，嫁给突厥可汗沙钵略，成为政治交易的牺牲品。第二年，杨坚篡夺皇位，是为隋文帝。宇文招反抗，谋泄被害，全家被杀。已经在漠北的公主幸逃家难，文帝也不想在政权未稳之际再添麻烦，干脆将公主认了干女儿，赐号大义公主，意思当然是在家、国之间，要公主以国家大义为重。如此相安无事，平安过了八九年。开皇七年（587），沙钵略亡故，公主按突厥风俗复事继位的都蓝可汗。

到开皇九年（589）隋文帝平陈，统一全国，达到一生事功的顶峰。估计是要所有人分享平陈统一的欣快，将陈后主宫中的屏风赐给远在漠北的公主。我不认为其中有任何羞辱的意思。那时文帝将后主的妹妹赐给贺若弼、杨素各一个，估计韩擒虎也有，自己还留了两个，其一就是后来有名的宣华夫人。在这种心情中想到公主，让她分享胜利而已。然而这却引起公主家国兴亡的无限感慨，心潮起伏，写下下面这首诗：

盛衰等朝暮，世道若浮萍。
荣华实难守，池台终自平。
富贵今何在？空事写丹青。
杯酒恒无乐，弦歌讵有声。

余本皇家子，飘流入虏庭。
一朝睹成败，怀抱忽纵横。
古来共如此，非我独申名。
唯有明君曲，偏伤远嫁情。

公主北嫁前，北周、北齐、陈三国鼎立，都很强大，但就十来年，三国或亡或换姓，一切都变化了。这一年已经是公主北行的第十年，意外见到陈后主的屏风，工艺一定很精美，造型大约也很独特，但这些都引不起公主的兴趣，她只是睹物伤怀，因为陈之兴亡，想到自己的身世，想到家族的不幸，想到自己所属的宇文氏皇族的悲哀。她感怀日有朝暮，世有盛衰，繁华如同朝露般不能持久，寄寓人世的个人也如同浮萍般地漂泊无定，难以掌控自己的命运。曾经的繁华、宫苑楼阁、池亭台榭，都会随着时间而经历沧海桑田般的变化。她的思绪回到自己眼前的生活，虽然能写诗文，能绘丹青，还能延续有杯酒弦歌的生活，因为她毕竟还是突厥可汗的可贺敦，但这一切不能引起她的任何愉悦。富贵何在，是说以往家族的富贵，不是眼前的一切。由是引起身世之感。“余本皇家子，飘流入虏庭。”称北族为虏，是汉人的习惯。公主虽族属鲜卑，但已完全汉化，不自觉仍以汉族的立场来称呼北族，在此也可看到她北行十多年，在心理和文化上并没有融入突厥文化。“飘流”接续“浮萍”句，感慨自己无从把握命运。“一朝睹成败，怀抱忽纵横”是全诗的中心，从屏风看到陈后主的繁盛与败亡，触动的是自己家国的无限感伤，心绪久久难以平复。最后几句自我宽解，自古兴亡如此，何必感伤命运。只是听到当年王昭君的乐曲，更增伤怀。杜甫“千岁琵琶作胡语，分明怨恨曲中论”，也就是这个意思。

公主因看到屏风而作诗，没有一句写屏风，有的只是感慨和议论，从世事盛衰感慨自己命运，心情纵横起伏，文辞典丽雅训，深得魏晋古诗骨气端翔的遗则，可以看到她的才情与素养。可惜所存仅此一首而已，估计也是传入隋廷作为她心有腹诽的罪证而存留史册的。

隋文帝见诗后，很不高兴，自此削减了对公主的赏赐。据说公主也在突厥间联络声气，将有所作为。于是隋文帝力用各种色诱利引的手段，先有流人杨钦亡入突厥，说彭城公刘昶约公主一起反隋，遣其来联络；继而隋使长孙晟（就是唐太宗长孙皇后她爹）入突厥，说公主言辞不逊，与所私胡人挑拨突厥反隋。最后让裴矩出使，对都蓝可汗许诺只要除去大义公主，可以别议和亲，还有许多其他的好处。反复挑拨离间，终于在开皇十三年（593）借突厥之刀杀了公主。公主得年三十一岁。

史籍记载，许多内容都对公主不利，因为史籍本就是反对公主的人所写。无论是否真有过反抗，仅前引诗的情绪即足以令隋帝不安，有无付诸行动都无关系，既属异类，即应除之。读史至此，唯感叹公主作诗如此，此才此情，且自以王昭君比况，命运如此，所存仅此，可为感慨者再三。

破镜重圆的原委和真相[1]

破镜重圆是一则流传很广的爱情故事。故事的来源，一般都认为是唐末孟启的《本事诗》，原文如下：

> 陈太子舍人徐德言之妻，后主叔宝之妹，封乐昌公主，才色冠绝。时陈政方乱，德言知不相保，谓其妻曰："以君之才容，国亡必入权豪之家，斯永绝矣。傥情缘未断，犹冀相见，宜有以信之。"乃破一镜，人执其半，约曰："他日，必以正月望日，卖于都市。我当在，即以是日访之。"及陈亡，其妻果入越公杨素之家，宠嬖殊厚。德言流离辛苦，仅能至京，遂以正月望日访于都市。有苍头卖半镜者，大高其价，人皆笑之。德言直引至其居，设食，具言其故，出半镜以合之。仍题诗曰："镜与人俱去，镜归人不归。无复嫦娥影，空留明月辉。"陈氏得诗，涕泣不食。素知之，怆然改容。即召德言，还其妻，仍厚遗之，闻者无不感叹。仍与德言、陈氏偕饮，令陈氏

1　本文原刊于《新民晚报》2008年12月21日。

为诗，曰：“今日何迁次，新官对旧官。笑啼俱不敢，方验作人难。”遂与德言归江南，竟以终老。

故事的背景是隋代统一北方后，对于偏安东南一隅的陈朝虎视眈眈，最终在589年灭陈，陈后主君臣被俘。后主时陈国政事不修，亡国可期，徐德言有鉴于此，与妻早作准备，破镜为约，以求乱后还有机会见面。这一乱，前之约还居然实现了。公主虽然进入权贵杨素之家，得到宠幸，但难忘旧情，终于在某年正月望日让仆人卖半镜于都市，徐得其下落而题诗相赠。杨素得悉情委后倒也没有为难，让她随徐而归。夫妇历经磨难，终得团圆。所引两首诗，徐的诗写睹物思人，公主诗写面对前后两个男子时悲喜交集的心境，都很动人。

故事里的另一位人物越公杨素（544—606），是隋代的权臣，早年即依附隋文帝，参与隋的开国规划，在伐陈之战中有重要建树，并因此受命为荆州总管，封越国公。以后累任宰辅，在隋炀帝立为太子和继位过程中起了关键作用。《隋书·杨素传》称其“兼文武之资，包英奇之略”，是隋代有名诗人，有不少作品流传。他的墓志也已经出土，前面括注的生卒年就据墓志确定。

由于徐德言夫妇的事迹不见于《陈书》《南史》，其故事的真实性一直受到怀疑。钱锺书认为破镜事正如白居易《长恨歌》所说“钗留一股合一扇，钗擘黄金合分钿。但教心似金钿坚，天上人间会相见”，杜牧《送人》诗“明鉴半边钗一股，此生何处不相逢”，“以示情偶之原为合体，分则各残缺不完”（《管锥编》第二册695页）。但是他认为镜为铜铸，“非有削金铁如泥之利器不办”。为此他还做了实验，“旧藏古镜十数枚，尝戏一一掷诸地，了无损裂”（同前753页），因而有所质疑。更进一步的判伪，则为已故学者曹道衡、沈玉成二位，在他们合著的《中古文学史料丛考》（中华书局2003年）中，有《乐昌公主破镜事志疑》一篇，力陈“此事虽广为流传而实不可信”。主要意见是：一、徐德言“应为东海徐氏，与徐陵同宗”，但《陈书》仅载陈亡时太子舍人有孔伯鱼，“不闻徐德言”。二、隋灭陈“以‘吊民伐罪’为口实，自不致纵其将帅系虏公主为奴仆”，且陈亡时，“其百官皆随后主入关，德言若官太子舍人，必在其列”，“不当贵显如德言，乃至乞丐流离方得至长安也”。三、平陈时，杨素名位尚微，岂得“掠陈之公主”，而主官“不之禁”。又其时隋文帝独孤后尚在，其为人最恶人纳妾，杨素安敢“以此取咎”？四、镜“破之即成废物，宁有可市之理”？且相约以元宵至市，公主顾能使苍头卖破镜，岂非怪事。且以长安之大，市非一处，徐德言何至，而苍头适能遇之？因此“疑是中唐以后人臆造”。所述似乎论据充分，足以定谳。

然而，仔细推敲，并核以史料，对诸前辈所述不能不有所怀疑。独孤后之恶人纳妾，似乎第一是对隋文帝的严格要求，其次是对她的几个儿子的品德规范，至于其他文臣武将的内帷私事，偶尔也会干涉几句，多数情况下还是眼开眼闭，不然整部《隋书》哪会有那么多以女乐或罪女赏赐的记载。隋平陈后，陈后主携百官入关，得到礼遇的只是少数人，多数只是降一级或几级留用，至于被俘获者命运更加不济，皇室也不例外。《隋书·贺若弼传》就载，弼在平陈之役立下大功，归朝后文帝特别邀请他登御座，赏了大量物品，还特别“赐陈叔宝妹为妾”。杨素的功劳与贺若弼相当，得赐叔宝另一妹即乐昌公主为妾，当然也在情理之中。著名的《虬髯客传》就描述杨素的生活状况：“奢贵自奉，礼异人臣。每公卿入言，宾客上谒，未尝不踞床而见，令美人捧出，侍婢罗列，颇僭于上。末年益甚。……”《隋书·杨素传》也称其“家僮数千，后庭妓妾曳绮罗者以千数，第宅华侈，制拟宫禁”。可以作为《本事诗》的一则脚注。

至于《本事诗》的文本来源，则可以追溯到玄宗时韦述的《两京新记》卷三：

> 次南曰延康坊，西南隅西明寺。本隋尚书令、越国公杨素宅。（中略）初，杨素用事隋朝，奢僭过度，制造珍异，资货储积。有美姬，本陈太子舍人徐德言妻，即陈主叔宝之妹。才色冠代。在陈封乐昌公主，初与德言夫妻情义甚厚。属陈氏将亡，德言垂泣谓妻曰：“今国破家亡，必不相保。以子才色，必入帝王贵人家。我若死，幸无相忘，若生，亦不可复相见矣。虽然，共为一信。”乃击破一镜，各收其半。德言曰：“子若入贵人家，幸将此镜令于正月望日市中货之。若存，当冀志之，知生死耳。”及

陈灭，其妻果为隋军所没，隋文以赐素，深为素所宠嬖，为营别院，恣其所欲。陈氏后令阉奴望日赍破镜诣市，务令高价，果值德言。德言随价便酬，引奴归家，垂涕以告其故，并取己片镜合之，及寄其妻题诗云："镜与人俱去，镜归人不归。无复姮娥影，空余明月辉。"陈氏得镜见诗，悲怆流泪，因不能饮食。素怪其惨悴而问其故，具以事告，素慴然为之改容。使召德言还其妻，并衣衾悉与之。陈氏临行，素邀令作诗叙别。固辞不免，乃为绝句曰："今日何迁次，新官对旧官。笑啼俱不敢，方验作人难。"时人哀陈氏之流落，而以素为宽惠焉。

《两京新记》是天宝年间成书的一部讲长安、洛阳都城坊里的专著，原书五卷，不存，只有第三卷存于日本。此节因为介绍到西明寺，原本是杨素的豪宅，因此附录了这段故事。相信韦述也不是始作者，而是抄录他书，只是现在已经无法找到更早的记载了。在韦述的记述中，故事的细节比《本事诗》要详密得多：一是徐对乱后命运的考虑，设想了几种可能，破镜只是如果得以有幸相见的一种联络手段。二是公主的经历，是先为隋军所俘，再由隋文帝赐给杨素，与贺若弼的待遇一样。三是公主到了约定的时间正月望日，也即后世所说的元宵节，让阉奴到市中高价售镜，终于得值德言。四是杨素得知原委及处置过程，也更为具体周密。至少可以确定这一故事不是中唐以后人伪造，在玄宗时已经广为流传。

虽然正史没有记录徐德言事迹，但还不是全无踪迹可寻。唐代林宝《元和姓纂》卷二“东海郯州徐氏”下载：“陵，陈尚书仆射，生俭、份。俭，右军将军。生德言，陈太子舍人、隋蒲州司功。”据此可以知道，徐德言是梁陈间大诗人徐陵之孙。徐陵在陈代官位崇高，后主即位后去世，时已经七十七岁，其孙按理应已三十左右。后主在陈亡时才三十六岁，其妹与德言年龄正合。德言在陈为太子舍人，入隋仅官至蒲州司功，虽在官，但地位很低。蒲州在今山西永济，距离长安还不算太远。

至于杨素其人，由于他既是隋炀帝的亲信，其子杨玄感在他死后曾起兵反隋，因此史书上评价差别很大，这里不必展开来说。他晚年的情况，《虬髯客传》里则借私奔出来的红拂妓之口，有一段生动的叙述：

> （李）靖曰：“杨司空权重京师，如何？”（红拂妓）曰：“彼尸居余气，不足畏也。诸妓知其无成，去者众矣，彼亦不甚逐也。计之详矣，幸无疑焉。”

杨素对于逃走的妓人也不太在意，而对于心爱女人的伤感往事，出于同情或理解，放其夫妻团聚，也非绝不可能之事。唐代颇多此类故事，如《柳氏传》中李将军以爱妾柳氏赠诗人韩翃，《云溪友议》记于頔将所爱婢女还诗人崔郊。

至于铜镜是否能够断开，断开后还有无使用或销售价值，是另外一回事。前几年就看到有古墓发掘中得到破铜镜的记录，现在一些博物馆展示的铜镜，也颇有破损后重新缀合的痕迹，本人手边也有一块碎成两半的古镜。由于徐德言与公主约定了时间（正月望日）和地点（市中，当即长安的东市和西市，不是一般泛指的城市），因此具备了再遇的机缘。

破镜重圆故事记载虽然简单，但已经具备了后代大团圆戏曲、小说的一切经典桥段。镜既是女性妆容的物品，也是夫妻生活的见证，同时还具有特殊的象征意义，即圆镜如同满月，月圆则家人团聚，镜残则夫妻分飞。故事中的两首诗，是否徐德言夫妇的原作，已经不必深究。前一首很好地将镜合人离的思念宛转写出。后一首则写再一次面临人生歧途时的无奈，就如同蔡琰《悲愤诗》写到终于可以回到汉地，但同时又面临与胡地亲人分别的痛苦，因而具备感动人的力量。在这里，故事另一方的杨素还是讲道理的，他与公主之间也还有感情，因此能尊重公主的选择。

第二编　玩赏大唐

唐代的奇葩[1]

请托，雅称干谒，俗云求人，古往今来都如此。杜甫诗集开卷第一篇《奉赠韦左丞丈二十二韵》，可说是此类文字的正格。先说好出身、有才华："读书破万卷，下笔如有神"，"自谓颇挺出，立登要路津"。次说人生不免有些困顿："骑驴三十载，旅食京华春。朝扣富儿门，暮随肥马尘。残杯与冷炙，到处潜悲辛。"肯定夸大，但能博人同情。接着套近乎："甚愧丈人厚，甚知丈人真。每于百寮上，猥诵佳句新。"最后提要求，身段柔软，但也留自尊："白鸥没浩荡，万里谁能驯？"或者马上帮忙，过此再无机会。这活是李白不愿意干的，求人也要有派头嘛。他的《与韩荆州书》圈就绕得大了："白闻天下谈士，相聚而言曰：'生不用封万户侯，但愿一识韩荆州。'何令人之景慕一至于此耶？岂不以有周公之风，躬吐握之事，使海内豪俊奔走而归之，一登龙门，则声价十倍，所以龙蟠凤逸之士，皆欲收名定价于君侯。愿君侯不以富贵而骄之，寒贱而忽之，则三千宾之中有毛遂，使白得颖脱而出，即其人焉。"据说周公求贤若渴，一沐三握发，一食三吐哺，李白

1 本文原刊于《文史知识》，2016年6期。

拿来恭维韩朝宗，说天下豪杰皆因韩而得登龙门，自己也渴望入其门下而期脱颖而出。这是变格。韩愈《应科目时与人书》虽自比为可以“变化风雨，上下于天”，但为求有力者“一举手一投足”之助，请求“哀之”“怜察之”，虽是实情，只是语气太卑下了些。古代名家都不免如此，今之怀揣求职信、四处遇冷眼之型男才女，也不必太委屈，但要学会介绍自己，当然最好有真货，会说话。白居易少年时见前辈，递上名刺，得到“长安米贵，居大不易”的揶揄，等扔出“野火烧不尽，春风吹又生”的习作，前辈立马凛然起敬。

上述唐四大诗人求人虽招数、身段不同，但彼此位置还算恰当，不算太离谱。倒是几位成就稍逊的小诗人，有些别样的办法。先说任华，仅存三首诗、十多篇文，诗是捧偶像的，激情澎湃，张狂恣肆，捧人也自捧。文多是干谒求人而作，几乎篇篇精彩。他投书御史大夫严武，说我来找你，“非求荣，非求利，非求名，非求媚”，那干什么呢？仅为“观公俯仰，窥公浅深”，考验你的气度和能力。将严武教训一通后，说：“任华一野客耳，用华言亦唯命，不用华言亦唯命，明日当拂衣而去矣，不知其他。”听不听，帮不帮，都随你，山人不在乎。他致信京兆尹杜济说，我曾将文章献上，得到称赞，与我谈话也很和气，但等待许久，就是没有你推荐我做官的消息。说自己“孤介自处”，“苟道不合，虽以王侯之贵，亲御车相迎，或以千金为寿，仆终不顾”，求人是有选择的。谋道不同，王侯、千金皆弃如粪土。现在我肯求你，那是以你为知己。你现在官大，“位高望重，又居四方之地，若轻于信而薄于义，则四方无所取，唯公留意耳”。你帮我事小，你失信事大，我提醒过你了，你就自己看着办吧。他邀请京兆尹贾至到自己寒舍作客，久不见来，于是驰信谴责，你虽以才望享天下重名，但缺点是“恃才傲物”，我虽与你地位相隔悬殊，但“感君国士之遇，故以国士报君”，因此才邀请你，你居然对此不屑一顾，于是愤怒了：“观君似欲以富贵骄仆，乃不知仆欲以贫贱骄君，君何见之晚耶！”你以为官大钱多就可以轻忽于我，殊不知我也可“以贫贱骄君”，现在改变还来得及，不然你就追悔莫及了。还可以举不少。如何，够奇葩的吧？比他更甚者还有王泠然。

近代出土过王泠然墓志，知他字仲清，太原人。玄宗开元五年（717）进士及第。九年，登拔萃科，授太子校书郎。秩满，移右威卫兵曹参军。开元十二年（724）冬十二月卒，年三十三。算起来比李白年长九岁。他的诗存五六首，敦煌文书里也有，知当时有些名气。文十一篇，以科场、铨选期间作品为主，大多平常。惟靠《唐摭言》所存两封书信，可见其狂生本色。一与宰相张说书，写于授官太子校书郎后不久，目的很明确：“是仆亦有文章，思公见也；亦未富贵，思公用也。”我有文学才华，希望你了解；我还没有大富大贵，请你给以提拔。如何提要求呢？史载张说喜提携人才，王泠然也举了一些，但他提法很特别，说从去年十月到今年五月，半年多没下雨，唯一的办法是“百姓饿欲死，公何不举贤自代，让位请归”。请阁下下台。他说张犯了许多错误，不会用人，既云“公以傲物而富贵骄人，为相以来，竟不能进一贤，拔一善”，又说张受苏颋恩，“今苏屈居益部，公坐庙堂，投木报琼，义将安在”，又说张不能识人，“有而不知，知而不用，亦其过深矣”。最后才说到正题：“仆之思用，其来久矣。”有这样求人的吗？王泠然还真这样干了。张说反应不得而知。从王泠然秩满转官来看，大约没有得到赏识。

另一为《与御史高昌宇书》，作于其登第后不久，请高提携自己，不过写来却别有波澜。先说与高之恩怨：“先天年中，仆虽幼小，未闲声律，辄参举选。公既明试，量拟点额，仆之枉落，岂肯缄口？是则公之激仆，仆岂不知？公之辱仆，仆终不忘其故。亦上一纸书，蒙数遍读，重相摩奖，道有性灵，云某年来掌试，仰取一名。”先天间王刚过二十，自己也觉水平不够，虽得高之赞赏，终未获推荐，虽感到受辱，也可看作激励。此后王发愤数年，居然进士高中，自诩是“自河以北”唯一一人。这一次王听说高以御史出使江东，经过宋城，故旧都来投谒，高问及十多人，独不及刚金榜题名的王泠然。这还了得，王泠然立即驰书声怪，谴责高“公之辱仆，仆终不忘其故”，你居然表扬别人而不表扬我，这是对我的公然侮辱。王称自己及第是“自致青云”，非高援引之力。高曾经有机会提携自己，但没有珍惜，现在是高“稍垂后恩，雪仆前耻”，弥补以往错失的机会。要求不高，“意者望御史今年为仆索一妇，明年为留心一官”，今年为我找一佳人为妻，明年为我谋求一官。王再三说，自己现在境遇虽然还不太好，但转机已现，我给你机会为我娶妇求官，是看得起你：“傥也贵人多忘，国士难期，使仆一朝出其不意，与君并肩台阁，侧眼相视，公始悔而谢仆，仆安能有色于君乎？”你若现在不帮忙，以后我的官做大了，你后悔都来不及。这就不是请求，是威胁了。

就常情看，王泠然与任华都堪称狂生，用现在的话说，足够奇葩的了。但盛唐是一个伟大而开放的时代，充满壮盛向上的气息，每个人都感到了自己的不平凡，充分地表达自己。李白说：“奋其智能，愿为辅弼。”杜甫说：“自谓颇挺出，立登要路津。”都有些大言，但正是那个时代的声音。奇葩也是花，狂生都有才，盛唐诗歌正是在这样的氛围里攀上了巅峰。

唐代的粉丝[1]

白居易《与元九书》是中国文学批评史上有名的文字，它在中国粉丝史上的地位似乎还没有得到充分的认识。此书作于他被贬江州后不久，满肚子委屈只能向“好基友”元稹倾诉，因为私人书信无所拘忌。他从自己出生六七个月时“乳母抱弄于书屏下，有指‘无’字、‘之’字示仆者，仆虽口未能言，心已默识”（这可是人类幼年记忆史上的最早记录）开始自我表扬，一路夸许自己的成就，列举亲友所告礼部贡举进士和吏部铨选人等，都以自己的诗赋判策作为“准的”，用现在的话说，是高考和国家公务员标准作文。再说到长安，有军头高霞寓欲聘娼妓，有妓夸口说：“我诵得白学士《长恨歌》，岂同他妓哉！”因此身价陡增。又引元稹来信，说到了偏僻的通州，“见江馆柱间有题仆诗者”。自己南行经过随州，见到别人聚会，诸妓见他来指点而传语：“此是《秦中吟》《长恨歌》主耳。”最后作一小结：“自长安抵江西三四千里，凡乡校、佛寺、逆旅、行舟之中，往往有题仆诗者；士庶、僧徒、孀妇、处女之口，每每有咏仆诗者。”也就是说，自己粉丝遍

1　本文原刊于《文汇报》2015年9月26日，原题《我知道你，你曾知道我吗？》。

天下，作品遍全国，居然为鸡毛蒜皮的小事贬官，太伤自尊了。写到这里，白居易忽然也感觉到自己庸俗得过分了，忙作解释：“前辈如李杜者，亦未能忘情于其间！”李杜可以，我为何不可以？话是不假，李白、杜甫虽然自视很高，遇到表扬自己的来诗也喜欢放一个活页夹保存起来，但二人绝没有援引妓女的话说自己的诗如何好啊！所幸大唐妓院都合法经营，不然还不加一条污蔑先皇、传播黄段的罪名。

李白、杜甫那会儿确实围了许多粉丝，有几位还留下了事迹和作品。最疯狂的是任华，真个是敢爱敢恨的主，据说他秉性耿介狷直，傲岸不羁，敢于指责公卿，《唐摭言》里保存他好几封给大官的信，都火气很大，反复说我肯求你，是我看得起你，是将名垂青史的机会给你，办不办请便。这是谁求谁啊！但对心悦诚服的大诗人，则激情追赶，怕落人后。天宝初他听说李白在长安，一路赶去，偏偏李白赐金还山，到江东访道去了。再追到江东，仍未遇，于是作长歌《杂言寄李白》遥寄，先说最初的印象：“我闻当今有李白，《大鹏赋》，《鸿猷文》，嗤长卿，笑子云。”然后点赞最喜欢的诗歌：“登庐山，观瀑布，海风吹不断，江月照还明，余爱此两句。登天台，望渤海，云垂大鹏飞，山压巨鳌背，斯言亦好在。”就此说来他的眼光还不错。然后说自己追星的经历：“中间闻道在长安，及余戾止，君已江东访元丹。邂逅不得见君面，每常把酒，向东望良久。”既然未得机缘与明星见面留影，那就将自己知道的明星八卦一一铺陈吧：“见说往年在翰林，胸中矛戟何森森。新诗传在宫人口，佳句不离明主心。身骑天马多意气，目送飞鸿对豪贵。承恩召入凡几回，待诏归来仍半醉。”“数十年为客，未曾一日低颜色。八咏楼中坦腹眠，五侯门下无心忆。”其实李白供奉翰林混得并不好，最多就是贵妃出浴、龙颜大悦的时候写点“一枝红艳露凝香”之类的小曲儿，传闻则风光无限，既然杜甫听到“天子呼来不上船”，那么任华传点小道又何妨呢。诗的最后，任华说明自己追星的用意：“今朝忽遇东飞翼，寄此一章表胸臆。傥能报我一片言，但访任华有人识。”请你给我回一首诗，写一段话。有签名的照片当然更好，以后我可以到处显摆。这位朋友已经达到当代粉丝的所有素质。更坦率的还有两句话：“任生知有君，君还知有任生未？”我知道你，你曾知道我吗？真是说出古今中外粉丝的最大痛苦和遗憾。

任华存诗仅三首，另二首写杜甫和怀素，激情依旧，向往如故。三人正是唐末裴说列举的“杜甫李白与怀素，文星酒星草书星”（《题怀素台歌》），说明任华眼光不错，但三人反应如何，则史有缺载，不得而知。《唐诗纪事》存高适佚诗《赠任华》：“丈夫结交须结贫，贫者结交交始亲。世人不解结交者，唯重黄金不重人。黄金虽多有尽时，结交一成无竭期。君不见管仲与鲍叔，至今留名名不移。”不知是否任华也有诗晋谒，高赠诗则讲了一通朋友结交的大道理。

其实明星也是人，也有生计困难和心情不爽，粉丝有钱有权则给一些周济，有情有闲则陪着逛逛街市，聊聊心情，也可以得到成功。唐代最成功的粉丝是魏万（即魏颢），他是聊城人，隐居王屋山，自号王屋山人。久慕李白名，因于玄宗天宝十二载（753），访于汴宋、东鲁，皆未遇。于是一路打探李白行踪，相访数千里皆不遇，遂乘兴游天台、越州、永嘉，归途在扬州遇到李白，他的性格、经历、眼界显然是李白喜欢的，于是相约共过金陵。临要分别了，李白写长诗《送王屋山人魏万还王屋》送行，有序说明"美此公爱奇好古，独往物表"，称赏他"访我三千里"的真诚，历数魏之才华与经历，以及相见后之莫逆之情，最后说："黄河若不断，白首长相思。"可以成为一辈子的朋友。更不可思议者，李白居然将自己诗稿的编辑权授于魏，魏也不辱所托，编成《李翰林集》二卷，作序以传。李白与魏万的故事，值得今日之追星者回味一下吧。

杜甫与樊晃[1]

虽然杜甫之死在大历五年（770）春夏间在耒阳，还是同年冬在岳阳，还有一些争议，但他的生命在流离中结束，则无疑问。从杜甫晚年离蜀后的诗篇中，既看到他在体患重病、生计无着的情况下努力写作开拓，也看到他在不断整理自己诗篇，更关心自己生前身后的名声。诗集中附录严武、韦迢、郭受称赞己诗的文字，就是他有意识的保存。

杜甫身后，第一个弘传杜甫诗歌至高地位的人是樊晃。宋以后流传的杜集，兼附樊晃《杜工部小集序》：

> 工部员外郎杜甫，字子美，膳部员外郎审言之孙。至德初，拜左拾遗。直谏忤旨，左转，薄游陇蜀，殆十年矣。黄门侍郎严武总戎全蜀，君为幕宾，白首为郎，待之客礼。属契阔湮阨，东归江陵，缘湘沅而不返，痛矣夫。文集六十卷，行于江汉之南，常蓄东游之志，竟不就。属时方用武，斯文将坠，故不为东人之所知。江左词人所

1　本文原刊于《东方早报》2014年11月9日。

传诵者，皆君之戏题剧论耳，曾不知君有大雅之作，当今一人而已。今采其遗文凡二百九十篇，各以志类，分为六卷，且行于江左。君有子宗文、宗武，近知所在，漂寓江陵，冀求其正集，续当论次云。

樊晃，《元和姓纂》卷四载其郡望南阳湖阳（今河南唐河），为卫尉少卿樊文孙。《国秀集》目录载其为前进士，并存其诗一首，约为天宝初登进士第。《郎官石柱题名考》卷一四载其曾任祠部、度支员外郎。《新唐书》卷二〇〇《林蕴传》、《永乐大典》卷七八九三引《临汀志》，载其历汀州刺史，在肃、代间。代宗大历五年任润州刺史，与诗人刘长卿、皇甫冉为友，刘长卿有《和樊使君登润州城楼》，皇甫冉有《同樊润州秋日登城楼》《同樊润州游郡东山》。因皇甫冉卒于大历六年（771），仅比杜甫晚一年，因此自《嘉定镇江志》卷一四，至今人郁贤皓《唐刺史考全编》，都定樊刺润为大历五年至稍后一二年间事。集序亦署其职务为润州刺史。目前能够见到的樊晃最晚记录为大历十年（775）撰《怪石铭》（见《金石录》卷八）。无论此集编于其在润州刺史任内，抑或去职以后，编次时间可以确定在大历五年杜甫卒后不久，即杜甫去世次年或三五年间。从称杜甫“薄游陇蜀，殆十年矣”的记载来看，最大的可能即在大历六年，即杜甫去世次年，时距杜甫华州去职、西行秦州已经十二年。

樊晃对杜甫生平的叙述，虽然简略，但大体准确，远胜于两

《唐书》本传之错讹多有。更重要的是，樊晃当时已经知道杜甫有文集六十卷，流传于江汉之南，即荆湘之间。宋编《新唐书·艺文志》《通志·艺文略》均著录《杜甫集》六十卷，我相信只是根据樊晃序所作的辗转记录。就我对唐宋典籍中所有关于杜甫文集和诗歌的阅读记录所作分析看，除了樊晃，没有任何人留下曾阅读杜甫六十卷文集的可靠记录。樊晃所述虽也属传闻，但时杜甫初殁，且他已经得到杜甫二子在江陵的确实消息，记载是可信的。

樊晃序中特别提到，“江左词人所传诵者，皆君之戏题剧论耳”，即在江南一带流传的杜甫诗歌都只是一些游戏之作，这就能很好地解释殷璠《河岳英灵集》不收杜甫诗歌的原因，即他在天宝间在润州编录该集，当时杜甫成就还不高，即有所见也不足称道。樊晃评价杜甫：“君有大雅之作，当今一人而已。”当时李白、王维辞世已近十年，杜甫足以代表诗坛最高成就。这是樊晃的卓识，他的评价比韩愈、白居易、元稹要早几十年。

樊晃编《杜工部小集》在宋代很流行，因其结集甚早，宋人多取以校勘杜诗，留下许多零星记录。我1982年撰《杜诗早期流传考》（刊《中国古典文学丛考》第一辑，复旦大学出版社，1985年7月），从宋、清各种杜集旧校中辑得该集所收诗六十二首，惊讶地发现其中包括《自京赴奉先县咏怀五百字》《悲青阪》《哀王孙》《新婚别》《后出塞五首》等名篇，入蜀后诗则包括《丹青引》《秋兴八首》《秋日荆南述怀三十韵》《岳麓山道林二寺行》《追酬故高蜀州人日见寄》等名篇，最晚者则为杜甫去世当年作《暮秋将归秦，留别湖南幕府亲友》。这里看得到樊晃的眼光。

樊晃本人诗仅存一首《南中感怀》：“南路蹉跎客未回，常嗟物候暗相催。四时不变江头草，十月先开岭上梅。”是他早年所作。他为什么要如此推崇杜甫呢？最近从友人处见到一方尚未刊布的墓志，困惑顿解。

墓志题作《大唐故银青光禄大夫卫尉卿赠工部尚书驸马都尉荥阳郡开国公郑府君墓志铭》，署“吏部常选樊晃书，题盖大字潜曜书”。志主为郑万钧，娶睿宗女代国公主为妻，卒于天宝七载（748）。其子郑潜曜，娶玄宗女临晋公主，故为两代驸马。这一年恰好是杜甫客居长安的时候，有《郑驸马宅宴洞中》《奉陪郑驸马韦曲二首》等诗纪游。直到安史之乱发生，杜甫困陷长安，还有《郑驸马池台喜遇郑广文同饮》记录乱中的遭逢。因为这方墓志，可以知道樊晃是杜甫早年在郑驸马文学圈中的旧友，只是后来的交谊情况缺少记录。在凤翔，杜甫有《送樊二十三侍御赴汉中判官》，是否樊晃，有待新证。杜甫晚年历数“海内忘形故人”没有提到樊晃，他在夔州、江陵、岳阳一直等待江东消息，也不知是否涉及樊晃。但樊晃官显后，一直没有忘记旧友，并在杜甫身后第一时间作了隆重的介绍，还准备寻其家人索取正集。

一个人的生前身后都需要贵人扶持。杜甫后世能成为诗圣，对他的弘扬从樊晃开始，值得记住。

牛仔与诗圣[1]

一批中学生涂抹课本中杜甫像（源自蒋兆和的绘画）的游戏，被冠以“杜甫很忙”的总名，在网上热闹了一阵。2012年恰好是杜甫诞辰一千三百周年，因此而遭认真人士的谴责。如果我猜得不错，这句“杜甫很忙”源出周杰伦的歌《牛仔很忙》：“正义呼唤我，美女需要我，牛仔很忙的。”这不就是那位詹姆斯·邦德先生吗？与憔悴严肃的大诗人相去何止十万八千里。学生的游戏，也许就是觉得把最新潮的玩艺儿PS到最庄重的造型上，对比度太大，因此好玩，初始并无恶意。加以挞伐，就全无趣味了。

“无厘头”的游戏其实有时也会撞破事实。就我所知，杜甫还真将自己比喻为牛仔：“忆年十五心尚孩，健如黄犊走复来。庭前八月梨枣熟，一日上树能千回。”（《百忧集行》）黄犊就是黄牛的幼仔。那时的杜甫健壮、好动、胃口好，每日上树千回当然是夸张，但为梨、枣美味，自啖或与小朋友分享，很勇于攀爬。成年后，杜甫的生活仍然无忧无虑。《壮游》：“性豪业嗜酒，嫉恶怀刚肠。脱略小时辈，结交皆老苍。饮酣视八极，俗物都茫茫。”豪

1　本文原刊于《文汇报》2012年6月10日。

放而贪杯，醉眼朦胧间，世人都是俗物，只有几位老者，还值得结交。他也曾参加科举求官的考试，失败了也不在意：“忤下考功第，独辞京尹堂。放荡齐赵间，裘马颇清狂。春歌丛台上，冬猎青丘旁。呼鹰皂枥林，逐兽云雪冈。”纵意游玩，裘马清狂，春歌冬猎，呼鹰逐兽，丝毫不考虑人生前途，更不曾忧国忧民。为什么呢？因为他的父亲在做官，不算大，兖州司马，与那位开口就说“我爸是某某”的今少的父亲级别相当。不过杜甫从小就喜欢写诗，家教也不错。侍亲到官，顺便游览泰山，开口就说出“会当凌绝顶，一览众山小”（《望岳》）的名句，对前途充满信心。这时他遇到诗人李白，同游了一年多，共同的兴趣是诗、酒，还有就是访道求仙。《赠李白》：“秋来相顾尚飘蓬，未就丹砂愧葛洪。痛饮狂歌空度日，飞扬跋扈为谁雄？”努力了许久，丹砂仍然没有炼成，虽愧对前辈葛洪，但也不介意。痛饮狂歌，飞扬跋扈，这是两人的共同写真。年轻时的杜甫，与李白一样浪漫冲动，无忧无虑。这样的生活，是不是很接近现代的牛仔呢？

如果父亲长寿、升官，如果开天盛世辉煌百年，持续祥和，杜甫也官运亨通，生活安定，是否还会成就他的诗歌呢？真还不好说。三十五岁那年，父亲死了，要养家活口，无奈得想办法。体面的是应试求官，偏偏碰到太有创意的宰相，一个不取还说“野无遗贤”，盛世祥和，逼得杜甫只好剑走偏锋。第一招是求大官帮忙。看着饥饿得怒火升腾的妻儿，也就不必计较被央求者的人品了。“骑驴三十载，旅食京华春。朝扣富儿门，暮随肥马尘。残杯与冷炙，到处潜悲辛。”（《奉赠韦左丞丈二十二韵》）以往的豪气真不知到哪里去了。不行，再出第二招，献赋。虽然看到“朱门酒肉臭，路有冻死骨”的现实，要求官，又何妨将朝廷的盛典肉麻地歌颂一番呢？“三大礼赋”终于博得玄宗的开心，释褐入仕，官不大，有份薪水，生计暂且无虞。安史之乱马蹄声急，杜甫再陷动荡中。“衣袖露两肘”去见皇帝，官拜右拾遗，在朝廷有言论的机会。可惜太较真，不知道官场的复杂，不久就被赶到地方。州县的琐碎更让诗人无法容忍，只能漂泊西南，栖托为生。栖托谁呢？最好是朋友。成都掌权的是老友高适，把浣花溪边一大圈地给他建草堂，让他度过一生最闲适的时光。人事更迭，好景不再，面对武夫，也得迎合。“迁转五州防御使，起居八座太夫人。”（《奉送蜀州柏二别驾》）拙恶如此也得写，心里其实很清楚：“苦摇求食尾，常曝报恩腮。”“饥藉家家米，愁征处处杯。休为贫士叹，任受众人咍。”（《秋日荆南述怀三十韵》）像狗一样地过着乞讨的生活，借米填饥，讨酒浇愁，都得看别人脸色，终在漂泊中唱完人生的悲歌。为生计，杜甫很忙，忙得可怜可悲。

挣扎求生，辗转道途，并没有停息杜甫做伟大诗人的雄心。乞食长安，他看到社会贫富的巨大反差；身处战乱，他看到国家的危机和下层的困苦；行走入蜀，他记述秦州入蜀道路的奇诡险峻；病滞峡中，他将峡中风光和忧国悃忱倾诉在诗中。黄庭坚说杜甫最好的诗是夔州以后诗，当然是对的。当我们了解他在三四年的动荡多病生活间，居然写下五六百篇不朽名作，更对诗人充满敬意。

对于一切新鲜的东西，杜甫都乐于接受尝试，特别是诗歌。“即事名篇”的新乐府，杜甫是首创者。无论是古体诗还是近体诗，他都尝试穷尽所有的变化以开创新格。那时近体诗格律定型未久，变化还不多，杜甫尝试了所有粘对的变化，工对、借对、流水对、扇对、磋对都运用自如；不是说近体诗要音韵协和吗，他偏写拗体的七律，不循平平仄仄，打破平衡；律诗只能八句完篇，他偏写《秋兴八首》那样的联章长篇；对仗稳贴很难，他知难而进，一首诗写到一百韵，穷尽变化；不是说古诗要回忌三平声吗，他偏写了许多，还试验过五入声。为写诗，杜甫更忙。“新诗改罢自长吟”（《解闷》），“语不惊人死不休”（《江上值水如海势聊短述》），要耗费多少心力？他经常失眠：“不眠忧战伐，无力正乾坤”（《宿江边阁》），是忧国而无以措手；“夜久语声绝，如闻泣幽咽”（《石壕吏》），是感怀民困而点滴心头。苏轼特别赞赏的“四更山吐月，残夜水明楼”（《月》），也是夜不成寐、中夜起行的感悟。

宋人说“子美集开诗世界”（王禹偁《日长简仲咸》），就是说杜甫开拓了唐以后诗歌的所有法门，为后世提供了典范。有真性情，求大格局，转益多师，心存千古，终成就其诗歌之集大成。至于“无一字无来处”或“每饭必思君”的说法，都是后人添加给他的，当不得真。回到开头，不断有人讨论杜甫会怎么看待“很忙”的游戏。我想，以杜甫的豪爽趋时，大概不会生气吧。如果生在当代，条件也允许，我想他也会装备iPhone 4S，经常在微博公布他的作品。当然怀抱美女，是有些不雅，在他那个时代，倒也不算什么。只是有涉个人隐私，还是为诗人讳吧。

这样揣度杜甫，根据是他即便生计窘迫，为诗憔悴，始终以幽默心态面对。没有钱，他写道："囊空恐羞涩，留得一钱看。"（《空囊》）他写贫困的朋友："广文到官舍，系马堂阶下。醉则骑马归，颇遭官长骂。才名三十年，坐客寒无毡。赖有苏司业，时时与酒钱。"（《戏简郑广文兼呈苏司业》）写女儿学母化妆而满脸狼藉："学母无不为，晓妆随手抹。移时施朱铅，狼藉画眉阔。"（《北征》）甚至调侃皇帝惧内："张后不乐上为忙。"（《忆昔二首》）都是有趣的例子。千年后的"恶搞"，诗人又何须较真愤怒呢?

成仙之别途[1]

神仙人人向往：可以长生不老，可以升天遨游四海，锦衣佳肴，美女成群，随心所欲，无所不能。问题是怎样才能修行成功呢？高道开出无数秘方。比方辟谷，就是不吃饭，仙人都是无食无泄，仙传说刘向升仙后因为犯错误而贬守厕所，钱锺书已经指出记载之错误。比方炼丹，投入很大，每天要吃许多化学品，终于中毒不支，高人说那叫蝉蜕，你看不到是你修行不够。比方静修，找深山老林、人迹不到之处，搭个茅棚，块然独处，哪天没有了，就是成功了。当然整理仙经，日日诵读，修炼气诀，身作丹炉，多积善行，扶危济困，也都有机会，是否成就，就看机缘了。不过也有例外的，得来全不费功夫，在此举大仙韩湘为例。

韩湘是八仙之一，南宋以后崇信者很多，他的原型就是唐代著名文学家韩愈的侄孙韩湘，在可以考知的其生平记录中，完全没有他信道修仙的记录。那么他又如何成仙的呢？过程真有些不可思议。

在编年的唐代文献中，对韩湘的第一次记载见于韩愈名篇《祭

1　本文原刊于《东方早报》2012年2月12日。

十二郎文》，云："汝之子始十岁，吾之子始五岁。"宋人注云："老成二子，曰湘，曰滂，滂以季子出继，则湘固宜十岁也。"这一年是公元803年，所以可以知道韩湘生于794年。韩愈的家庭有些隐情，现在都清楚了。幼年父亲去世，依靠比他年长三十岁的哥哥韩会抚养长大。因此而推测兄弟二人非一母所生，韩愈的双亲应该是老夫少妻，大约都无问题。十二郎即韩老成，估计年长于韩愈，名为叔侄，实同兄弟。中年因脚气病身亡，韩愈悲恸五内，惊天一哭，成此千古名文。此后韩愈官大，韩湘一直随他生活。直到元和十四年（819），出了一件震铄古今的大事，给了韩湘以机会。

这件大事就是宪宗迎佛骨，在皇宫内放了三天，送回去的时候，"王公士庶奔走舍施如不及"（《旧唐书·宪宗纪》）。而韩愈提出劝谏，就是有名的《谏佛骨表》，虽是大儒，但似乎不太会立说办事，称佛教是"夷狄之一法"，说佛骨为"朽秽之物"，也就算了，偏偏还要讲自古信佛者都不得长寿。宪宗也算是中兴之主，迎佛祈福总是希望益寿延年，何必硬往绝路上赶？于是龙颜大怒，动了杀心，总算有人求情，改贬潮州——那时很荒凉的地方。

那年韩湘该二十六了，一路随侍南行。走到蓝田，这是唐朝犯错误官员经常送命的地方，韩愈百感交集，于是写了首诗给韩湘：

一封朝奏九重天，夕贬潮州路八千。
欲为圣明除弊事，肯将衰朽计残年。
云横秦岭家何在？雪拥蓝关马不前。

知汝远来应有意，好收吾骨瘴江边。

韩愈的性格，当事的时候理直气壮，事后不免心怯气虚，本来身体就不好，再南行万里，估计即将不起，很绝望。

韩湘还真是个好青年，送到潮州，还坚持学习，四年后终于考取进士，金榜题名。不过此后他的事迹就不那么清楚了，仅知与贾岛、姚合等几位诗人都有来往，曾入江西幕府，没有事功和著作留存。他是否相信过道教，实在不知道，没有任何记录。

此后的变化真是匪夷所思。韩愈反对佛道，主张要“火其书，庐其居”（《原道》）。用现在的话说，叫侵犯利益集团的既得资源。不过佛家以慈悲为怀，道家以清净修身，反对的办法都很文雅。佛家编造了韩愈在潮州与大颠禅师来往的故事，最多就是证明他言行不一。道家最会编小说了，于是开始编造。最早记录，见于段成式《酉阳杂俎》卷一九，说韩愈有疏从子侄从江淮来，不读书，不守纪律，韩愈给以批评，他说自己有特殊技艺，能冬天催开牡丹花，且青紫黄赤，任便皆可。韩愈就让他变，只见紫牡丹由白转红转绿，居然还在花里开出了“云横秦岭家何在，雪拥蓝关马不前”两句诗。这是最早的编派，只是说韩愈不知异术。

稍晚则有道教宗师杜光庭《仙传拾遗》（《太平广记》卷五四引）的叙述，说落拓而有异秉的是韩愈外甥，好饮酒赌博，但术艺更丰富，“玄机清话，该博真理，神仙中事，无不详究”。韩愈贬潮州后，他来相送，讲了一大通修道的办法，说得韩愈急欲成仙，悔不当初。而韩愈所赠的那首诗，又从先前培育的牡丹中开出，足知神仙知过去将来之事。杜光庭最后强调，韩愈最后也依归了道教，只是“迹未显”，是潜伏的道徒。这段记载距离韩愈谏佛骨大约一百年，内容当然是说神仙实有，反对者举止幼稚，韩愈在事实面前弃而从道。原来赠韩湘的诗，变成给外甥的了，外甥当然不姓韩。

再过一百多年，道教从外丹修炼进而为内丹自冶，大仙吕洞宾也出而点化世人，韩愈的那段故事也开始落实到韩湘身上。较完整的记载见于北宋后期小说家刘斧的《青琐高议》，韩湘变成了犹子，自称能技夺造化，韩愈不信，于是催开牡丹：“花间拥出金字诗一联云：‘云横秦岭家何在？雪拥蓝关马不前。’公未晓其句意，湘曰：‘事久可验。’”待到南贬潮州，身到蓝田，才知事有前验，佩服何如。于是韩湘点化乃叔，共同仙去。到八仙在金元之间开始排队的时候，韩湘加入了团队，仙迹也越来越丰富。

从现在可以勾稽出来的线索，大致如此。一切都是无心插柳，阴差阳错，大约韩湘生前绝不敢有这样的梦想，最终就这样，成了。

其实在中国历史上，类似情况特多。不太会打仗的关羽，死后六百年还只在荆州玉泉山小庙里啃些残剩，南宋后因理学家鼓吹正统，小说家编造三国故事，据说他读《春秋》而知君臣大义，再加满清皇上的表彰，于是晋身武圣，爵封关帝，庙食五大洲，保佑全华夏。莆田林家是唐代开始显耀的文学名家，《林氏大宗谱》所载甚详。宋初那位林家小娘子也不知受了什么委屈，纵身一跳，此后百年也无人提起。直到徽宗时的赴韩使团在海上遭遇大灾难，一船逃归，说是得到她的庇护，于是神迹不断，终于成为东南大神。一切也都那么不可思议。

中国民间文化就有如此独特的风景线。信不信由你，反正我是相信的。

高贵的灵魂[1]

妓女是人类最古老的职业，为无数文学作品所述及，虽从事斯业者人品相差悬殊，故褒贬也不一，但有所同情，不加显斥，则中西皆同。自秦汉以来，诗文中述及者络绎不绝，然走近她们的生活，同情地加以记录，则很少见。有之，则自唐代孙棨《北里志》始。唐长安城西门内有平康坊，坊之北门内有三曲，为诸妓居住地。其中南曲、中曲所住为妓中之铮铮者，北曲则卑屑妓所居。妓之来源，或自幼丐育，或买贫家女，少数也有出身良家子，“误陷其中，则无以自脱”。女鸨则为假母，互称以女弟女兄，无夫，一般都在三十以上，有姿色者又多依附军将。唐末大动乱前，社会日趋浮华，从应试举子到膏粱子弟，从胡商衙将到朝廷显官，皆出入其间。孙棨说自己多次到京城应试，未能免俗，但观察很仔细，久欲从事著述，经历世变，更感北里诸红尘女子之不平凡：“多能谈吐，颇有知书言话者”，“其分别品流，衡尺人物，应对非次，良不可及”。虽然他也知道薛涛在蜀中颇负盛名，“及睹北里二三子之徒，则薛涛远有惭德矣”。北里诸妓人人有文才，个个秉异德。

1　本文原刊于《文汇读书周报》2016年8月2日。

在经历天翻地覆的大动荡后，他发现难以忘怀的还是那些卑妓。写下来吧，皇帝逃到蜀中去了，天下大乱，他也避世未仕，无所顾忌，将许多此前此后的大官也都实名记录。孙棨后来官也不小，不知后悔没有，好在大唐开放豁达，不计较这些。

《北里志》所记诸妓，有文才，有自尊，有个性，为孙棨钦服，必须写出，为文学史上留下一笔。

楚儿，本为三曲之尤，但年增退暮，为万年捕贼官郭鍜纳为外室。虽被拘系，未改初心，每有旧识经过其所居，常于窗牖间相呼，甚至互通问候，巾笺送遗。郭鍜为人异常凶忍暴毒，每有所知，必痛加笞辱。楚儿虽甚痛愤，但始终不改。偶出游曲江，与才士郑光业道遇，遂出帘招之。郭鍜知后，拽至大路上，以马鞭狠打，冤楚之声响彻坊里，观者如堵。郑光业惊悔其事，但次日却见楚儿在临街窗下弄琵琶，且持彩笺送光业诗云："应是前生有宿冤，不期今世恶因缘。蛾眉欲碎巨灵掌，鸡肋难胜子路拳。只拟吓人传铁券，未应教我踏金莲。曲江昨日君相遇，当下遭他数十鞭。"虽遭遇暴力，绝不后悔，因为"我和你今生一定有缘"。此女看似玩世不恭，其实不断在反抗命运。

颜令宾，居南曲，属有身份的名妓，"举止风流，好尚甚雅"，平日迎候者甚多。但到病重时，她看到落花，感叹数四，因写诗招客："气余三五喘，花剩两三枝。话别一樽酒，相邀无后期。"平时殷勤是逢场作戏，现在我还有几口气，希望各自有尊严地告别，敬请各位写挽诗来为我送行。她身后收到许多挽诗，假母以为赙礼，及见大失所望。邻人有刘驰驰，聪爽能为曲子词，乃在颜令宾出殡时，谱曲让挽者歌唱，盛传长安。此女有自尊，不因堕落而自我轻贱。

前曲王家有三女，大约孙棨经常光顾，所记最详。长者小润，为后来的宰相崔胤所眷。其次福娘，“丰约合度，谈论风雅，且有体裁”。孙棨说她常于宴洽之际，惨然悲郁，合座为之动容。一日忽赠诗孙棨：“日日悲伤未有图，懒将心事话凡夫。非同覆水应收得，只问仙郎有意无？”我不得已沦落红尘，覆水难收，日日悲伤，你一直对我好，愿意真心帮我吗？这可把孙棨惊到了，忙说自己只是普通举子，纳妾绝非所宜。福娘再告，我还没入教坊籍，“君子倘有意，一二百金之费尔”。花不了太多钱。孙立即和诗：“韶妙如何有远图，未能相为信非夫。泥中莲子虽无染，移入家园未得无。”我知道你很纯洁，但我家绝对无法接纳。多时后，福娘为他人所纳，仍赠诗于孙：“久赋恩情欲托身，已将心事再三陈。泥莲既没移栽分，今日分离莫恨人。”我是真的对你好，缘分已绝，不再怨恨。孙了解她（福娘）身世，卖身入北里，“得数百金与兄，乃恸哭永诀而去”。此女虽出身卑微，但为家不恤牺牲自己，为情更足感动天地，人格高贵有如此者。

还有善谑的王苏苏，利口善辩的张住住，敢于大骂假母而钟惜情郎的杨莱儿，“负流品，巧谈谐”的郑举举，轻率而常“伤人肌肤”的牙娘，无不性格乖张，真情真性。唐代是士庶分明的社会，这些出身下层的女子不可能与士人正式成婚，做有情郎的妾也千辛万苦。但她们有尊严地活着，没有自甘堕落。

我以前曾引唐末士人源匡秀为眷爱的妓女沈子柔所写墓志，铭曰：“火燃我爱爱不销，刀断我情情不已。虽分生死，难拆因缘，刻书贞珉，吉安下泉。”爱情与地位、身份不能简单划等号。

心与浮云去不还，吹向南山又北山
——李季兰诗赏析六首[1]

2014年秋，应胡晓明教授约，为他主编的《历代女性诗词鉴赏辞典》撰稿近二十篇。先此于该年春节后复将旧文《唐女诗人甄辨》，从一万余字之单篇论文，扩写成五万余字，由海豚出版社出版。前述《辞典》近期即可问世，录其中写李季兰之数首，交《文史知识》先刊出。

先介绍李季兰的基本情况。李季兰（？—784），名冶，以字行。早年居峡中，年五岁能为诗。后为女道士。形气甚雄，时人有“女中诗豪”之目。善弹琴，尤长于诗，为当时名士所称。曾与诸贤会于乌程开元寺，座间与刘长卿互嘲。约于上元、宝应间，曾在越州杜鸿渐幕。又往来剡中，与皎然、陆羽等游。后招入宫中，留月余后优赐归山。德宗建中间在长安，适逢泾原兵乱，身陷长安，曾献诗于叛军朱泚。兴元元年秋，被德宗所杀。李季兰诗以五言见长，多为寄赠送别、感怀遣兴之作，感情真切，善用民歌手法，颇存汉魏古风。诗存约二十首。后人将其诗与薛涛诗合编为《薛涛李冶诗集》。今人陈文华校注《唐女诗人集三种》收其集。

1 本文原刊于《文史知识》，2016年5期。

春闺怨

百尺井栏上，数株桃已红。

念君辽海北，抛妾宋家东。

惆怅白日暮，相思明月空。

罗衣春夜暖，愿作西南风。

这首诗以往在《薛涛李冶诗集》《全唐诗》卷八〇五所收，都只有前四句。再往前追，可以在南宋人编《吟窗杂录》卷三〇找到源头，也只有四句。就算四句吧，大致意思已经有了，不就是因春动情么。明末钟惺《名媛诗归》收了这首诗，还加评语："殊难为情。"意思是这话你如何说得出来。近年俄罗斯圣彼得堡藏敦煌文书发表，经徐俊、荣新江二位据Дx.6654与Дx.3861整理，才发现唐人蔡省风编选专录唐代妇女诗的选本《瑶池新咏》残卷，居然恢复了这首诗的全貌，实在很可贵。

《春闺怨》是常见的乐府旧题，主题就是写少女或少妇因春日而动情，或怀人，或感伤，或叹青春易逝，或伤佳偶难得，主题先定，就看诗人如何构思运笔。李季兰的诗以女性之观察，诉怀人之情思，有特别的深情。

开始两句写春天来了，花儿开了，引起少妇的情思。古代的住家附近都有水井，一家或数家汲井水为生计，因此有井水就有人家。百尺是说距家不远的地方，井栏边的几处桃树已经开出鲜艳的红花。桃花在春花中，开放时间不算早，但红艳灿烂，很显豁耀眼。

桃花引起少妇春日与夫分隔两地的忧伤。辽海北，其实就是现在辽宁一带。由于隋代到唐前期，曾经有过几次征讨高丽的战争，主要战场在辽东，到李季兰出生的时候还有些纷争，因此成为唐人笔下在边庭从军的主要地方。“抛妾宋家东”，用宋玉《登徒子好色赋》“天下之佳人莫若楚国，楚国之丽者莫若臣里，臣里之美者莫若臣东家之子”，说自己被孤单地丢在宋家以东。用典，不必实指。如若诗只有这四句，是说眼见桃花已红，春正灿烂，然而良人在远，独自如何为怀。戛然而止，也有情味。

《吟窗杂录》今本署陈应行编，今人研究为蔡传编，不管是谁，这是一部喜欢摘句的诗格类的丛集。敦煌发现的，可信是全篇，后半段补足肯定更为精彩。

五、六句继续渲染女子的孤寂和相思，白天的惆怅，从早到晚，夜晚的相思，如明月下的星空般浩瀚无边。寂寞，惆怅，思念，失落，怨恨，正是如此地日月相续，无从排遣。最后两句，说女子春夜在罗衣绮被的生活中，感到春的温暖与和煦，她想把这一切美好带给她所思念的人。西南吹来暖风，引起她的遐想，自己也愿意化作西南的暖风，吹到辽海，来到思念的人身边，带给他春日的温暖，让他感受自己的情意、自己的思念。这一切，是如此的美好。没有怨恨，只有温暖。

寓　兴

心与浮云去不还，心云并在有无间。

狂风何事相摇荡，吹向南山又北山。

据说李季兰幼年，也就五六岁吧，已经有了一些才名，她父亲也乐于带她到处显摆。一日庭中蔷薇花开，她父亲将她抱出来，要她当场写诗咏蔷薇。她写的最后两句是："经时未架却，心绪乱纵横。"尽管蔷薇架的故事是后出的，但她看到蔷薇而引起"心绪乱纵横"，显然与一般女训所要求的规范相去太远了。她的父亲因此而有失颜面，有些恼怒，下断语说："此女子将来富有文章，然必为失行妇人矣。"（《太平广记》卷二七三引《玉堂闲话》）居然都给他说到了。思绪活跃，或者说想得很多，本来不是坏事，但要看什么时代，什么身份，就此而言，李季兰有些不幸。不过等她长成，父亲或已不在，至少管不了她，就做失行妇人又何如，不然索性去做道姑，她还真做了。其实李季兰失行的事，记载并不多，除了晚岁附逆，就是恶谑刘长卿那次："尝与诸贤集乌程县开元寺，知河间刘长卿有阴重之疾，（季兰）乃诮之曰：'山气日夕佳。'长卿对曰：'众鸟欣有托。'举座大笑，论者两美之。"引皆陶渊明诗，大约刘长卿有疝气，虽然彼此用语巧妙，实在也轮不到女冠去多言。

还是回过来说诗吧。诗题《寓兴》，用的是俄藏敦煌文书Дх.3872与Дх.3874所录《瑶池新咏》残卷的题目。《吟窗杂录》

卷三〇、《全唐诗》卷八〇五题作《偶居》，恐误，与诗意不切。《瑶池新咏》是晚唐蔡省风编选的女诗人诗选，特别偏爱与道教有关的诗歌，因此将李季兰列在全书之首。

这首诗的主题是写心绪纷乱，或者叫心旌摇荡，不能自已，没有来由，不知本事，无端地心随浮云，飘浮万里，不能平静，不能止遏。诗意很浅显明白。看到浮云飘动，心也随着远去。云不见了，心也更为失落，一切都在若有若无间。陶渊明赋云："云无心以出岫。"王维诗云："行到水穷处，坐看云起时。"云生云灭是佛教譬喻现世虚幻的著名比况，好像是确实的存在，但又没有定质，难以靠近，说有也行，说无也不错。一个人的心思也是如此吧！如果能够那么自如地随风远扬，任意变化，充分自由，不受羁绊，那有多好。有或无，又何必计较呢！

诗的后两句，是写云，也是写心绪。云有安静的时候，我们常说晴空万里，天气晴明，云也是安静祥和、沉稳端庄的。然而风起云动，风吹云走，就像平静的心情被无端触动一样，浮想联翩，不能停息。北风来了，吹向南山，南风来了，飘往北山，心情又何尝不是如此呢？

孟郊《烈女操》云："波澜誓不起，妾心井中水。"能修炼到心静如井中水般波澜不惊，确实是那个时代对女性的殷切要求。李季兰出家为女道士，她当然也曾努力收缩自己的心绪，然而早已"梦魂惯得无拘检"，一抹浮云、一阵狂风，都会触动她的思绪。才女就是如此。

送阎伯均往江州

相看指杨柳，别恨转依依。
万里西江水，孤舟何处归？
湓城潮不到，夏口信应稀。
唯有衡阳雁，年年来去飞。

这首诗是李季兰诗歌中，为各种选本选录最多的一首。《唐人选唐诗（十种）》里，有三种选了它，俄藏敦煌文书存《瑶池新咏》残卷也有这首诗，可见当时影响之大，也因此有许多异文。我这里诗题用的是宋刊韦縠《才调集》卷一〇的诗题，诗的本文则用武进费氏影宋本《中兴间气集》卷下。后者诗题作《送韩揆之江西》，韩揆别无可考。《瑶池新咏》题作《送阎伯均》，证明我的选择较接近原题。

阎伯均名士和，常以字行，这是唐人的习惯。他是著名文士萧颖士的门人，尝著《兰陵先生诔》，于其师推崇备至，以为“闻萧氏风者，五尺童子羞称曹、陆”，实在尊师薄古。阎在大历、贞元间很活跃，与许多文人都有交往，可惜本人诗仅存在吴兴与皎然等游历时的几首联句诗，无足称道。李季兰别有《登山望阎子不至》《送阎二十六赴剡县》《得阎伯均书》等诗，诗中有“别后无限情，逢君一时说”，“妾梦经吴苑，君行到剡溪”，“莫怪阑干垂玉筋，只缘惆怅对银钩”，证明二人关系极其密切。她又有《有敕追入内留别广陵故夫》，故夫是否阎，现在还没有证据。

诗是送阎伯均往江州而作，其地即今江西九江。送别的地点不详，很怀疑是在荆州，因为诗里写到西江，长江只有在出峡后到江陵、武昌（即夏口）的一段称西江。首二句写别离的场景。古人多折柳枝为别，谐音“留”，表惜别之意。留者、行者都很不得已，分别的时间到了，两情缱绻，依依难舍，但还只能分别。此后柳永《雨霖铃》“留恋处，兰舟催发”，就是学这一路的。

从近处之难别，举目远望，万里西江，浩渺无际，孤舟一夜，今夜何宿，今日别后，何时回来，诗人的思绪从此展延，将分别的愁绪推向高潮。

湓城就在江西，是阎将要去的地方。从南朝以来，襄阳、荆州、江夏一带是商业活动活跃的地方，西曲一类作品多写商妇离别之感，以潮水之每月必然变化借喻彼此联系之守信和失信，也是常见内容。李季兰这里也借用了这些手法，希望分别后彼此还能经常联络，彼此音问。但又耽心可能从此音讯渺茫，相思无路。是写别离时的痛苦，更写别离后的思念和失落。层层推进，诗绪清晰而绵密。

最后两句，写雁之每年南北来去，准时守信，感慨人或有时不如雁之守时有信。可能是眼前即景的寄意，也可能是分别叮嘱的借喻。将别后的情愫婉婉道出，意有尽而含情无尽。

离别诗是古诗永恒的主题，相知之男女分别更是刻骨铭心的伤感之事。李季兰善于驾驭这类题材，无论她与阎伯均的确切名分是什么，相爱的人是不计较这些的。诗写得很缠绵，也很素朴，这里可以看到她的能力。

感　兴

朝云暮雨镇相随，去雁人行有返期。
玉枕只知长下泪，银灯空照不眠时。
仰看明月翻含意，俯眄流波欲寄词。
却忆初闻《凤楼曲》，教人寂寞复相思。

这首诗也见于《瑶池新咏》和《才调集》，但本事不知为何。题目《感兴》是说有感而写，内容则是别后的相思，不妨看作前篇的续作。

首句是双关的。天气朝云暮雨，阴晴变化，引起自己的思绪。然而宋玉《高唐赋》不曾有过“旦为朝云，暮为行雨”的说法吗？后世不是常以云雨代指男女间的事情吗？李季兰虽然是写即景，也包含了往事的记忆。接下来说到分别。人之远行，和雁之南飞一样，走了，总该有回来的时候。总不会一去不复返吧。然而分别毕竟是令人痛苦的，颔联用女性生活最习见的场景，写别后孤凄落寞的景况。玉枕本来是双栖共眠的所在。然而一人远行，一人迟留，孤枕难眠，只能彻夜以泪洗面。本来双栖的居室，银灯曾见证彼此的郎情妾意，然而现在只能空照孤室，陪伴自己不眠的长夜。这里写别后的落寞孤寂，是很形象，但就诗意说，还是在六朝旧题的套路中，规范而缺乏创新。

既然难以入眠，那就不妨出外行走，藉此打发长夜。举头见到明月，依然澄澈，依然明亮，似乎还包含些些相思的情意。古人认为明月象征团圆，在这里也借用此一寄意。俯看流水，油然引起寄书传情之意思。写什么呢？想到是彼此初识时的情景，听闻《凤楼曲》，彼此生情愫，然而回想当时，更伤现在，那时的甜情蜜意，与眼前之寂寞相思，恰成对比，回忆也无法排遣自己的愁思。《凤楼曲》也称《凤台曲》，南朝梁武帝所创曲，写古代萧史、弄玉结为夫妇，吹箫鸣凤，感动凤凰来栖，二人也最终双双升仙。这一乐曲，也适合李季兰的女道士身份。

估计这首诗，是与情人别后寄书时，一并附上的诗作，写自己的落寞，写自己的相思，说到写书之原委，也说到往事和今况。是中规中矩的情诗，也是李季兰的本色之作。

八　至

至近至远东西，至深至浅清溪。

至高至明日月，至亲至疏夫妻。

这是一篇极其简单，又极其深刻的诗，唐代流传很广，敦煌也有写本。法藏敦煌文书P.3216题注：“此一篇天下□子不能过。”缺一个字，可能是男子，或者是才子，总是感叹这样好的诗，出自一位妇人之口，男子又何能过此。

古人有“四至”的说法，指一个国家或州县领土，从东西南北四边来说，达到最远的地方。这首诗的“八至”，与此毫无关系，只是因为诗里出现八个“至”字而已，因此称为《八至》。

“八至”讲了四层意思。第一是东西，是从方向来说的，东西南北的东西。从每一个人的立场来说，如果面对南方，左手指出的方向是东，右手是西，都可以无限延长，可以绕地球一周——古人还没有“地球是圆的”的认识，因此东和西永远也不会会合，是最远的距离了，但东西的起点都在我的脚下，起点是共同的，因此也是最接近的。

接着的比喻是清溪。这不是公园里的人造溪流，也不是王羲之曲水流杯的清泉，而是指山间的清溪。从山间奔流而出，深不可测，但又清冽见底。就我不太广的识见，比方建德新安江底流出的水流，荡舟其间，清澄见底，但无法估计有多深。孟浩然诗“江清月近人”，就写那地方，我也体会过。李季兰的意思是清溪明澈见底，可以说很浅，也可能很深，正如要真正了解人心之不易一样。

第三句以日月为喻，稍微有些语病，即另外三句都以两个极端对立的立场来议论，这一句则说的是日月高高在上，光明普照大地，是同一件事，不对立。当然有关长安与日之远近，曾有过聪慧小儿极其机警而相反的答案，李季兰也不容不知，但写诗时常很难拿捏，只能稍存缺憾。

最后一句，“至亲至疏夫妻”，是全诗的结论，也可以说把古往今来、亚非欧美，所有夫妻关系的实质，做了最彻底、辩证、明确的概括。世间各种人事关系中，还有什么能比夫妻关系更亲密的呢？整日耳鬓厮磨，肌肤相亲，无话不可说，忧乐共分享。然而即便结发为夫妻，又谁能保证各自没有各自的想法呢？轻则勃溪于广室，怒或对簿于公堂，化玉帛为干戈，因分手而仇杀。至亲最终变成了最恨，人世间演出过多少活剧。李季兰的一句话，把一切都说尽了。

道理很简单，也很有哲理，所以是好诗。最后听一位老儒的评说，是明末黄周星《唐诗快》的批评："六字出自男子之口，则为薄幸无情；出自妇人之口，则为防微虑患。大抵从老成历练中来，可为惕然戒惧。"原来还有这层意义，多谢教导。

陷贼后寄故夫

日日青山上，何曾见故夫。
古诗浑漫语，教妾采蘼芜。
鼙鼓喧城下，旌旗拂座隅。
苍黄未得死，不是惜微躯。

唐代三位著名女诗人中，李季兰是时代最早的一位，也是下场最悲惨的一位。据唐人赵元一撰《奉天录》卷一载："时有风情女子李季兰，上泚诗，言多悖逆，故阙而不录。皇帝再克京师，召季兰而责之，曰：'汝何不学严巨川有诗云："手持礼器空垂泪，心忆明君不敢言。"'遂令扑杀之。"严巨川的诗也见该书："烟尘忽起犯中原，自古临危贵道存。手持礼器空垂泪，心忆明君不敢言。落日胡笳吟上苑，通宵虏将醉西园。传烽万里无师至，累代何人受汉恩。”事情的原委是在建中四年（783）秋，即将开赴河南前线的泾原军经过长安时哗变，拥立赋闲的河北旧将朱泚称帝，唐德宗仓皇逃至奉天避难。李季兰与严巨川都失身贼廷。德宗收复京城后，追究从叛者，严诗说自己虽陷身伪朝，但心存故君，因而获得原宥。李季兰呢，因为给朱泚献过诗，“言多悖逆”，因而被扑杀。这前后高仲武编《中兴间气集》还是坚持选入李季兰的诗，评议说：“士有百行，女唯四德，季兰则不然也。”“不以迟暮，亦一俊妪也。”虽然含糊，仍肯定李晚节有失德行为。那么真相究竟如何呢？最近十多年俄罗斯藏敦煌文书中的新见作品，解开了这一谜团。

一是上朱泚诗的发现，见Дх.3865号：“故朝何事谢承朝，木德□天火自消。九有徒□归夏禹，八方神气助唐尧。紫云捧入团霄汉，赤雀衔书渡雁桥。闻道乾坤再含育，生灵何处不逍遥。”估计是李季兰困留长安，朱泚认为她有诗名，因而让她写诗歌颂新朝。诗意是以五德终始的一般说法歌颂新朝，说天下归心，祥瑞频现，天地含育，生民逍遥。内容是歌功颂德的习惯套路，估计当时流传很广，乃至敦煌也有传本，以至传入德宗耳中，必要加以追究。

另一首就是本节要特别介绍的这首《陷贼后寄故夫》。存世文献在《吟窗杂录》卷三〇、《全唐诗》卷八〇五仅存颈联二句“鼙鼓喧城下，旌旗拂座隅”，题作《陷贼寄故人》。这首诗用比兴手法，写自己失身贼廷之无可奈何，以故夫喻旧朝，表达自己心怀故国、欲死不得的处境和心情。李季兰别有《有敕追入内留别广陵故夫》，因知故夫确有其人。

起首两句说自己每天登山远望，但都见不到故夫的身影。其次二句讲古诗说“上山采蘼芜，下山逢故夫”，可是自己照着办了，何曾有与故夫相见的机会，古诗所说似乎有些欺骗了自己。这里当然都是借喻，借对故夫的思念表达对旧朝的眷恋。古诗《上山采蘼芜》讲一位被遗弃的女子，采蘼芜下山途中，遇到以前的丈夫，询问新人的情况，从前夫口中得知新妻的生活细节，最后得出“将缣来比素，新人不如故”的结论。李季兰此时仍然身处伪朝，无法直言，只能借此比喻，说出自己新不如故的判断。其实这几句的诗意，也就是严巨川诗“手持礼器空垂泪，心忆明君不敢言”的另一种表达。虽说德宗质问“何不学严巨川”似乎理直气壮，其实何曾有机会让李季兰以此诗作答，弱女子就此死去，为皇朝的失职牺牲生命。

李诗的后半段是叙实而直叙的，城下鼙鼓喧嚣，座侧旌旗围绕，这是战地的写真，是说在弥天的军阵中根本没有自己可以选择逃避的机会。名气真是两刃剑，在平时可以给自己带来财富和友朋，到乱时就不免被裹胁，做自己违心而痛苦的事情，心知祸难将临而无从避让。杜甫在安禄山初叛时也曾失身围城，那时还不够有名，能让他到处走走看看而不必承担政治风险。李季兰可是大历、建中间首屈一指的女诗人，躲也躲不了。

最后二句，李季兰说自己身命轻贱，本来也没有什么特别要珍惜的理由，可是叛乱仓促发生，长安沦陷和德宗出逃，一切都是在瞬间发生，自己根本来不及做出选择，只能继续身不由己地苟且存生。

不需要做更多的阐发了。在时代的剧变前，任何个人都很渺小，但统治者经常希望每一个微小的个人，都要如事变平定后的结论般选择自己的人生，否则就是叛逆，就要以你的生命来偿还本来该由统治者承担的罪责。很不幸，李季兰就此走完了一生，大唐王朝继续展示它的辉煌与伟大。

良人的的有奇才，何事年年被放回

——中唐两位谐趣女诗人诗赏析[1]

中国古诗有谐趣幽默的传统，但女性作者类似的作品很少，原因大约是分寸不大好把握，过于恶谑不免流于净丑一路，过于随便也难免显得轻薄，都为世所不容。且其中涉及男女私生活，女性作过多的干预，古代之恶名叫妒忌。《世说新语》《本事诗》均有类似故事，若“我见犹怜”，若娶妻三畏，皆是。中唐有两对夫妻，皆有诗传世，就才能言则男皆不如女，似乎情感不错，因而可以经常在诗里开一些玩笑，存几分幽默。用现在的话说，女的有些作态，有些发嗲，据我分析是因感情融洽，交流无阻，在唐诗中堪称难得。就来看这几首诗吧。

一、张氏

张氏，袁州（今江西宜春）人。嫁同州彭伉为妻，大约生活在德宗、宪宗时期。彭伉于德宗贞元七年（791）登进士第，历官大理评事。曾受辟于浙西观察使幕府。历石泉令、岳州录事参军。

1 本文原刊于《文史知识》，2016年11期。

寄夫二绝

久无音信到罗帏，路远迢迢遣问谁？
闻君折得东堂桂，折罢那能不暂归？

驿使今朝过五湖，殷勤为我报狂夫。
从来夸有龙泉剑，试割相思得断无？

袁州是唐代湖南、江西间的一个僻州，但士人努力读书进取，后世保存地方文献也很丰富，因此留下不少进士科第的相关传说，当然也有与科举有关的文学作品。女性虽然不能参加科举，但当她的夫君奔走趋竞之时，她或她们的生活也改变了。上举二诗，就是袁州出身而于德宗贞元七年登进士第的彭伉之妻张氏的诗作。据《唐诗纪事》卷七九载："彭伉评事，宜阳征君之孙。及第后，浙西廉使于公辟入幕，岁久未回。妻张氏寄二绝（二诗如前，略）。彭伉始以诗寄之曰：'莫讶相如献赋迟，锦书谁道泪沾衣。不须化作山头石，待我东堂折桂枝。'"不过这一记载的可靠性是可存疑的。据五代南汉王定保《唐摭言》卷八载："伉举进士擢第，湛（贲）犹为县吏，妻族为置贺宴，皆官人名士。伉居客之右，一座尽倾。"这段本意是说彭伉在庆贺及第宴会上羞辱湛贲，湛贲奋发读书，数年后也登第，彭听闻后受惊，从驴背跌下；但从中可知彭及第后即返乡，且由妻族为他置宴庆贺，未必有什么及第后久不归家的事情。另外，于公为于頔，贞元七年至十年（794）为湖州（属于浙西）刺史，为陕虢和山南廉使是后来的事。看来，彭伉及第后随于頔到浙西是事实。《唐诗纪事》叙事不尽准确，但也不是全无依凭。张氏二诗嗔怪彭伉久不归家，对自己关心不够，恐怕不免有夸张，就如同今日恩爱的小两口，恩爱时不免卿卿我我，争持时也不免夸大指责。这是嗔怪，不必完全坐实的。

还是看诗吧。第一首指责彭伉久不寄家信。唐代科举考试参考人数多，录取者少，因此参考者经常要辛苦许多年，所谓春榜、夏课、秋集、冬试，将读书人一年精力都搭进去还不够，对留在故乡久久等候的女眷，更是痛苦而孤寂的守候。张氏问，已经许久没有来信了，道路如此漫长，我该去问谁，该让谁去问。听说你已经东堂折桂，进士高中了，那就更没有理由不回来呀。

第二首里的“驿使”，现在叫邮递员，那时负责朝廷诏敕和公私信物的传送。首句是说恰好有机会托驿使带信给彭，因此忙不迭地让他带信给狂夫。狂在这里有得意忘形、中风狂走、心疾不宁等意思，其实只是妻子感到丈夫对自己关爱不够，因此指责丈夫的夸大其词。因为可以叫驿使带信给丈夫，她是知道丈夫在哪里、如何联络的。但男女之间本可尽情倾诉，也可夸张指斥，能这样说话至少说明还没有发生感情危机。唐代对婚外情很宽松，且士庶之间地位相隔悬远，并非丈夫偶然出轨就会引起婚姻危机的。因此这里张氏虽有不快，尽可畅快地加以宣泄。最后两句是点睛之笔，也用了很精彩的譬喻。意思其实只是说，现在我想你了，相思无穷无尽，无可排遣。她的表达是，所有人一直都说龙泉剑锋利，削铁如泥，但是它能割断我对你的相思之情吗？李白写过“抽刀断水水更流，举杯销愁愁更愁”的名句，是说刀断不了水，酒禁不得愁。张氏将两句合为一句，把自己的相思之情率意而真诚地表达出来。

前引《唐诗纪事》所录彭伉的答诗，似乎不是对张氏二诗的回应，而是更早的答诗。说你对我要有信心，很快就可以东堂折桂了，不会让你一直等到天荒地老，等待成在山头矗立化石的女子。贞元间许多诗人写过《山头石》诗，最有名的是王建的“行人归来石应语”，即便化身成石，仍在等待。彭伉反其意用之，也是在调侃其妻，与张氏用意正同。

二、赵氏

写完了彭伉妻张氏的两首诗，我还想写一下杜羔妻赵氏的两首诗。

赵氏，或作刘氏，洹水（今河南内黄）人杜羔妻。杜羔于德宗贞元五年（789）登进士第，宪宗元和十四年（819）官至振武节度使。赵氏存诗四首。

夫下第

良人的的有奇才，何事年年被放回？
如今妾面羞君面，君到来时近夜来。

闻夫杜羔及第

长安此去无多地，郁郁葱葱佳气浮。

良人得意正年少，今夜醉眠何处楼？

杜羔在《新唐书》卷一七二有传，他是唐初中书令杜正伦的五世孙，也是当时有名的孝子。他的父亲死于安史战乱，他历经千难万险寻母，并将其父遗骨归葬。他历官三十多年，官至振武节度使，堪称显达。但是他的早年显然是很辛苦的。其妻赵氏，是《才调集》的说法，几种笔记作刘氏，一般来说总集比笔记要可靠一些。赵氏家世和名字都没有存下来。但从上录的两首诗来看，文学才华肯定比其夫好。杜羔也有诗传世，一首郊庙乐歌，两段与李益、广宣的联句，皆无足称道。

赵氏诗的本事见宋初钱易的《南部新书》卷丁："杜羔妻刘氏善为诗。羔累举不第，将至家，妻即先寄诗与之曰：'良人的的有奇才，何事年年被放回？如今妾面羞君面，君若来时近夜来。'。羔见诗，即时回去。寻登第，妻又寄诗云：'长安此去无多地，郁郁葱葱佳气浮。良人得意正年少，今夜醉眠何处楼？'"《南部新书》大体是改编唐人笔记而成书，此节的前半即见于唐末无名氏笔记《玉泉子》，后诗又见五代后蜀韦縠编唐诗选本《才调集》，看来是当时流传很广的故事。

唐代科举参加者多，录取者少，因此当时有"三十老明经，五十少进士"的说法。杜羔登第后还做了三十多年官，不至迟暮到五十方及第，但有些挫折也正常。失败回家，家人的关心、妻子的温暖，是人之常情。近年有学者研究唐代科举，即认为刘是利欲熏心，恶俗难耐，至以范进中举中的胡屠户来比况。但以第二首诗来看，又好像不至于吧！较为有识的评价见于南宋末诗话《竹庄诗话》卷二二引《苍梧杂志》云："诗，杜羔妻所作。羔不第而归，作前诗勉之。羔既登第，复作后诗戒之。可谓贤妇人矣。"《苍梧杂志》作者是南宋很不为人所知的儒生胡珵，在读诗时倒不迂执。

两首诗都很好理解。第一首说良人你实在是太有才了，考了那么多次都考不取，年年都失败回家，还真亏你有这样的勇气。你好意思回来，我的脸皮上可有些挂不住，还是给我些颜面，你实在要回来，就趁着天黑无人看见，悄悄地回来。虽然笔记说杜羔见诗羞愧发愤，立即离家，但我总觉得这是夫妻间的游戏之作，不必那么当真。当然，鼓励和激将也是有作用的。

第二首写于杜羔及第后。杜羔家在洹水，即今河南内黄，距长安不算太远，所以首句说"长安此去无多地"。次句则用唐初卢藏用与司马承祯议论终南山的"郁郁葱葱，大有佳气"两句入诗，说长安的繁华深邃，正是销金蚀骨处。从《唐摭言》所述进士及第后的盛况来说，就如同今日之超级偶像，举城热捧。赵氏寄诗询问，良人青春得意，春风醉酣，不知在何处红楼偎红倚翠，畅饮忘怀。这是调侃，也是提醒，当然也有落寞。不过夫妻间话说到这份上，应该还是有信任的。

中国历代都有谐谑类的诗歌，不过女性的作品并不多，这是赵氏诗特别难得的地方。赵氏存世另有二诗，都堪称佳作，并附此。《杂言》：“上林园中青青桂，折得一枝好夫婿。杏花如雪柳垂丝，春风荡飏不同枝。”似乎为初婚之作，自矜得选佳婿，又借杏花、春风喻青春短暂，及时珍惜。《杂言寄杜羔》：“君从淮海游，再过兰杜秋。归来未须臾，又欲向梁州。梁州秦岭西，栈道与云齐。羌蛮万余落，矛戟自高低。已念寡俦侣，复虑劳攀跻。丈夫重志气，儿女空悲啼。临邛滞游地，肯顾浊水泥。人生赋命有厚薄，君但遨游我寂寞。”可能是杜羔入仕初期之作，既表示对丈夫将往边地之关切，又坦言夫远行后自己的失落寂寞。与前此介绍二诗比读，虽有庄谐之分，都能说明夫妻感情很好，以上我的解说是妥当的。

明钟惺等编《名媛诗归》卷一〇附收杜羔的答诗，皆伪，不足据。

易求无价宝，难得有心郎
——鱼玄机诗五首赏析[1]

鱼玄机（？—868），字幼微，一字蕙兰，长安（今陕西西安）人。初为补阙李亿妾。曾历游各地。懿宗咸通中于长安咸宜观为女道士。与诗人温庭筠、李郢等有唱和。咸通九年，因私刑笞死侍婢绿翘事发，为京兆尹温璋所杀。玄机工诗，有才思。其诗属对工稳，写男女之情，尤真切细腻，坦率热情。有《唐女郎鱼玄机诗》一卷，今存影宋书棚本。《全唐诗》卷八〇四收其诗一卷，凡五十首。今人陈文华校注《唐女诗人集三种》收其集。

鱼玄机为唐三大女诗人中时代最晚的一位。她经历独特，敢爱敢恨，交游广泛，不拘细形，最后身陷刑宪，为情献身，虽咎由自取，亦引起后世文人许多同情。及至晚近，港台曾以她为女主角，编演过诸如《唐朝豪放女》等多部影视。读读她的作品，可资了解这位传奇女性的内心波澜和情感诉说。

1　本文原刊于《文史知识》，2016年9期。

寄李亿员外

羞日遮红袖，愁春懒起妆。
易求无价宝，难得有心郎。
枕上潜垂泪，花间暗断肠。
自能窥宋玉，何必恨王昌。

这首诗的题目和写作时间有三种不同说法。第一是南宋书棚本《唐女郎鱼玄机诗》的记载，题作《赠邻女》，《全唐诗》八〇四同，也就是说此诗有些作者宽解邻女的意思，近似于邓丽君唱的《南海姑娘》。当然也有情场说法的味道。明末黄周星评此诗云："鱼老师可谓教猱升木，诱人犯法矣。"就从此层理解。第二种说法是五代后蜀韦縠编选《才调集》卷一〇的记录，题作《寄李亿员外》。孙光宪《北梦琐言》说此诗是"怨李公"，也同此。鱼玄机与李亿的关系，在另篇《春情寄子安》中有所说明。若此题目是，则还是叙述对李的情愫。第三种说法见《太平广记》卷一三〇引《三水小牍》，只引了"易求无价宝，难得有心郎"两句，但说是她因打死婢女下狱后所吟。这第三种记载虽然故事曲折完整，但类似于小说，即便不说其虚构，失实总有一些。但如解作她在狱中也曾吟到以往的旧诗，而这两句又特别有名，也可解释通。这样，第三说可以不必考虑。

前二说何者为是呢？请让我从最后两句说起。"自能窥宋玉，何必恨王昌"包含两典故。一是宋玉在《登徒子好色赋》里所谓东家绝色女子“登墙窥臣三年”，这里从女方来说，是说自打遇到宋玉这样的美男子。后一句用崔颢《古意》：“十五嫁王昌，盈盈出画堂。自矜年正少，复倚婿为郎。”也可能用《襄阳耆旧传》云王昌“姿仪俊美，为时所共赏”。是说曾经以身相许的男子，而今已经分手者。如果是写给李亿的，那就是说，自从遇到你，我再不记恨以前的那个负心人了。如果说是写给邻女的，则是“旧梦失去有新侣作伴”，“何必太过悲伤”。

诗的首二句，其实就是温庭筠《菩萨蛮》“懒起画蛾眉，弄妆梳洗迟”的意思。女子情怀失落，心情不好，百无聊赖，大约都是如此。温庭筠也是鱼玄机的朋友，两人去世也在差不多同时，彼此诗词有所听闻，应在情理间。与温庭筠用一连串动作来虚写心情有所不同，鱼玄机是直写的。阳光灿烂，无心感受，只觉得过分耀眼，因此以一袖相遮。春日正是女子思春怀人的季节，心情不好，也懒得梳洗打扮。

接下来两句直说感慨，所谓千金易得，真爱难求，难道不是中外爱情文学亘古不变的主题吗？鱼玄机以自己的经历，做了最高度化的概括，是全诗诗眼，也成为千年传诵的名句。在这两句中，是包含有自己的人生感触的。因为文献的欠缺，我们无法还原鱼玄机情史的曲折细节，乃至此诗是写在与李亿初识之时，还是分手以后，都不得其详。因为与其他几首诗径呼“子安”比较，此首称为“李亿员外”，还是客气的称呼，似乎更可能写于二人认识后不久。若然，则是鱼玄机在向李亿倾述情怀。但若在分手后，当然称呼也会官样一些，那么负心人就是李亿，诗的主旨也就是“怨李公”了。最末的两句，宋玉、王昌都代指李亿，是说虽然分开了，但毕竟曾经拥有，不能忘，更不必恨。我比较倾向前一种解释，但鱼玄机也曾称李较低的官位补阙，那么可能后一说更近乎事实，诗意也完全可以说通。

颈联是写失意的愁绪，枕上独眠，垂泪天明，花间旧径，伤怀断肠，都写得很坦白，也很真切。

回过来说，《赠邻女》是说别人的事，《寄李亿员外》是说自己，两相比较，我更主张后者为是。

春情寄子安

山路欹斜石磴危，不愁行苦苦相思。
冰销远磵怜清韵，雪远寒峰想玉姿。
莫听凡歌春病酒，休招闲客夜贪棋。
如松匪石盟长在，比翼连襟会肯迟。
虽恨独行冬尽日，终期相见月圆时。
别君何物堪持赠，泪落晴光一首诗。

李亿字子安，在鱼玄机诗里记载很多，但其他史籍上记载很少。《北梦琐言》说鱼“咸通中，为李亿补阙执箕箒”。执箕箒是干粗活，指为李亿之妾。补阙是低品的言官。鱼或称他为员外，则至少官至五品了。这一官职的变化，说明鱼随他的时间不短。唐代为人妻或为人妾，不是婚姻早晚的差别，而是地位、身份在婚姻中的定位。《三水小牍》说鱼是“长安娼家女”，说明她出身社会地位不高，不是士族家庭走出来的。在唐代法律规定士庶不婚，地位显赫如杜佑想破这个规矩，将出身卑微的妾扶为妻，让全社会骂了个臭头。无论鱼玄机如何美丽，如何有才，地位决定了她要攀附文化更高一些的士人，只能取得妾的身份。至少在她给李亿的诗中并没有看到妻妾的纠纷，只要相爱，身份又何必计较呢！

她与李亿的诗，多数诉说分别后的思恋。如《江陵愁望寄子安》说：“忆君心似西江水，日夜东流无歇时。”《寄子安》说：“聚散已悲云不定，恩情须学水长流。”《隔汉江寄子安》说：“江南江北愁望，相思相忆空吟。”“含情咫尺千里，况听家家远砧。”她在分别后到过江陵、汉江、壶关等地，那时又不走穴，不知她东奔西走干什么，但只要彼此情分在，她是时时感到“鸳鸯暖卧沙浦”之满足的。

这里选讲的这首《春情寄子安》，其实是冬去春来之时寄达李亿的七言长诗，说是春情，更多的是关切和思念。前四句写自己行旅中的思念。山路曲折欹斜，石磴危峻难攀，道途之苦算不得什么，更苦的是无法排遣的相思。她从眼前之景中时刻看到李亿的身影，山涧的流水化开河道里的冰冻，想到你清澈的才韵；远处冰雪洁白的寒峰，如同你玉立的英姿。接下来是关照，凡庸的嘈杂之歌不要多听，更不要贪酒，春天病酒可是很伤身的，也不要经常招闲客来访，更不要因为迷恋下棋而彻夜不眠。这些絮絮叨叨的关照，其实正是女眷的本分。其后四句，是说分别当然痛苦，到月圆之日，也很快就可以见面了。至少她向他表示，彼此两心相爱，盟誓长存，如松高洁，意志坚定，匪石可转，兀立不移。在这里，鱼玄机絮絮叨叨地诉说情思，反复叙说自己的关切和思念，再三陈述自己不变的情感，可以看到她还是一位普通的需要爱情的女子。

诗的最后两句，说分别后可以拿什么赠送给你呢？“泪落晴光一首诗”，含着眼泪写诗，春日的阳光投射在晶莹的泪珠上，多么凄美的景象。是说诗，也在说自己的情，如此之真挚纯洁，如此之玲珑透澈。在这里，可以看到鱼玄机之天生多情，也善于用诗传情。

据说后来李亿爱衰，鱼玄机失望而为女道士，性格也越来越乖张，最后因怀疑女僮不忠，痛笞至死，自己也因此伏法。

冬夜寄温飞卿

苦思搜诗灯下吟，不眠长夜怕寒衾。
满庭木叶愁风起，透幌纱窗惜月沉。
疏散未闲终遂愿，盛衰空见本来心。
幽栖莫定梧桐处，暮雀啾啾空绕林。

这是鱼玄机今存写给温庭筠二首诗中的一首。另一首题作《寄飞卿》，也录在这里以便一块讨论：“阶砌乱蛩鸣，庭柯烟露清。月中邻乐响，楼上远山明。珍簟凉风着，瑶琴寄恨生。嵇君懒书札，底物慰秋情？”温庭筠是晚唐极负盛名的诗人和词人，尤其善于写妇女生活与男女情爱，后世有“花间鼻祖”的赞誉。温庭筠的生年有较多的争议，现在学者一般接受我所提出的生于801年的说法。鱼玄机的生年无从确定，但估计比温庭筠小二十到三十岁。也就是说温庭筠早年以举子留连狭斜的时候，鱼玄机还没有出道，在鱼玄机活跃的时期，温庭筠已年过中年，进入官场。鱼玄机对温庭筠不称前辈，不称官职，不称老师，而以表字相称，可见彼此关系之款洽近昵。说鱼是温的红颜知己，大约不算过分吧！

鱼玄机写给温庭筠两首诗的主题都是感时伤怀，寂寞求诉，区别只是一首写于秋初，一首写于冬初。写于秋初的五律，最后两句说：“嵇君懒书札，底物慰秋情？”责问温庭筠何以如同嵇康那样慵懒而不写书札，稍微宽解一些自己的秋愁。温庭筠的书札有不少存世，都是用词华丽而意思邃密的骈体文，间或可以透露鱼玄机对于这些书札的兴趣。

冬夜的这首写得很仔细从容，有愁绪感慨，但不激烈，也不柔媚，就是诉说倾谈。首二句说冬夜孤衾寒冷，难销长夜，因此只能不眠，在灯下写诗，以苦苦搜寻诗意、推敲文句，来打发冬夜的寂寞无聊。唐末诗人中有苦吟一派，无论“两句三年得”的贾岛，还是“拈断数茎须”的卢延让，都与温、鱼没有关系，鱼玄机只是说靠苦吟打发长夜而已。说寂寞太直露，说睡不着而写诗，比较含蓄一些。

其后二句写夜景，借景抒情，推进寂寞的氛围。说是冬初，因为满庭树叶已经早就飘零，堆积在庭院中，更显凄清。夜深风起，落叶随风起舞，风声叶声在寂静的深夜传入闺室，更衬托夜的清冷。而“透幌纱窗惜月沉”，则从室内望向室外，隔着罗幌纱窗，迷蒙里看到月升月落，写出时间的变化，写出冬夜的漫长。

五、六两句引出议论。“疏散”当然是说自己的性格，随意而没有规律，率性而从不急迫，因为如此地无意进取，也不知可能实现，或说世人能否容忍自己去了遂心愿。什么心愿，温庭筠自然是理解的，鱼玄机也没必要说开。又是冬暮也，自然界如此有规律地四季回环，盛衰轮换，这不就是人生的命运吗？任何人都无法逃离盛极必衰的宿命，但可以始终坚持自己的人生原则，保持“本来心”，不与时委蛇总可以吧？对此，鱼玄机将温庭筠视为朋友，视为知己，把内心的感受向他诉说。这里没有私情，而只是人生的感慨，她相信温庭筠能够理解自己。

最后两句，再回到写景。院中的梧桐树上，一群“暮雀”在那里啾啾鸣叫，依栖不定，绕树恓惶，无枝可依。这是诗人在冬夜观察到的景象。小鸟如此，自己何尝不就是这些寂寞彷徨的小鸟中的一只吗？“拣尽寒枝不肯栖，寂寞沙洲冷。”苏轼的感受，其实也就是鱼玄机这时的感受。《北梦琐言》说：“后爱衰下山，隶咸宜观为女道士。”或许就是这时的选择，但也可能是出家后的感受。诗无确诂，理解为她那一冬夜的感受就是了。

闺 怨

蘼芜盈手泣斜晖，闻道邻家夫婿归。
别日南鸿才北去，今朝北雁又南飞。
春来秋去相思在，秋去春来信息稀。
扃闭朱门人不到，砧声何事透罗帏。

这首诗题目是《闺怨》，古人一般指未婚或初婚之情思，本诗所写则为被遗弃冷落后的怨情，与题不合，题目可能为后人所加。因无别本可以校改，姑且仍旧。

诗的首句用古诗《上山采蘼芜》的故事点明自己的遭际。蘼芜据说是一种可以做香囊的植物。相传汉代的古诗说“上山采蘼芜，下山逢故夫”，后世借此指被休弃的女子。鱼玄机即用此本意。“蘼芜盈手”本来不是一个痛苦的行为，但因为有古诗的这个寓意，因此而有遭到遗弃冷落的感受。看着夕阳西下，想想自己青春不再，正无限伤感时，相邻的夫婿归来，夫妇团圆，或者有欢声笑语传来，更衬映着自己的无聊落寞，能不悲从中来，何可自已。

诗是七律，中间两联是要讲对仗的，一般要求语意不能重复，但鱼玄机这里似乎故意违拗这些原则，两联分别在同一意思间回环，南鸿北去，北雁南飞，其实是一件事，只是方向不同，季节有异而已。别离是在春天，如今入秋了，时间一日一日过去，音讯依旧杳然。不是说鸿雁有信吗，其实又何可凭信。颔联继续重复，继续回还，春来秋去，秋去春来，时间是一年一年地过去，消息是一丝毫也没有，虽然相思难忘，然而音讯全无。中间两联之重复回还，不避犯律诗之大忌，但把时间不断地流逝、音讯永远地渺茫，以及相思无穷的延续、等待无望的绝望，一切都写了出来。

最后两句，说紧闭朱门，谢绝来客，收拾心情，渐次平复，然而悠远处的捣衣声又缓缓地传来，透过罗帏，传入闺室，又撩拨起相思。还是难忘啊！

古人这类诗，可以是虚构，也可以是实写。鱼玄机大约也如此，就看你如何理解了。

暮春即事

深巷穷门少侣俦，阮郎唯有梦中留。
香飘罗绮谁家席，风送歌声何处楼？
街近鼓鼙喧晓睡，庭闲鹊语乱春愁。
安能追逐人间事，万里身同不系舟。

暮春是伤感的季节，不仅有时光流逝、春风不再的叹惋，也有春花飘零、伤怀惜暮的情绪。最著名的暮春诗，是那首家喻户晓、三岁幼童皆能成诵的孟浩然诗：“春眠不觉晓，处处闻啼鸟。夜来风雨声，花落知多少。”今见孟浩然诗集唯一的宋本，也是可以确认保留唐代编录三卷本孟集面貌的宋蜀刻本《孟浩然诗集》，此诗题作《春晚绝句》，不是春天的晚上，而是春季的晚暮，也就是暮春诗。也惟有如此，才在诗中包含对夜雨花落、百花凋零的伤惋情怀。明以后刊本都题《春晓》，是从首句望文命题，原诗的惜春情怀，因此而荡然无存了。

这里且说鱼玄机的暮春感事。深巷穷门，是说居处偏僻，荒凉落寞，因此而少有朋友来往。原因呢？当然是被情郎冷落或者说遗弃了。阮郎的典故源出《幽明录》所载刘晨、阮肇入天台山采药遇仙的故事，但因其中有一段被仙女招纳为婿的插曲，因此而成为情郎的代指。著名词牌《阮郎归》多写男女情事，也是同一语源。“阮郎唯有梦中留”，是说已经与情郎分手了，但还不能忘怀，仍经常萦系于梦间。她的僻居谢友，也可算一种疗伤吧。然而自己希望安静，周围却不断有喧嚣和热闹传来，撩拨自己似乎已经平静的心情。“香飘罗绮谁家席，风送歌声何处楼？”用了两个问句，其实并不要任何人回答，只是要用他人的繁华欢乐，映衬自己的落寞孤单。当然，这些自己不愿回想、更不愿参与的歌舞酒席，即使自己躲得再远，仍然能无端地闯入自己即将平和的心情，挑起对往事的不快回忆。这两句在律诗里叫流水对，流动而不板滞，可以见到驾驭诗歌的能力。

再往下，近街的鼓声传入僻巷，惊醒自己酣沉的晨眠。庭院里本来已经很清净了，但不知从哪里飞来的喜鹊，叽叽喳喳地乱语，又无端触动自己春日的闲愁。在这里，鱼玄机描写得非常细腻而生动。怀春多感，或思人失眠，经常会长夜劳神，或梦有所感，直到天将亮之际，才能在困倦中沉沉睡去，忘掉一切。这时的锣鼓喧闹，惊醒残梦，驱离黑甜，让人常常一天都很难受。据说喜鹊有报喜的能力，然而全无准信的聒噪，只能使人增添烦恼。敦煌歌词不有“叵耐灵鹊多谩语”的不快吗？鱼玄机也是同样的感受。

最后两句，说自己早已谢绝人事，不再追逐繁华，只愿退居僻巷，过超绝尘寰的生活。“不系舟”语出《庄子·列御寇》：“泛若不系之舟，虚而遨游者也。”本意是说身在虚空遨游的不系舟中，纵情游离。后人多用以指随舟游历，不能自主。鱼玄机这里也是用此一层意思，希望自己超越俗情，超越俗世，但又常感到无可奈何！

撩乱春愁驱不去，多情却被无情恼。奈何！

好是绿窗明月夜，一杯摇荡满怀春

——唐季四女诗人诗赏析[1]

唐末是社会大动荡的年代，人命危浅，生计艰难，女性更为不易。乱世而出英雄，出传奇，此时代亦然。黄崇嘏因家计艰困，女扮男装出任吏职，居然历任年余，属吏敬畏，乃至长官赏识，欲招为乘龙快婿，方无奈自认为女身。这段经历，留下一段不朽传奇，为后代许多戏曲、小说引为故实。另徐月英、侯氏、孙氏三位经历不同，皆有足称道。谨略作介绍。

一、黄崇嘏

黄崇嘏，临邛（今四川邛崃）人。其父曾为刺史。幼孤，与老奶同居。年三十许犹未嫁。善棋琴，工诗文书画。常着男装。昭宗龙纪、大顺间（889—891），周庠留司邛南府事时，崇嘏因失火事下狱，乃贡诗一章自陈，自称乡贡进士。庠见其应对详敏，即命释放。数日后，又荐其摄府司户参军。在任将逾一载，案牍详明，颇为周庠所重，欲以女妻之。崇嘏乃贡诗自陈女身，旋乞罢职，归临邛旧隐。存诗二首。

1　本文原刊于《文史知识》，2016年12期。

辞婚诗

一辞拾翠碧江涯，贫守蓬茅但赋诗。
自服蓝衫居郡掾，永抛鸾镜画蛾眉。
立身卓尔青松操，挺志铿然白璧姿。
幕府若容为坦腹，愿天速变作男儿。

明清以来，有大量女驸马、女状元，甚至女宰相的文学作品，都是虚构的。其源头是唐末的一件真实事件，女主角是黄崇嘏，事情发生在邛南幕府，也就是今日四川邛崃。亲见其事的周庠几十年后在五代前蜀政权中做到宰相，经他叙述，辗转流传，后蜀时金利用写入所著《玉溪编事》。金书后来也失传了，但《太平广记》卷三六七引录了金书的佚文。《全唐诗》卷七九九收录黄崇嘏诗，题作《辞蜀相妻女诗》，是错误的，当时周庠只是幕府中留司府事的官员。

《玉溪编事》载："王蜀有伪相周庠者，初在邛南幕中，留司府事。时临邛县送失火人黄崇嘏，才下狱，便贡诗一章曰：'偶离幽隐住临邛，行止坚贞比涧松。何事政清如水镜，绊他野鹤向深笼？'周览诗，遂召见，称乡贡进士，年三十许，祇对详敏，即命释放。后数日，献歌章，周极奇之。召于学院，与诸生侄相伴，善棋琴，妙书画。翌日，荐摄府司户参军，颇有三语之称，胥吏畏伏，案牍严明。周既重其英聪，又美其风采，在任逾一载，遂欲以女妻之。崇嘏乃袖封状谢，仍贡诗一篇曰（诗见前，略）。周览诗，惊骇不已，遂召见诘问，乃黄使君之女。幼失覆荫，唯与老奶同居，元未从人。周益仰贞洁，郡内咸皆叹异。旋乞罢，归临邛之旧隐，竟莫知存亡焉。”这是这件事的最早记录。周庠在《九国志》卷六和《十国春秋》卷四〇有传，根据他的生平，可以考知事情发生在唐末昭宗龙纪、大顺间，临邛意外失火，县里抓获肇事责任人黄崇嘏，方入狱就献诗一首，说自己行为端庄，如同山涧中的青松般坚贞高洁，县政清白如镜，不应为难自己。负责审案的周庠读诗称奇，立即召见，见黄着男装，自称乡贡进士（得到进士考试资格的读书人），年三十多，应对清楚，感觉不错，也就不追失火的责任了，立即释放。过了几天黄再献诗，周更称叹，于是让他在学院课读生侄，更知道他琴棋书画样样精熟，干脆推荐他代理司户参军，负责地方上的户籍赋役事务。这是最繁难的工作，黄也应付裕如，文牍清楚，属吏敬畏。考察了一年，周相信自己识人不错，决定招黄为婿。显然这事超出了黄的预计，没有办法，只能写诗坦白交待，富于戏剧性的一幕因此而结束。

诗是一首七律，写得不算太好，且与前失火狱中献诗意思有些重复，但基本意思还算清楚。开始两句说自己的不幸身世。她自称是曾任刺史的黄使君的女儿，家出士族，因而有较好的修养，但因为父亲早逝，因此生活清贫。其次二句穿上男装，在郡府担任属吏，不再如女性那般对镜化妆，修饰眉眼，愿意如男性那般生活。颈联二句说自己品德良好，有青松的节操，如白璧般无瑕。最后两句是对周庠召婿的回应：谢谢你的好意，我当然很愿意在幕府中做你的女婿，只要老天愿意快些让我变成男儿身。“坦腹”用王羲之的典故，代指女婿。不说自己是女身，而说愿意变为男子；不说拒绝周庠的招纳，只说如果能满足某一条件，可以同意。这是黄崇嘏在不得不说出真相时的幽默应对。毕竟那是一个绝无女性担任公职的时代，虽然周庠赞赏她的贞洁，临邛郡内都感叹其事之不可思议，但是黄崇嘏再也不可能男装管事了，于是收拾走人，永远消失在江湖之上。大约这件事在周庠一生中感触太深了，到晚年还说起，黄的传奇才得以保存。

虽然戏曲小说的编排很多，历史上真实的女扮男装且曾在官场理事者毕竟不多。黄崇嘏的诗事因此而特别珍贵。

二、徐月英

徐月英，五代吴时江淮间名妓，与徐温诸子过往。约公元920年前后在世。有诗集，已佚。存诗二首又二句。

叙　怀

为失三从泣泪频，此身何用处人伦？
虽然日逐笙歌乐，常羡荆钗与布裙。

应该说，上举这首诗很一般。我举出来，是要特别介绍她仅存的两句残诗。

徐月英是唐末至五代初，杨行密在今扬州、南京一带建立吴政权后期的一位江淮间名妓，与徐温诸子过往。其生活年代大约在公元10世纪20至30年代。她生平的唯一记录，见宋初孙光宪《北梦琐言》卷九："江淮间有徐月英，亦娼者。其《送人》诗云：'惆怅人间事久违，两人同去一人归。生憎平望亭前水，忍照鸳鸯相背飞。'又有云：'枕前泪与阶前雨，隔个闲窗滴到明。'亦有诗集。"徐月英虽为名妓，每天在灯红酒绿中应酬，但内心却向往普通人的生活。《送人》一篇可能是叙述她曾有的爱情，两人分手，鸳鸯相背，只留下自己一个人孤独。前录《叙怀》这篇，所写是对普通人日常生活的向往。从汉儒开始就有妇女"未嫁从父，既嫁从夫，夫死从子"的说教，今人多批为束缚妇女自由的枷锁，但在这里，徐月英只是借用以感叹自己失身妓窟，无法再做一位普通妇女，为人女，为人妻，为人母，无从再享受人伦之乐。虽然每日生活奢华，笙歌酒乐，但内心则充满愁苦。她最羡慕的还是过荆钗布裙的普通妇女生活，但几乎是永远可望不可及的梦想。

《北梦琐言》所引"枕前泪与阶前雨，隔个闲窗滴到明"两句，我们似乎在温庭筠和李后主的词里也能够读到。温庭筠《更漏子》下半阙"梧桐树，三更雨，不道离情正苦。一叶叶，一声声，空阶滴到明。"比徐早，也很细腻，但真情少些。李煜的词也稍隔膜。徐月英此诗全篇不存，但将泪珠和雨声掺和着写，从一夜雨滴写到自己无尽的怨恨，是很动人的记录。李清照的《声声慢》，也含此一意境。

三、侯氏

侯氏，武宗会昌间（841—846）边将张暌妻。存诗一首。

绣龟形诗

暌离已是十秋强，对镜那堪重理妆。
闻雁几回修尺素，见霜先为制衣裳。
开箱叠练先垂泪，拂杵调砧更断肠。
绣作龟形献天子，愿教征客早还乡。

这首诗最早见收于五代后梁人卢瓌所著《抒情诗》，是一本专门选录男女情感相关诗歌故事的笔记，虽然当时还没有诗话的提法，但可相信此书是最早的诗话之一。原书宋以后失传，但宋人引录很多。较早的引录见《太平广记》卷二七一所引："会昌中，边将张暌防戍十有余年，其妻侯氏绣回文，作龟形诗，诣阙进上。诗曰：'暌离已是十秋强，对镜那堪重理妆。闻雁几回修尺素，见霜先为制衣裳。开箱叠练先垂泪，拂杵调砧更断肠。绣作龟形献天子，愿教征客早还乡。'敕赐绢三百匹，以彰才美。"《诗话总龟》卷二三引《南部新书》所叙，作"张暌防戎有功，勒留蕃徼十年"，"绣回文"作"绣锦回文"。《吟窗杂录》卷三一引诗，"献天子"作"朝天子"。侯氏之夫名，《诗女史》和《全唐诗》皆作张揆。文献记载虽然有些差异，基本事实和诗意并无大的变化。武宗会昌间，边将张暌奉命戍边，十多年未归，其妻侯氏思念至深，于是绣织锦为回文龟形诗，到长安叩阍进呈武宗皇帝。武宗看后赏识侯氏的文采，“敕赐绢三百匹”，给了一大笔实物赏赐。是否让张暌回家了呢？宋人的几处记载都没有说，《全唐诗》卷七九九此诗解题称“敕揆还乡”，虽然是很晚的记录，但也是合理的解释。边将女眷合理的要求，皇上只是赐绢“以彰才美”，不解决实际困难，总说不过去吧？

武宗会昌间名相李德裕当政，积极有为，内平泽潞镇之叛乱，外平回鹘之乱，国势强盛。内外用兵也必然带来一些社会问题，对每一个家庭来说，夫婿建功边庭，虽然有升官封册之荣耀，但对独守空床的妻子来说，却是不幸福的生活。王昌龄的《闺怨》：“闺中少妇不知愁，春日凝妆上翠楼。忽见陌头杨柳色，悔教夫婿觅封侯。”正写出女性对此的怨艾。张暌防边十多年不归，侯氏怎么也要三十岁了，青春年华已逝，她要用自己的努力为自己和丈夫争取幸福。她发挥自己能诗文、会刺绣的特长，将思夫之情写成对皇上的申请报告，希望皇上同情，改变命运。回文诗是一种顺序、逆序可以回环阅读的诗体，本诗并不是，估计是在龟形的织品上回环绣诗。唐宋时期龟还是象征长寿的吉祥物，不像晚近之不堪。

诗的前二句感慨与丈夫分开已经超过十年，分开太久太久了。人生能有几个十年呢，也许新婚不久就各分东西，再也不曾见面。女为悦己者容，自己对镜整理容妆，只是为了得到丈夫的欣赏，如今久不见面，哪里还有心情再梳理打扮。颔联两句以两个特定的场景表述对丈夫的思念。古人说雁足传书，自己每每听到大雁的鸣叫，就忙不迭地写信，希望大雁带去自己的思念。秋风起，晚霜凉，不免想到边庭丈夫的冷暖，赶制御寒衣物。然而丈夫始终没有归来的消息，不免增添无限的哀伤。开箱、叠练、拂杵、调砧，都是妇女的日常行为，但处处引起自己的悲伤。李白的诗："长安一片月，万户捣衣声。秋风吹不尽，总是玉关情。何日平胡虏，良人罢远征。"不就说出这种思念吗？侯氏将其浓缩在两句之中，要表达的是无法排遣的思念和伤感。最后直接向皇帝提出要求：让他回来吧！

诗是七律，从格律上说平稳而规矩，从诗意上说层次清楚，把自己的思念、感伤以及要求逐一写出，没有大的波澜，但感情真实，要求合理，连木石心肠的人也会感动，何况一直自称"为民作则"的天子。靠一首诗为自己维权，侯氏的成功值得称道。

四、孙氏

孙氏，进士孟昌期妻，乐安（今属山东）人。善诗，常代其夫作诗。后以才思非妇人事，遂焚其诗集，专以妇道为务。生活时代不详，疑为唐末五代间人。存诗三首。

闻　琴

玉指朱弦轧复清，湘妃愁怨最难听。

初疑飒飒凉风动，又似萧萧暮雨零。

近若流泉来碧嶂，远如玄鹤下青冥。
夜深弹罢堪惆怅，雾湿丛兰月满庭。

孙氏事迹，仅见宋初孙光宪《北梦琐言》卷六的记载：“唐乐安孙氏，进士孟昌期之内子。善为诗。一旦并焚其集，以为才思非妇人之事，自是专以妇道内治。孙有《代夫赠人白蜡烛》诗曰：‘景胜银釭香比兰，一条白玉逼人寒。他时紫禁春风夜，醉草天书仔细看。’又《闻琴》诗曰（诗见前，略）。又《代谢崔家郎君酒》诗曰：‘谢将清酒寄愁人，澄澈甘香气味真。好是绿窗明月夜，一杯摇荡满怀春。’”所录三首诗都很有意思。第一首是其夫要送人白蜡烛，前两句描述蜡烛的仪态气质，稍夸张，还生动。首句《吟窗杂录》卷三一引作“自有清香胜兰蕙”，似乎更好些，可能是改后的诗。后二句，今后若能到皇城内起草诏敕，当更有风味。因送蜡烛而包含美好祝福。第三首谢友人送酒，既说清酒赠愁人之恰到好处，又表扬酒味甘香澄澈。后两句是极美的画面，隔着绿窗看到朦胧清谧的明月，一杯入怀，无限春光。写出对人赠酒的感激，也写出家庭生活的甜美，真是女性的笔触，细腻如此。孟昌期仅知为进士，官历和时代都不详。乐安孙氏在唐代有一个非常著名的文学家族，即武后、玄宗时著名的孙嘉之、孙逖家族，出土墓志显示经历八代人、二百五十年而一直以文学名家，也不知孙氏是否出于这一家族。可惜她毕竟没有李冶、鱼玄机那样不屑世俗的勇气，很好的诗才中途放弃了。

回来说《闻琴》这首诗。在孙氏以前，唐人写音乐的名篇，以白居易《琵琶引》、韩愈《听颍师弹琴》、李贺《李凭箜篌引》等篇最为著名，都是运用各类形象化的比喻来写出音乐的曲折变化，音声起伏。孙氏的这篇虽然不能脱此框架，但自有格局。因为她似乎既是弹者，又是听者，在闻琴中将女性的幽怨淡淡诉出，是一篇佳作。《湘妃怨》是古琴曲中的名篇，从屈原《湘君》《湘夫人》的故事中引申出男女的相知与哀怨，主旨是比较愁苦的。孙氏此诗即从弹琴者的动作写起，直说此曲愁怨，最难听取，因为会深深触动自己的情感。此下连用四个比喻，写琴曲的变化，如同秋天的凉风，飒飒入耳，如同萧萧暮雨，缠绵霏霏，又如穿过青山的山泉，淙淙有声，再如天边的玄鹤，悠然飞下，由远及近，意味无穷。这些比喻很生动，而且将琴声的断续绵远、悠扬深情，作很生动的记录。这里可以看到女性观察体悟的细致。举个对比的例子。韩愈《听颍师弹琴》前半段："昵昵儿女语，恩怨相尔汝。划然变轩昂，勇士赴敌场。浮云柳絮无根蒂，天地阔远随飞扬。喧啾百鸟群，忽见孤凤凰。跻攀分寸不可上，失势一落千丈强。"大起大阖，跌宕变化，当然是韩愈的长处。但宋人就一直质疑，这是写琵琶声还是写琴声，一般来说琴声不会如此崩石断云的吧。就此而言，孙氏的诗显然更胜一筹。

孙氏诗最后两句，写琴曲结束，夜深人静，引起无限惆怅，举目看去，幽兰泣露，月满中庭，在静谧中有无限的遐想。在这里可以看到对李白"却下水精帘，玲珑望秋月"的模仿，也可以读出对刘禹锡“一方明月可中庭”的致敬。但全诗浑然完整，无论写音乐或情感都能自成面貌。

再说一遍，这位孙氏真有很好的诗才。

白居易诗友皇甫曙的生平与存诗[1]

元稹去世后，白居易晚年最密切的诗友首先是刘禹锡，其次大约就是皇甫曙，白集保存与皇甫唱和诗逾二十首。

《全唐诗》卷四九〇仅存皇甫曙《立春日呈宫傅侍郎》诗一首：

朝旦微风吹晓霞，散为和气满家家。
不知容貌潜消落，且喜春光动物华。
出问池冰犹塞岸，归寻园柳未生芽。
摩挲酒瓮重封闭，待入新年共赏花。

此诗之较早来源为《古今岁时杂咏》卷三、《唐诗纪事》卷五二，较可靠，但宫傅侍郎为谁及写作始末，则难得确解。汤华泉《中唐诗校考丛札》（刊《古籍研究》十期），以为即白居易，可备一说。两《唐书》无曙传，《唐诗纪事》卷五二云："曙，元和十一年中书舍人李逢吉下登第。逢吉所取多寒素，时有诗曰：'元

1 本文原刊于《文史知识》，2017年2期。

和天子丙申年，三十三人同得仙。袍似烂银文似锦，相将白日上青天。’是岁，郑澥第一人刘端夫、李行方、周匡物、廖有方辈皆预选。宝历间，崔从镇淮南，曙为行军司马。”此段叙事，第一节依据《唐摭言》卷七改写，曙登第及其他预选者，当据今已失传之《登科记》，在崔从幕任职经历来源不详。《全唐诗》小传叙曙事迹，则据此改写。

朱金城先生撰《白居易交游续考》（收入《白居易研究》，陕西人民出版社，1987年4月），首次依据白居易诗，并广征文献，对皇甫曙生平作了较详尽的梳理。他指出曙字朗之，行十。历官侍御史。崔从镇淮南在文宗大和四年（830）三月，作敬宗时有误。又据白居易诗保存的编年线索，认为二人交往始于大和七年，即元稹卒后二年，时曙方以郎中分司东都。九年秋，曙赴泽州刺史职，居易有诗送之。《唐文续拾》卷五有曙《金刚经幢记》，为开成元年（836）作于泽州任上。至三年，方自泽州改河南少尹，与白交往更密。此前二家已缔亲，居易《闲吟赠皇甫郎中亲家翁》注：“新与皇甫结姻。”并云：“早为良友非交势，晚接嘉姻不失亲。最喜两家婚嫁毕，一时抽得尚平身。”则为好友加亲翁，颇以知己相视。到开成五年，曙再任绛州刺史，居易赋《皇甫郎中亲家翁赴任绛州宴送出城赠别》诗送行，有“新妇不嫌贫活计，娇孙同慰老心情”，知皇甫氏已诞子，更让久无子嗣的诗人感到快慰。至皇甫氏所嫁夫婿，朱先生认为是居易弟行简子龟郎，即大名景受者。此时行简去世已逾十年，居易视侄如子，养在身边，故径以曙为“亲家翁”。白居易《醉吟先生传》自称“与嵩山僧如满为空门友，平泉客韦楚为山水友，彭城刘梦得为诗友，安定皇甫朗之为酒友。每一相见，欣然忘归”，可见交谊之深契。至于曙之先世、子嗣、卒年，因文献不足，未考及。

最近二十年，有关皇甫曙家族出土新文献很多，最重要的是《全唐文补遗》第四辑232页收刘玄章撰《唐故朝议郎使持节抚州诸军事守抚州刺史柱国皇甫公墓志铭》：“皇朝齐州刺史讳胤，公之曾大父也。齐州生蜀州刺史讳澈，永泰初登进士科，首冠群彦。由尚书郎出蜀郡守，文学政事，为时表仪。蜀州生汝州刺史、赠尚书右丞讳曙，人艺兼茂，甲乙连登。历聘名藩，荐居郎位。亚尹洛邑，再相宫坊，调护储闱，五典剧郡。以诗酒遣兴，以云水娱情，味道探玄，独远声利。至今言达识通理者，以为称首。公即右丞第三子也，讳炜，字重光。”志主为皇甫曙之子皇甫炜，所述曙先世谱系很重要。

曙之父为澈，《唐诗纪事》卷四八载其在蜀州刺史任上所赋《四相诗》，称咏曾任蜀州刺史的四位名相，即逼迫武后退位的张柬之、帮助玄宗发动唐隆政变的钟绍京、肃宗时名臣李岘，以及代宗相王缙，为国建不朽功勋，于地方治理尽心尽责。《全唐诗》卷三一三收入，但小传甚简略。皇甫澈墓志也已经发表，见《全唐文补遗》第八辑，为王良士所撰，题作《唐故剑南西川节度副使检校尚书吏部郎中兼御史中丞安定皇甫公墓志铭并叙》，知他卒于贞元十八年（802），年六十，即生于天宝二年（743）。他是洛阳丞皇甫寡过之曾孙，唐州刺史乾遂之孙，齐州刺史胤之少子，工部侍郎韦述之甥。进士登第后，释褐秘书省正字，历任御史、尚书郎和硖、蜀二州刺史。最后职务是剑南西川节度副使，即是名臣韦皋的副使，接替他的则为韦皋去世后谋叛蜀中的刘辟。墓志称澈“景物可娱，奇韵间发。好古而家藏万卷，全和而室有清琴”，是一位多才艺的诗人。

根据皇甫炜墓志可以补充皇甫曙之事迹有：他曾“甲乙连登”，即曾进士和制科及第，多次被聘于藩镇幕府。“荐居郎位，亚尹洛邑”，即任郎官与河南少尹，时与白居易交往。“再相宫坊，调护储闱”，是指在太子东宫任职。此太子当指文宗太子李永，开成三年卒后追赠庄恪太子。至于“五典剧郡”，今知白居易诗中提到泽、绛二州，均在今山西境，最后卒于汝州刺史，也是近畿州。另二州不详。“以诗酒遣兴，以云水娱情，味道探玄，独远声利。至今言达识通理者，以为称首。”可见他的人生态度，与白居易所述一致。他的卒年，《皇甫炜墓志》也载：“（大中）六年（852），丁右丞之忧。”在白居易死后六年。

此外，《文物》1998年7期也刊出皇甫炜为其妻白氏所撰《皇甫氏夫人（白氏）墓铭》，述其大中二年初婚白敏中长女，至七年殁，九年再婚于其妹，十二年初卒，则为皇甫家与白家之二、三度联姻，但都为白居易所不及见。

又洛阳新出《白邦彦墓志》（据《文献》2008年2期刊胡可先、文艳蓉《新出石刻与白居易研究》引）载：“王父讳行简，皇任尚书膳部郎中。考讳景受，皇任监察御史。先府君婚杨氏，……外祖讳鲁士，皇任长□县令。”是白景受所婚为杨鲁士女杨氏，并非皇甫氏，朱先生之推测似有误。文艳蓉著《白居易生平与创作实证研究》（上海古籍出版社，2016年11月），在《白居易家世婚姻新证》一章中，专列三节来进行讨论，认为白居易曾有多个侄子留在身边，包括大哥子宅相，以及味道、景回、晦之等，虽难以确定，必是数人中之一人。

白居易与皇甫曙唱和诗虽多，但曙之应和诗则仅有一句偶然留存。白居易《戏酬皇甫十再劝酒》云：“净名居士眠方丈，玄晏先生酿老春。手把屈卮来劝我，世间何处觅波旬？”此诗有两处可说。一是此诗大多数白集文本皆无自注，日本存古钞白集选本《白氏文集管见抄》（转引自花房英树《白氏文集的批判研究》），诗题下有自注：“来句云：‘且劝香醪一屈卮。’”很难得地保存了皇甫曙赠白居易诗的一个残句。二是第三句末字，白集各本皆作“戒”。唯相当于中国五代后期成书的《千载佳句》卷上《人事部·闲放》引此诗后二句，此字作“我”，是，皇甫残句诗意是劝酒，不是戒酒。白居易自比净名居士，称皇甫曙为玄晏先生，即西晋学者皇甫谧。拙辑《全唐诗续拾》卷二六补此句，拟题《再劝乐天酒》。

皇甫曙大和末任泽州刺史期间，曾有诗题该州名胜石佛谷，北宋赵明诚《金石录》卷一〇载：“唐皇甫曙《题石佛谷诗》，李道夷正书，开成元年十月。”《宝刻丛编》卷二〇亦著录。皇甫曙于大和九年至开成二年间任泽州刺史，详前引朱金城考证和郁贤皓《唐刺史考全编》。《全唐诗》皇甫曙名下未收此诗，但在同书卷三六九皇甫湜名下则有《石佛谷》五言古体诗一首。考皇甫湜元和初进士及第，再登制科，授陆浑尉，曾贬官庐陵，文宗大和初入山南东道李逢吉幕府，从转宣武军，官至工部郎中，以性卞急，数忤同省，求分司东都，为留守裴度判官（参《文学遗产》1992年2期姚继舜《皇甫湜生卒年诸说辨正》），平生行迹未至泽州，故可确认此诗为误收。今人童养年辑《全唐诗续补遗》卷六，据《古今图书集成·职方典》卷三六四《泽州部》，改收此诗为皇甫曙作，是，其文字与《全唐诗》皇甫湜下所收大体相同。

最近十多年山西各县市广泛展开文物普查，所得甚丰，分县市区出版《三晋石刻大全》，卷帙宏大，多存新品。其中《晋城市泽州县卷》记录泽州县碧落寺石窟外壁摩崖上，发现皇甫曙诗二首，诗末署："开成元年十月十日，军事判官登仕郎前试太常寺奉礼郎李道夷书。"即赵明诚当年所见者，也可确定《全唐诗》误归皇甫湜之必误。其一即前引《石佛谷》诗，有多处可以校订传本之误。今以石刻为底本，据《古今图书集成》参校，写定此诗如下：

墁坛太行北，千里一块石。
半腹有壑谷，深广数百尺。
土僧何为者，老革毛发白。
寝处容身龛，足膝隐我迹。

金仙琢灵象，相好倚北壁。
花座五云扶，玉毫六虚射。
文人留纪述，时事可辨析。
鸟跐巧均分，龙骸极癯瘠。
枯松斗槎枿，猛兽恣腾掷。
蛣屈虫食踪，悬垂露凝滴。
精艺贯古今，穷岩谁爱惜。
托师禅诵余，勿使尘埃积。

今山西境内有多处石佛谷，皇甫曙所游处，在泽州西北四十五里。皇甫曙尊信佛教，在此年五月在泽州还建《金刚经》幢，自撰《幢记》云："余在髫齓，忽闻家人转读是经，一生受乐，题曰传□，暗记数行。及长思之，信有宿习。自弱冠至于今，时念不辍，常愿广宣同志，播于无穷。今故刻石建幢，永为供养。"（据《唐文续拾》卷五、《山右石刻丛编》卷九）故其亦多次往访石佛谷。《古今图书集成》是据地方文献转录，而石刻在清嘉庆末发现。道光间王允楚附记，谓"详其字体，虽多漫漶，而笔意含蓄，书法实工，在唐碑中亦铮铮者"。泽州在太行山之西境，故诗从大处写起，说在山之半腰有壑谷，深广各数百尺。土僧因此地而建身龛，凿佛像庄严，因得为弘法名区，文人也多留记录。皇甫曙逐一记述佛谷周围的景色，并赞叹开龛建窟的精湛技艺，感叹在穷岩荒谷中无人爱惜，希望禅师在梵诵之余，经常拂拭，不使尘埃堆积。这是一首押入声韵的古体纪游诗，可以见到作者的叙事能力与文字驾驭功力。

其二题《秋游石佛谷》，前此未见他书记录，是近年访碑调查方得发现，是一首尚未向学界推荐的唐人七言长篇记游诗。全录如下：

木枯草衰辨山径，冰峻玉竦岩峦净。
临当官曹文簿闲，又值顷亩晨获竟。
出郭俯仰罣陟降，入谷暗□穿丛蒨。
阴苔汯滑足易跌，修约穹隆肩不并。
雉兔闲暇领雌雏，涧岸饮啄遂情性。
狖鼯飞跳争□栗，藤萝出没啼辽敻。
半空忽闻旃檀烟，花座圆光微掩映。
专专倾竭下界心，恳恳瞻礼西方听。
窟室一僧护香火，严持三衣行苦行。
年深昼夜豺虎俦，客到盘盂梨枣罄。
我生悠悠乐幽寂，矧乃才散形骸病。
止泊不得限严城，回首云峰日已暝。

虽缺二字，但不影响诗意的理解。第六句“蒨”字出韵，不知何字之误。本诗风格很像韩愈的《山石》诗，写自己在秋末收获已毕，官曹琐务稍闲之际，虽感万物凋零，仍很有兴味地寻访石佛谷。前半写道途之艰险，以及佛寺周边飞走出没、藤萝纠缠之荒寒景色。后半写走近佛谷，看到半空飘来香烟，看到佛光宝座掩映的光彩，更写出佛窟所在之庄严礼敬。最后写自己对佛法之向往，以及回看佛刹之出世之情。全诗语势峭硬，写景、抒情皆多见作者之能力，放在韩愈或白居易文集中也当可乱真。白居易以他为诗友酒交，当也是对他为人为诗的肯定。

写诗是唐代文人或官员的基本能力，皇甫曙曾与白居易长期唱和，被白视为挚友，他的作品当曾达到很高造诣。但作品之传与不传，则往往并非人力所控驭。幸或不幸，只能慨叹“这就是命”。皇甫曙偶然传世的三诗一句，虽吉光片羽，弥可宝惜。而他生平家世之逐渐昭晰，端赖出土文献之不断问世及学者之层积努力。谨述如上，供学者参考。

说王仁裕佚诗四首[1]

今人谈甘陇诗人，多喜欢将源出陇西李氏、天水赵氏的作者一并计入，其实大成问题。殆唐人好言郡望，常将十多代以前的往事挂在嘴边，平生其实完全没有躬践其地，这样的地方文学研究，其价值真的大成问题。五代诗人王仁裕，世称天水人，而其实际生活地点则在陇南；清季其墓碑在礼县发现，李昉撰，《北京图书馆藏历代墓志汇编》三七册收拓本，《陇右金石录》卷三有录文；墓志则近年在成县出土，蒲向明著《玉堂闲话译注》（中国社会科学出版社，2007年2月版）收入，真甘陇之土生文人。

王仁裕（880—956），字德辇。少不知书，以狗马弹射为乐。年二十五始就学，文辞知名秦陇间。唐末为秦州节度判官，后入蜀事前蜀后主，为中书舍人、翰林学士。前蜀亡，复为秦州戎判。秩满归里，王思同镇兴元（今陕西汉中），辟为幕宾。寻随思同为西京留守判官。废帝李从珂在凤翔起兵，王思同兵败，仁裕文才为废帝所重，邀入幕下，凡檄文、诏书、诰命，多委其撰写。清泰中，以司封员外郎充翰林学士。入晋，历都官、司封、左司郎中。少

1 本文原刊于《文史知识》，2017年1期。

帝即位，为右谏议大夫。开运元年（944），出聘荆南。二年，以给事中迁左散骑常侍。后汉高祖天福十二年（947），改授户部侍郎，充翰林学士承旨。隐帝乾祐元年（948），知礼部贡举，擢为户部尚书。三年，改兵部尚书。后周世宗显德三年以太子少保卒，年七十七。《旧五代史》卷一二八本传残缺过甚，《新五代史》卷五七本传略存梗概。近人胡文楷撰《薛史王仁裕传辑补》（刊《中华文史论丛》，1980年3期）考订颇详，唯未征及碑志。仁裕平生作诗满万首，蜀人呼其为“诗窖子”，唯存诗仅十多首，《全唐诗》卷七三六编为一卷。著作仅存《开元天宝遗事》二卷，另撰《王氏见闻录》《玉堂闲话》等书，原书不传，但《太平广记》等书引录较多，我曾有辑本，收入《五代史料汇编》（杭州出版社，2004年3月版）。

王仁裕佚诗，拙辑《全唐诗续拾》卷四二曾辑得二首，近年又陆续得见二首，皆甚可靠，谨介绍如下。

第一首是《戮后主出降诗》：

蜀朝昏主出降时，衔璧牵羊倒系旗。
二十万军高拱手，更无一个是男儿。

见原本《说郛》卷三四《豪异秘纂》引王仁裕《蜀石》。另《鉴诫录》卷五、《能改斋漫录》卷八作王承旨诗。第三句，《能改斋漫录》作“二十万人齐拱手”。

这首诗各位肯定有似曾相识之感，不错，《全唐诗》确实收了这首诗，但在卷七九八花蕊夫人名下，题作《述国亡诗》，来源是宋人陈师道《后山诗话》："费氏，蜀之青城人。以才色入蜀宫，后主嬖之，号花蕊夫人。效王建作《宫词》百首。国亡，入备后宫。太祖闻之，召使陈诗，诵其《国亡诗》云：'君王城上竖降旗，妾在深宫那得知。十四万人齐解甲，更无一个是男儿。'太祖悦，盖蜀兵十四万，而王师数万尔。"文字虽有些不同，但可肯定是一首诗的异传。三年前，我曾撰文《"更无一个是男儿"考辨》（刊《东方早报》2013年8月25日），可以参看。[1]在此要特别强调的是，《鉴诫录》作成时间在后蜀时，最晚不晚于广政中期，即950年左右。《后山诗话》所述只是一个传闻，所谓花蕊夫人费氏，经浦江清《花蕊夫人宫词考证》之严密推求，费氏作《宫词》基本可以否定，其人之有无，也大可怀疑（孟昶眷属归宋后情况，可参柳开撰《孟玄喆墓志》）。而王仁裕在前蜀亡之前夕，曾随同后主王衍君臣一行人远幸秦州，沿途有诗。中途知后唐军犯境，乃仓皇归蜀，近距离目睹了前蜀君臣视国事如儿戏，最终国败身亡的过程。前蜀亡，君臣一行被押往洛阳，王仁裕也是随从之一，亲见王衍一家在长安被杀的过程。诗咏后主举成都出降至长安被戮的过程，有他切肤之痛。以旧君为昏主，虽不算厚道，但是他亲历亲见，也不算过分。同光三年（925）十月初，后唐已经起兵伐蜀，王衍却于

1　参见本书第214页。

此月三日荒唐出游，拒绝谏言，闻飞骑报军情，仍认为是骗他停止游衍，行到利州，知唐军已相距不远，方仓促逃归。其守御诸将，降的降，逃的逃，王衍回到成都，根本无法组织抵抗，只能投降。“衔璧牵羊倒系旗”，写后主出降时的具体情景。《旧五代史·僭伪列传三·王衍》云：“其月（十一月）二十七日，魏王至成都北五里升仙桥，伪百官班于桥下，衍乘行舆至，素衣白马，牵羊，草索系首，面缚衔璧，舆榇而后。”王仁裕当时应即在桥下百官行列中，故观察仔细如此。《旧五代史·唐庄宗纪》载平蜀时，蜀中尚有军队十三万，诗云二十万，是言其成数，诗中语不必完全准确。前蜀太祖王建自光启间在蜀中坐大，军力在其后三十多年间皆称雄武，故底定一方，攻夺岐陇，实力不容小觑。但自后主王衍即位后，内有太后、太妃之弄权，外有佞臣之蛊惑，国事不理，军政不修，未经接战，旋踵败亡。王仁裕目睹一切，感慨遥深。“二十万军高拱手，更无一个是男儿。”不身历其事，写不出如此痛彻心腑的惨痛。

第二首见南宋末学者周密撰《浩然斋雅谈》卷中：

> 王仁裕过关中，望春明门，乃蜀后主被诛之地，乃作诗哭之曰：“九天冥漠信沉沉，重过春明泪满襟。齐女叫时魂已断，杜鹃啼处血尤深。霸图倾覆人全去，寒骨飘零草乱侵。何事不如陈叔宝？朱门流水自相临。”

春明门是唐长安城的正东门，是往洛阳的京洛大道的起点。王衍君臣降后，奉旨于同光四年正月二日，率同其家人，包括其生母顺圣太后即浦江清考定的《花蕊夫人宫词》作者，以及前蜀文武百官，从成都起程，往洛阳朝圣，或者说是献俘。迤逦而行，到四月方到达长安。这三个月间，成都和洛阳都发生了翻天覆地的变化。后唐伐蜀的主帅是兴圣太子李继岌，为庄宗长子，但年轻而不老练，军政大权则掌控在权相郭崇韬手中。前蜀既定，二人之矛盾激化，太子诬郭欲谋反，庄宗妄信，命太子设局杀郭。此外，庄宗之猜忌又杀了另一功臣朱友谦，使在魏州拥有强大军力之李嗣源不能自安其位。李乃举兵反叛，称兵南指。到四月初庄宗败亡，明宗即位。这一切虽然与王衍一行一点关系也没有，但明宗新立，天下耸动，百废待兴，哪还有精力来处理王衍一行的事情。干脆下一道诏书，将王衍一行全部在长安处死算了。幸亏经手的宦官为人厚道，知道蜀廷百官都牵家带口，那要杀多少？于是良心发现，改了诏书中的一个字，将“诛衍一行”之“行”字改为“家”字，一下子仅杀王衍及其家人。据《锦里耆旧传》卷六所载欧阳彬为王衍起行时上表，包括“母亲并姨舅兄弟骨肉等”人，至少也应有几十口，即在春明门外被杀。王仁裕诗云“重过春明”，是他亲见王衍一家被杀，此则是重过故地，感伤后主一家之被杀，作此诗吊之。首句说天地昏暗，冤气沉沉，接着写自己之伤感。“齐女”二句，则用齐女魂断、杜鹃啼血的两个典故，写负冤之深，同情王衍一家之无辜被杀。“霸图倾覆”，是说自王建拥有全蜀、开创大汉王朝

（习称前蜀，国名是汉）的霸图，两世至王衍而覆亡。“寒骨飘零草乱侵”，则云王衍被杀后仅草草蒿埋，以至骨肉飘零，只能见到荒草芜乱。王仁裕感慨，隋灭陈时，后主陈叔宝归降后入长安后，得到礼遇，得终天年；王衍举蜀归降，下场如此不幸，真为他感到不平。朱门即指春明门，流水当指绕城河水，借以诉说无尽的悲哀。这首诗的发现，无论对王衍之死，以及王仁裕对故主之同情哀悼，都具重要文献价值。诗也写得感情强烈，是王仁裕存世诗中较重要的一首。至其写作时间，大约在天成元年（926）至清泰元年（934）之间，因其间王仁裕数度来往长安，且曾任职较长时间，因而难以确知。

第三首佚诗见元人骆天骧著《类编长安志》卷五：

> 杜光寺，在城南杜光村，俗呼为杜光寺。本唐义善寺，贞观十九年建，盖杜顺禅师所生之地。顺解《华严经》，著《法界观》，居华严寺，证圆寂。大师坐化，肉身连环，灵骨葬樊川华严塔，至今呼樊川为华严川。长兴中，王仁裕题诗曰：“上尔高僧更不疑，梦乘龙驾落沉辉。寒暄晕映琉璃殿，晓夜摧残毳衲衣。金体几生传有漏，玉容三界自无非。莓苔满院人稀到，松畔香台野鹤飞。”

基本可以确定此诗为王仁裕长兴间（930—933）任王思同西京

留守判官期间所作。其时为唐明宗在位的后期，是五代最为太平的一段时间，王仁裕公私多暇，因而得以寻访城南名区。日本所存宽永刊本《开元天宝遗事》卷首有他自序，称其时还曾“询求事实，采摭民言，开元、天宝之中影响如数百余件，去凡削鄙，集异编奇，总成一卷，凡一百五十九条”，与此诗为同时作。杜顺（557—640），是隋唐间名僧，一生以弘传《华严经》为宗旨，著作以《华严法界观门》《华严五界止观》最有名。他于唐太宗贞观十四年逝世于长安城南义善寺，五年后寺名改为杜光寺，并在寺建其灵骨塔，俗称华严塔。王仁裕寻访华严塔而题诗，赞叹杜顺得到皇帝重视而得证佛业，写他入寺瞻礼时所见所感，虽然已不复往年之全盛，但寂静荒凉中仍能感受到往年的禅机，诗也颇为丰满，可见他之善于写景抒情。

最后一首见于韩国所存《太平广记详节》卷一〇引《玉堂闲话》：

晋石高祖父事戎王，礼分甚至。此则以罗纨玉帛、瑞锦明珠，竭中华之膏血以奉之；彼则以貂皮兽鞯、瘦马疲牛为酬酢。庚子岁，遣使献异兽十数头，巨于貆而小于貉，兔头狐尾，猱颡狖掌，其名耶孤儿。北方异类，华夏所无，其肉鲜肥，可登鼎俎。晋祖不忍炮燔，敕使置于沙台院，穴而畜之，仍令山僧豢养。自后蕃衍，其数渐多，沙台为其穿穴，迨将半矣。都下往而观之者，冠盖相望。

司封郎中王仁裕为其不祥之物，因著歌行一篇，题于沙台院西垣以志之。其歌曰："北方有兽生寒碛，怪质奇形状不得。如貆如貉不貆貉，狖指兔头猴颡额。善拏攫，能跳掷，中华有眼未曾识。天骄贵族用充庖，凤髓龙肝何所直。彼中君长重欢盟，藉手将通两国情。方木匣身皮锁项，万里迢迢归帝城。黄龙殿前初放出，乍对天威争股栗。形躯无复望生全，相顾皆为机上物。惧鼎俎，畏牺牲，天子仁慈不忍烹。送在沙台深穴里，永教闲处放生长。郊外野僧谙物情，朝晡豢养遵明圣。泽广罗疏天地宽，从此不忧伤性命。同华夷，共胡越，粒食陶居何快活。虽感君王有密恩，言语不通无所说。凿垣墙，置陵阙，生子生孙更无歇。如是孳蕃岁月多，兼恐中原总为穴。耶孤儿，耶孤儿，语浅义深安得知。"愚尝窃议之曰："耶者，胡王也；儿者，晋主也。言耶孤儿，乃父辜其子也。"其后，戎王犯阙，劫晋主，据神州，四海百郡皆为犬戎之窟穴，耶孤儿先兆，可谓明矣。

《文学遗产》2002年4期张国风文《韩国所藏〈太平广记详节〉的文献价值》最早介绍此诗，但录文稍有误失，本文据韩国原本校录。"永教闲处放生长"一句之"生长"二字，疑当作"长生"。中土所存《太平广记》刻本，以谈本最著名，另有明清钞本、校本多种，稍有缺卷，上引一节则各本皆无。《太平广记详节》凡四十卷，为《太平广记》之选本，此节适存，足补中土各本之缺。《玉堂闲话》即为王仁裕所撰，原书凡自己亲历见闻之事，皆作第一人称叙述。但《太平广记》收入时，则多改为第三人称。“司封郎中王仁裕为其不祥之物”一句，在《玉堂闲话》中当作“余时为司封郎中，为其不祥之物”之类。“愚尝窃议之”即改写未尽者。后唐明宗去世后，继任者闵帝李从厚为人暗弱，帝位为明宗养子李从珂即唐末帝所夺。明宗婿石敬瑭拥有河东强藩，与末帝交恶后，乃引契丹为助，以割让燕云十六州之代价，使契丹助己，击败末帝，取而代之，世称晋高祖，对契丹则称儿皇帝。王仁裕初仕唐末帝而得信任，入晋后并不太得志。高祖在位近六年，与契丹保持相对平和之关系，互有赠馈，来往相望于途。庚子为天福五年（940），契丹赠晋异兽耶孤儿十多头，形体介于貆与貉之间，从“其肉鲜肥”来说，可能是今蒙古一带所出之动物，可能为狗獾、浣熊之类，非中原所有。在契丹主或仅是赠异兽以供晋主尝鲜之类的行为，晋主则视为稀罕物，且为契丹主所赠，不敢造次，乃于皇家苑囿之沙台苑，令山僧豢养。五六年间，此兽繁殖迅速，蕃衍渐多，又善穴洞，成为京郊奇观。王仁裕感其事，作歌行以咏其事，其诗体则近乎新乐府。王仁裕存世诗歌以七律为多，此诗是唯一的歌行体作品。《玉堂闲话》这一节作于晋亡后，最大可能为后汉间所写。除叙述此兽之体貌、习性，以及契丹与晋之间的馈赠来往外，王仁裕特别感慨此兽在中原生存发展能力之强，五六年间即孳育众多。“同华夷，共胡越，粒食陶居何快活。”“凿垣墙，置陵阙，生子生孙更无歇。如是孳蕃岁月多，兼恐中原总为穴。”他没有感受到胡越共存的欣慰，而是强烈地感到异族文化入侵中原的危机感，且看到开运末晋与契丹从交恶到开战，终至戎主率军南侵，犯阙灭晋，几乎要建立中原王朝，陷入深深的危机中。他认为耶孤儿虽是异类，但足为契丹灭晋之先兆，且特别提醒中原士女对此要有强烈的危机感。

本诗的可贵之处，不仅让我们看到王仁裕诗作的另一面，也看到以沙陀族为主体建立的后唐、后晋王朝，此时已经俨然以中原王朝汉文化中心自居，且对契丹为代表的入侵中原，抱有强烈的敌视态度。到宋初，此风越演越烈，在区分夷夏、强调正统的口号下，开创宋文化的中华本位立场，而北魏至隋唐以来的胡姓各族，皆一律成为华夏之正宗。导源宋初而后世渐盛的杨家将故事中，佘（即折）、穆、呼延诸胡姓，以及长期与胡人通婚、且在北汉与契丹长期合作的杨家，都在民族战场上成为汉族的民族英雄。胡风之渐、中原之变，王仁裕在这段叙事以及咏耶孤儿的长诗中，不自觉地加以表达，恰表达了历史的某些独特面向。

五代俗讲僧云辩的生平与作品[1]

北宋初期张齐贤著《洛阳缙绅旧闻记》卷一《少师佯狂》，在叙述名臣杨凝式之诸多事迹后，笔锋一转，讲了一段洛阳谈歌妇人杨苎罗的才艺故事：

> 有谈歌妇人杨苎罗，善合生、杂嘲，辨慧有才思，当时罕与比者。少师以侄女呼之，每令讴唱，言词捷给，声韵清楚，真秦青、韩娥之俦也。少师以侄女呼之，盖念其聪俊也。时僧云辩能俗讲，有文章，敏于应对，若祀祝之辞，随其名位高下，对之立成千字，皆如宿构，少师尤重之。云辩于长寿寺五月讲，少师诣讲院，与云辩对坐，歌者在侧。忽有大蜘蛛于檐前垂丝而下，正对少师与僧前。云辩笑谓歌者曰："试嘲此蜘蛛。如嘲得着，奉绢两匹。"歌者更不待思虑，应声嘲之，意全不离蜘蛛，而嘲戏之辞，正讽云辩，少师闻之绝倒。久之，大叫曰："和尚取绢五匹来。"云辩且笑，遂以绢五匹奉之。歌者嘲蜘

1　本文原刊于《文史知识》，2017年3期。

蛛云："吃得肚罂撑，寻丝绕寺行。空中设罗网，只待杀众生。"盖讥云辨体肥而壮大故也。云辨师名圆鉴，后为左街司录，久之迁化。

少师指杨凝式，五代最著名的书家。他出生于唐后期著名的文化世家，但遭逢乱世，只能与世浮沉，好在依附洛中张全义家族，无灾无难到公卿，平日也诗酒醉狂，出入寺庙，僧人仰慕他的才艺，多刷粉墙以供他挥毫。上述这段故事时间不详，总在他后汉进少师后，至少已经七十五岁。遇到这位伶牙俐齿的谈歌妇人，又是同姓，就以侄女视之。叔侄嘲讽的对象，是这位"能俗讲，有文章，敏于应对"的老僧云辩（辩、辨古通）。云辩是杨的好友，在寺对坐谈论，辈分稍低的女歌者在侧侍立。一只大蜘蛛的加入，引出有趣的话题，云辩出重赏要歌者嘲蜘蛛，歌者应声而就，句句嘲蜘蛛，句句讽老僧，因云辩"体肥而壮大"，与饱食的蜘蛛成趣比，僧人不杀生，蜘蛛张网的目标只是要捕杀飞虻过蚊，以此嘲笑老僧，自是充满欢趣。杨凝式兴奋莫名，老僧也乐不可支，马上奉绢五匹。

以上内容是存世文献中关于这位能俗讲高僧的记录。如果没有敦煌藏经洞的偶然发现，留在典籍中的只有这位被小女子调侃的胖和尚。如果仔细阅读，还可以看到云辩"敏于应对"，祭祝时"立成千字，皆如宿构"，大约平时也善于嘲讽，且占尽便宜，偏偏此次落尽下风。

然而敦煌遗书中发现大批圆鉴大师云辩的作品，足以让我们重新认识他的成就。

S.4472收《左街僧录与缘人遗书》，署其名为云辩，末云“时广顺元年六月十八日迁”，是他去世的时间。书云“帝释庄严，难过于七十九岁”，又云“即于今载夏六月二十八日，思觉缠疴困楚，举止苍惶”，可知他去世时为七十九岁，知他生于咸通十四年，恰与杨凝式同年出生，生卒年用公元表示为873—951。死亡日期有十天差别，或因传抄有讹误。遗书较长，不全录。据此可知他“师资幼礼，廿岁抛亲”，此后则“萤窗夜就，讨诸佛出世之因缘；蟾影夕窥，究贤圣离尘之旨趣”，是说他曾发愤广读内外经典。又说：“荐逢昭运，数值时明，别俗早离于三峰，名第获彰于四水。”唐亡那年他三十五岁，三峰指华州，可能他就是华州人。此节述他早年经历。又云：“承明圣之师章，授德皇之服命。累沐见过，礼戢教门。两京之演法年深，薄德而自量郑露。而又偏受梁苑信士曲奖彻情，每推于帝阙皇都，迴维持于神京胜府。”这里不仅说到自己的讲法得到皇家之礼敬，君王累次莅寺礼敬，且在五代京城迁徙中，历住长寿寺、相国寺等名蓝，始终得到官府和信众奖扶和追随。他说自己的工作，只是“常敷圣义，永诱缘人，劝门徒出拔六尘，化俗谛免离于八苦”，即在俗讲佛义中，引导有缘人出脱俗尘，免离苦难。在遗书最后，有李琬的附记：

大德参寻圣境，远达梁京，偶因听规清谈，说本道风化，而乃顿回愚意，倾心归依。二年来往，一无供须，所令叠纸挥毫。故并辞惮切认。广敬西天梵语，多重东国文章，更能无染无违，必究真空真义。时显德元年季春月蓂开三叶，长白山人李琬蒙沙州大德抄记。

这里提示了云辩在生命最后两年，曾到汴京说法，李琬似为沙州归义军之使汴人员，因为听法得接谈，介绍本道佛教情况后，即多追随归依于云辩。云辩讲法的成就，且为边陲的“沙州大德”知闻，因让李琬抄录文本，远传敦煌。这也就可理解敦煌能够保存云辩作品的原因了。

敦煌遗书中的云辩作品，以S.4472所录为大宗，一是总题欠缺的一组十首七律，《敦煌歌辞总编》卷三拟题为《修建寺殿募捐疏头辞十首》，《敦煌僧诗校辑》则拟题作《上君王诗十首》。二是《十慈悲偈》十首，原题《右街僧录圆鉴大师云辩进十慈悲偈》。三是P.2603存《赞普满偈十首》，有序云：“再庄严普满塔六层囊网，别置两层板舍，抽换勾栏，及内外泥饰、赤白软亘等，都计料钱一千五百贯文。奉为□国及六军万姓，再修普满塔。开赞，请一人为首，转化多人，每人化钱十文足陌。谨课偈词十首，便当疏头。”是为重修普满塔开赞而作。四是《故圆鉴大师二十四孝押座文》，见S.7、S.3728、P.3361，稍有残缺。原署“左街僧录圆鉴大师赐紫云辩述”。五是《左街僧录大师压座文》，见S.3728，有一段尾题，《文史》七辑周绍良《读变文札记》谓出《集神州三宝感通录》二载隋文帝建舍利塔敕，与本文无关。六是我怀疑P.3808《长兴四年中兴殿应圣节讲经文》，可能也是云辩的作品。该文作于唐明宗在位的最后一年，即长兴四年（933）明宗诞节，时在重阳前后，全篇用二十九首七律穿插讲说《仁王护国般若波罗蜜多经》，称赞明宗之奉佛与勋业，并附十九首七言绝句，咏赞明宗末年之人事与政绩。虽然目前还无法确认即云辩作，但前引云辩“若祀祝之辞，随其名位高下，对之立成千字，皆如宿构”，以及大多由七律组成的讲唱风格，与前引各组风格是一致的。若然，则是年云辩六十岁，正是他精力最鼎盛时期的作品。

云辩存世作品如此之丰富，在这篇小文中显然无法作全面介绍，但可举例作些解读。

先说《十慈悲偈》。分十首，有《君王》《为宰》《公案》《师僧》《道流》《山人》《豪家》《当官》《军件》《关令》的小题，首句都是“君王若也起慈悲”之类劝善之句，向社会各种人等发出向善恤众的呼吁。《君王》缺末句，录《为宰》《豪家》两首如下：

为宰若也起慈悲，忧国忧家道不亏。
匡赞一人行圣德，停[1]腾四海总和毗。
既能奏谏当三殿，又且清通润百司。

1　原作“亭”，据汪泛舟《敦煌僧诗校辑》改。

若劝君王能治化，无征无战胜尧时。

豪家若也起慈悲，怜念贫寒好行施。
机上用机[1]何要学，利中生利不须违。
亲情久阙恩怜取，奴婢辛勤体悉伊。
处处用心除我慢，人生能得几多时？

“为宰”，周绍良录作“为官”，与后《当官》意重，从内容和顺序看，显然是议论宰相之责任。宰相是君主的辅佐，所谓“匡赞一人行圣德”，即指此。宰相的责任是给君主提供建议，弥补偏失，也要将君主的意愿贯彻执行。云辩特别强调宰相必须做到“忧国忧家”，既能金殿奏事，直言行谏，又要沟通百官，使政令畅通无阻地得到落实。宰相如果劝谏君主实行教化，达成天下太平，使四海升平，百业和睦，没有战争，没有折腾，那就如同尧舜大治了。“豪家”是富豪贵显之家，云辩特别要求他们怜恤贫寒，多行善事：亲人久疏音问，应该主动问候关心；奴仆身份虽然卑贱，但服勤日常，也应该加以体悉，即体会了解。富家最大的缺憾是不断追求财富，因富而生傲慢。云辩请他们理解，人生很短暂，富贵能有几多时，能够处处用心，关心他人，去除轻慢，自己会更多地得益。十首诗，每篇都讲这样的道理，意思浅显，总是引人慈悲行

1 陈祚龙校作“计上用计”，《敦煌僧诗校辑》作“济上用济”。

善。虽然就艺术性来说，不算优秀，体近七律，大致合格，但对社会文化水平并不太高的大众来说，让他们听得懂，能够理解，云辩是尽了很大努力的。

《赞普满偈十首》末题“开运二年（945）正月日，相国寺主上座赐紫弘演正言当讲左街僧录圆鉴（下缺）。”下缺文字可能是“大师云辩”等，是云辩在汴京主讲大相国寺时，为六层普满塔再度庄严而作。虽然唐代有潞州僧普满的事迹，估计与此塔无关，陈祚龙认为“或即佛化普遍因果圆满之谓”，也可说通。内容则为修塔募捐而作，故十首的内容反复叙说此塔之历史、景致、功用以及多年未修之现状，请“六军万姓”捐助，自己则先为疏头。录第二、第九首如下：

巍峨长惹瑞烟浓，奇绝般输显盛踪。
灿烂金轮过百尺，玲珑枓栱叠千重。
风高佛寺鸣天乐，雪霁神州耸玉峰。
几度曾登瞻宇宙，一层内礼紫金容。

至德年修岁月遥，砖阶经雨滴来坳。
画檐坏为多虫穴，丹艭昏缘足鸟巢。
尘染御书悬户额，风飘蛛网挂林梢。
今开讲会同严饰，施利全凭导首抄。

前引第一组缺题的十首，拟题《修建寺殿募捐疏头辞十首》，大体近是，内容是另一次佛寺劝捐活动的讲辞。第一首云：“去年开讲感皇情，敕旨教书云辩名。缘得帝王垂圣泽，遂令佛会动神京。筵中日月门徒集，座上朝朝施利盈。圣主寻宣天使造，讲堂功德立修成。”去年开讲是为造佛堂，而且惊动了君王，敕书直接说到云辩之名，因此振动汴京，门徒募施，天使（指宦官）督造，取得巨大成功。其次则讲到本次求施的缘由是：“八十余年梁栋材，频遭雨烂与风摧。欹斜损漏门长闭，破坏荒凉讲不开。”具体是前头门屋：“后面讲堂修毕备，前头门屋盖周旋（陈祚龙校作‘全’）。两般功德无亏阙，帝主门徒一讲钱。”是去岁工程的延续，应该一体完成。第七首则将大修后的效果画出：“端严大殿画应难，天匠修成匪等闲。八座柱排医王宝，三尊耸立紫金山。深凝瑞气通霄汉，常展慈光照世间。启讲重修成就了，奏闻须到悦龙颜。”佛殿庄严，龙颜欢喜。第九首还说到完成时间与财务管理：“三个月中还见就，一钱管取不参差。”这组诗估计也是在汴京所作，连前引修普满塔，即有三次化缘。化缘的本意是寺院请求信众布施，也是寺院与信众交集的重要途径。云辩的两组作品，起了这样的作用。

《故圆鉴大师二十四孝押座文》，总题为后人所加，更稳妥的标题应该是《故圆鉴大师〈二十四孝押座文〉》。虽然僧人出家后，就与俗家断绝了关系，所谓沙门不拜君亲，即此义，但中国佛教的最大成就就在因缘随俗，不违世情，因此也赞同行孝事亲。佛学大师宗密晚年返乡探亲，亲注讲佛门事亲之《盂兰盆经》，并自称“充国沙门”，用故里之古名，就表达这种立场（用冉云华著《宗密》说）。云辩首标主旨：“佛身尊贵因何得？根本曾行孝顺来。”佛的尊贵就是广行孝道。他引用许多孝行故事：“慈乌返哺犹怀感，鸿雁才飞便着行。郭巨愿埋亲子息，老莱欢着彩衣裳。”“泣竹笋生名最重，卧冰鱼跃义难量。”然后提出日常生活之细节要求：“四邻忿怒传扬出，五逆名声远近彰。若是弟兄争在户，必招邻里暗迁墙。至亲骨肉须同食，深分交朋尚并粮。”这是从邻里、兄弟、亲朋的立场来说。“晨昏早遣儿妻起，酒食先教父母尝。”即要勤于事亲，供奉酒食。“生前直懒供茶水，没后虚劳酹酒浆。”则是说亲死后祭祀不如生前勤于敬茶送水。“如来演说五千卷，孔氏谭论十八章。莫越言言宣孝顺，无非句句述温良。”充分强调儒、佛虽然论说有别，但立论都是要人行孝温良。

《左街僧录大师压座文》一篇，篇幅较短，从受胎养育子女说起，讲到孩子渐渐长大，“女即使闻周氏教，儿还教念百家诗”，要家长重视儿童教育。压座文也叫押座文，是讲经变时的开场部分。

最后要说到《长兴四年中兴殿应圣节讲经文》，此篇虽然无法确认是云辩所作，但内容则为在唐明宗生日庆典上，当着皇帝与满朝文武百官讲说佛经，并用讲经说唱的方式，称颂明宗重兴佛法、治理天下的成就，且顺便称颂重要的王公大臣，属当代政治评述类的作品。在唐五代通俗文学中，应占有重要地位。

唐五代享有重名的俗讲僧，其实只有文溆、云辩两人，文溆更为世所知，但未有作品留存，云辩则因沙州在他身后不久之及时传录，因而得有较多孑存。当然，可能在云辩一生无数次的俗讲生涯中，保存至今的仍属九牛一毛，但已经很珍贵。云辩不是开宗创派的佛学大师，也不是著作等身的学术名宿。他就是今日所说的名嘴，沟通朝野，沟通僧俗，把佛教深奥复杂的大道理，用最通俗明白的道理，用讲唱结合的方式，影响着社会民众。他的作品够不上经典，艺术上确很粗糙，但那时已经远闻西陲，谁能说他的工作没有意义呢？文学史上应该有这位和善而肥胖的僧人浓重的一笔。

前辈学者陈祚龙撰《关于五代名僧云辩的诗与偈》（收入《敦煌学海探珠》，台湾商务印书馆1979年）、周绍良撰《五代俗讲僧圆鉴大师》（收入《敦煌文学刍议及其他》，新文丰出版公司1992年）已经分别撰文论列，我仍愿意略作介绍，以期引起更多人关注。

日本学者说唐诗与性[1]

性是人类基本需求之一，也是人类生生不息的根本。唐代作家生活在物欲横流、多姿多彩的社会中，享受人生，歌唱爱情，性是大量涉及的内容。也许是中日文化的差异吧，日本作家可以尽情表达对“好色一代男”的向往，中国的雅文学在宋以后越来越远离性欲的叙写，而俗文学则不可避免地走向扭曲变态，纵欲暴露。近代以来的性解放昙花一现，虽然底层极度恣肆，场面上还得扫黄。至于学术研究更很少涉及，实在回避不了，那就用时代局限一笔带过。许多年前有学者很严肃地研究明清色情小说对传统房中术之歪曲，怎么也找不到可以发表的刊物，只能寄往海外。可以说，严肃地研究古代文学中的性描写和性寓意，国内目前可以举出来的典范著作仍稀若晨星。

十家论集因挑选出来在中国出版，何者合适，主编与作者应有所斟酌，但仍有几篇可说。

丸山茂《“妾换马”考》是一篇有趣的文字。七十四岁的前相裴度给六十七岁的诗人白居易写诗：“君若有心求逸足，我还留

1 本文为拙文《他山攻玉 各拥玲珑——〈日本唐代文学研究十家〉的学术示范意义》中的一节，全文原刊于《北京大学学报》，2015年5期。

意在名姝。”戏告：你若羡慕我的好马，就用你家美女来换吧！白居易答：“安石风流无奈何，欲将赤骥换青娥。不辞便送东山去，临老何人与唱歌？”（《酬裴令公赠马相戏》）你老官大，意有所属，我不能不送，但临老没人替我唱歌，很寂寞啊！丸山茂就此展开论述，马和妾妓在这里都是属于主人的财产，可以随便处置，偶或也认可她们是人而有所同情，但更多地视为满足自己生活必不可少的一部分。拥有多少马和宠妓，对了解诗人的经济状况、生活状态以及心境变化，当然有很重要的意义。丸山没有停留于此，继而搜集从魏晋到明清爱妾换马的各类故事和诗歌，看到：梁、隋间作品多据此渲染名马和爱妾离开主人的悲哀，二者地位是对等的；李白则据此写出英雄豪士的豪奢磊落，倜傥奔放；宋代则作为贵物交换的对句使用；元以后则在模仿六朝乐府以外，分别写美女之香艳与边塞骏马之勇壮。

斋藤茂早年曾作过《北里志》的笺证，他写《士人与妓女》一章三节，大约也在此前后。他试图从六朝后期至唐一代咏妓诗、赠妓诗、悼妓诗的变化轨迹中，揭示唐中期以后的诗风变化。从汉魏时期诗中偶然写到歌妓的服饰仪容，到齐梁间大批文人热衷写听妓、观妓、咏妓一类作品，但此类诗更多的是对音乐、舞蹈的欣赏，或者是对拥有妓人的主人的赞美，没有对妓女个人的赞美，更没有对其命运的关心。唐诗就不同了，诗题中大量出现妓女的名字，且更多地赞美其身段、仪容和歌舞技能，更多地出现妓女演奏乐器及其异秉。在安史之乱以后，则更多地出现关切妓女命运的题材，甚至写出一批写妓女传奇经历而与小说并行的长篇歌行。至于赠妓诗，则认为六朝时期的赠诗对象主要为宫妓与家妓，而唐代则扩大到官妓、营妓和民妓，所赠作品也大胆直率地写出彼此的亲密关系，以及思念的情感和对其命运的关切。在这些作品中，斋藤看到士人与妓女之间的精神距离明显缩短了，从六朝的主奴贵贱关系，发展为客人与妓女的平等关系，并进而发展为爱情关系。斋藤特别举到欧阳詹与太原妓的传奇，因为眷恋而相约迎娶，为官职或亲意难以践约，太原妓久思成疾，临终寄诗抒怨，欧阳读诗感恸，猝然逝世。这样的诗人与诗作，在唐以前是没有的。悼妓诗的研究则更多地深入了士大夫个人家庭生活的私密空间。悼亡诗在《诗经》和汉魏诗歌中都有，对亡妻的悼念虽然也涉及个人情感，但还在礼教的规范以内，但悼妓诗的情况则有所不同。斋藤注意到刘禹锡存悼妓诗众多，如《伤秦姝行》《泰娘歌》都是对命运不偶的风尘女子坎坷经历的同情之作，且包括受朋友委托写其与妓人之情感变化和丧妓后的悲痛。在围绕杨虞卿丧妓英英的一组唱和中，则不仅自述与此妓人之相见印象，并将一人之丧妓作为互通的情感来连锁唱和，显示中唐士人与妓女的亲密关系。

深泽一幸《蜂与蝶——李商隐诗的性意象》，举李商隐看似平淡无奇的《二月二日》诗“花须柳眼各无赖，紫蝶黄蜂俱有情”，似乎只是初春景色的客观描写。但再举《春日》：“欲入卢家白玉堂，新春催破舞衣裳。蝶衔花蕊蜂衔粉，共助青楼一日忙。”用蜂蝶写出青楼男女的狂态毕露，共助男女秘戏。又《闺情》：“红露花房白蜜脾，黄蜂紫蝶两参差。春窗一觉风流梦，却是同袍不得知。”认为“蜂配以饱含红露的花房，蝶配以贮满乳白色蜜的脾脏形的蜂巢，更提高了性的意象”。这当然是大胆的解读，可能中国学者不容易完全接受。但深泽更进而例举六朝以来见于大量诗歌中蜂、蝶并用的诗句，并举《游仙窟》《医心方》的旁证，以及印第安原始部落的用例和法国象征派诗人的诗句，证明以蜂蝶比喻男女性事的普遍性，让人不能不信。

爱情当然与性有关，唐诗中有许多情色内容也众所周知。在唐代这样士庶地位有着巨大落差的时代，全社会又始终充沛着享乐热情，士人私生活之丰富多彩，乃至扭曲变态，都是客观存在。无论就作家研究和作品研究来说，文学与性都是不可回避的事实。

长沙窑瓷器题诗所见唐下层社会的文学趣尚[1]

长沙窑瓷器是唐代中下层社会日常生活所需的商品，其制作器物的形制、用途和装饰，都必然要考虑到购买者的实际需求和鉴赏趣味。在瓷器这类日常商品中大量题写诗歌，正说明一般唐代民众对于诗歌的欣赏和喜爱。而所写诗篇的内容，也在一定程度上迎合了民间的阅读心理。从这些诗中表达的劝学、惜时、送别、怀人、思乡、羡官羡富等世俗情趣，也可理解民间对文学需求的一般趣味。

如果将全部长沙窑题诗作分类研究，不难发现饮酒、送别、思乡、怀人等类所占比例很大，这与一般文人诗创作的主题是一致的。这些诗中当然有许多值得关注的现象。如饮酒诗大约有十来首，但没有出现饮茶诗，尽管在长沙窑瓷器中已经出土有大量茶具，可知饮茶还没有成为诗人吟咏的重要话题。男女爱情诗主要是诉说分别后的相思，如："自从君去后，日夜苦相思。不见来经岁，肠断泪沾衣。""孤雁南天远，寒风切切惊。妾思江外客，早

1 本文为2010年参加台湾清华大学古代物质文化研讨会论文《从长沙窑瓷器题诗看唐诗在唐代下层社会的流行》中的一节。全文收入拙著《贞石诠唐》（上海：复旦大学出版社，2016）。

晚到边亭。”“忽忆边庭事，狂夫未得归。有书无寄处，空羡雁南飞。”“君去远秦川，无心恋管弦。空房对明月，心在白云边。”相比较来说，风情诗出现较少，可以举到的有：“二八谁家女，临河洗旧妆。水流红粉尽，风送绮罗香。”“君弄从君弄，拟弄恐君嗔。空房闲日久，政要解愁人。”后首金程宇提到可与《游仙窟》载十娘诗“昔日曾经自弄他，今朝并悉从人弄”参读。这可能与长沙窑诗大多题于日常用具上有关，情爱毕竟是比较私密的事。思乡诗如：“岁岁长为客，年年不在家。见他桃李树，思忆后园花。”从后文所引《唐摭言》来说，此诗流传很广，也有较高的造诣。述怀诗如：“男儿大丈夫，何用本乡居。明月家家有，黄金何处无。”也颇为豪迈。上述这些诗歌，就内容和成就虽然没有新的突破，但大致可以看作从南朝乐府以来民间俗歌之总汇，具有特别的意义。

岁时节庆当然是民间生活的重要内容，长沙窑题诗中至少有四首与此有关。一首是贺春的作品，据梁元帝诗改写。此首春意盎然，诗意欢快，在敦煌文书中也曾多次出现，应该是唐代民间传播极广的诗歌。“寒食元无火，青松自有烟。鸟啼新柳上，人拜古坟前。”此首在文化史上应具有很重要的意义。从宋人所编《古今岁时杂咏》所收寒食、清明诗可以看到，唐前期仍偏重寒食，但中期开始逐渐变化，即从寒食禁火转而更为重视清明之祭扫先人茔墓。此诗提到寒食，但后二句既写鸟啼新柳之春景，而“人拜古坟前”更突出了节俗转变的迹象。“今岁今宵尽，明年明日开。寒随今夜走，春至主人来。”是一首除夕诗。论者或认为源自张说《钦州守岁》“故岁今宵尽，新年明旦来。愁心随斗柄，东北望春回”（《张燕公集》卷九），或有可能。但就二诗比较，不难发现，长沙窑诗可以认为是较成功的再创作，不仅前二句的“今岁今宵”“明年明日”更为谐和晓畅，后二句更表达除旧布新的喜悦之情，与张说诗困守南方的悒郁情怀，完全不同。另一首“改岁迎新岁，新天接旧天。元和十六载，长庆一千年”，是长庆改元的贺岁诗。宪宗卒于元和十五年（820）初，穆宗继位，到第二年岁旦方改元。估计改元诏书到湖南地方，已经在元日后多日，因此诗中有“元和十六载，长庆一千年”的表达。

咏史类的只有一首：“去去关山远，行行胡地深。早知今日苦，多与画师金。”此首当然是吟咏王昭君故事的。前两句说她远嫁胡地，道路艰难。后两句“早知今日苦，多与画师金”，可能在历代歌咏王昭君的诗歌中，立意是最为卑下的，但却符合下层民众的生活逻辑：他们没有宏伟的政治抱负和人文关怀，在日常生活中习惯逆来顺受，因此设想王昭君远嫁单于，一定后悔当初没有厚贿画师。

写到商业活动的有一首：“买人心惆怅，卖人心不安。题诗安瓶上，将与买人看。”能够从买卖双方的心理，来说明题诗瓶上的缘由，对了解瓷器题诗有所帮助。

劝学类的诗歌，在长沙窑诗歌和敦煌吐鲁番学郎诗中都较多，这是唐代蒙学教育社会化所留下的一些痕迹。从先秦两汉以来，在儒学为主导的社会秩序中，进学为官就是学子始终追求的目标。长沙窑诗如“天地平如水，王道自然开。家中无学子，官从何处来”，就是这一思想的表达。“白玉非为宝，千金我不须。意念千张纸，心存万卷书。”其实就是汉代韦贤“遗子黄金满籝，不如教子一经”（《艺文类聚》卷八三）的诗化表达。另二首诗，“念念催年促，犹如少水鱼。劝诸行过众，修学至无余”，强调修学是一生生死以之的责任；“上有千年鸟，下有百年人。丈夫具纸笔，一世不求人”，强调男子通书达文是立身处世之必须具备的能力，立意均甚好。

劝善是民间诗歌的另一主题，长沙窑诗歌此类内容很丰富，留下一些值得注意的社会记录。“东家种桃李，一半向西邻。幸有余光在，因何不与人。”此首表达了邻里之间和睦相处的原则。东家种树，西邻也得其余荫，自己的善业，余光可与别人分享，利人而不损己，何乐而不为呢？“客来莫直入，直入主人嗔。扣门三五下，自有出来人。”此首讲主客关系，说客人造访，不要径直入内，而应先扣门三五下，主人自会出来迎接。虽是小事，也强调了主客互相尊敬的道理。“有僧长寄书，无信长相忆。莫作瓶落井，一去无消息。”“来时为作客，去后不身陈。无物将为信，留语赠主人。”两诗都讲人际交往的基本道理。前诗说分别后要及时来信，不要瓶落井中般绝无消息，以致让亲朋担心。后诗说即使没有礼物，留几句话也就可以了。“凡人莫偷盗，行坐饱酒食。不用说东西，汝亦自缘直。”“剑缺那堪用，瑕珠不值钱。芙蓉一点污，

□人那堪怜。”前诗教人不要偷盗，后诗强调德行之重要，小节之出入也是人生的缺憾。“衣裳不知洁，人前满面羞。行时无风彩，坐在下行头。”则说衣如其人，如果衣裳不整洁，在外没有风彩，见人羞愧难当，必然影响社会地位。上述这些诗歌，从各种不同角度劝人向善向美，强调日常社交细节之重要，是唐代民间教化的真实记录，也是传统伦理社会的普遍原则。在传世唐诗中，类似作品很少，因而尤可珍惜。

长沙窑瓷器中包括很大一部分人生格言，部分可以看作两句的诗句。其中强调得比较多的，一是忍，如“悬钓之鱼，悔不忍饥”“罗网之鸟，悔不高飞”“人生误斗，悔不三思”“行满天下无怨恶”“言满天下无口过”等。诗中也多类似内容，如：“忍辱成端政，多嗔作毒蛇。若人不逞恶，必得上三车。”讲忍辱而事业能有所成，多嗔易怒是人生之毒蛇。“自从与客来，是事皆隐忍。若有平山路，崎岖何人尽。”说作客他乡，必然道路崎岖艰险，只能事事隐忍。二是感恩，如“羊申跪乳之志”“慈乌反哺之念”“牛怀舔犊之恩”“古人车马不谢，今时寸草须酬”等。存诗如“频频来作客，扰乱主人多。未有黄金赠，空留一量靴”“作客来多日，烦夕主人深。未有黄金赠，空留一片心”也是同一主旨。三是对社会势利的认识，如“为君报此训，世上求名利”“有钱水亦热，无钱火亦寒”等。存诗如：“男儿爱花□，徒劳费心力。有钱则见面，无钱不相识。”但友情超越金钱的界限，也不断被歌颂："从来不相识，相识便成亲。相识满天下，知心能几人。""小水通大河，山高鸟宿多。主人看客好，曲路也相过。"

从诗歌形式来说，长沙窑题诗几乎包括了中古民间诗歌的各种法门。"春水春池满，春时春草生。春人饮春酒，春鸟哢春声。"每句用二"春"字。离合诗如"夕夕多长夜，一一二更初。田心思远客，门口问征夫"。是比较有特色的一首。"冬日多长夜，一天二更初。问心思逐客，门口问更夫。"是该诗的变体。从诗意来说，我更倾向认为后一首是前一首的初作。叠字诗如"日日思前路，朝朝别主人。行行山水上，处处鸟啼新"，也差可称道。拆字诗如"单乔亦是乔，着木亦成桥。除却桥边木，着女便成娇"，其实就是介绍了"乔""桥""娇"三个字的构成方式，虽然没有太多诗意，但对于学郎识字来说，则不能不说是富有启发的做法。另一首诗"天明日月奣，立月已三龙。言身一寸谢，千里重金锺"，首句"天明"二字组成第五字，中间重复"日月"二字，末句则先述"千里"为"重"，再配"金"为"锺"。另二句则前四字都是最后一字的分解。虽然诗意稍逊，也足以启迪童蒙。六朝乐府民歌的最常见的双关手法，长沙窑诗中也有一例："道别即须分，何劳说苦辛。牵牛石上过，不见有蹄痕。"此处以"蹄痕"谐音"啼恨"。六朝民歌《读曲歌》中也有一例："奈何不可言。朝看莫牛迹，知是宿蹄痕。"是同一用例。

全诗用同一偏旁的诗组成，是宋人喜欢的技巧，在存世唐代以前诗歌中，并不多见。在长沙窑诗中有两首。如“远送还通达，逍遥近道边。遇逢遐迩过，进退随遛连”，尚能略备诗意。另一首由全部“山”旁组成的诗，残缺已甚，且从残文来分析，毫无诗意可言，就是一种文字游戏罢了。

第三编　守护大唐

《登幽州台歌》献疑

前不见古人，后不见来者。

念天地之悠悠，独怆然而涕下。

凡中国人皆知此为陈子昂《登幽州台歌》。但在明弘治四年（1491）杨澄刻本《陈伯玉文集》十卷中，并没有这首诗。陈集是其友人卢藏用所编，时间在陈子昂身后不久。1960年中华书局上海编辑所出版徐鹏校点本《陈子昂集》，认为杨澄刻本没有保存原书面貌，因此于原书次第有所改动。敦煌遗书S.9432、5971、P.3590存《故陈子昂遗集》残卷，与杨本次第相同，证明徐鹏判断未允。

这首诗的来源，是该集附录卢藏用撰《陈氏别传》："属契丹以营州叛，建安郡王攸宜亲总戎律，台阁英妙，皆置在军麾。时敕子昂参谋帷幕。军次渔阳，前军王孝杰等相次陷没，三军震慑。子昂进谏曰（文略）建安方求斗士，以子昂素是书生，谢而不纳。子昂体弱多疾，感激忠义，常欲奋身以答国士。自以官在近侍，又参预军谋，不可见危而惜身苟容。他日又进谏，言甚切至。建安谢绝之，乃署以军曹。子昂知不合，因缄默下列，但兼掌书记而已。因登蓟北楼，感昔乐生、燕昭之事，赋诗数首。乃泫然流涕而歌曰：

‘前不见古人，后不见来者。念天地之悠悠，独怆然而涕下。’时人莫之知也。”所谓“感昔乐生、燕昭之事，赋诗数首”，指为《陈伯玉文集》卷二《蓟丘览古赠卢居士藏用七首》并序。序云：“丁酉岁，吾北征出自蓟门，历观燕之旧都，其城池霸迹已芜没矣。乃慨然仰叹。忆昔乐生、邹子群贤之游盛矣，因登蓟丘，作七诗以志之，寄终南卢居士，亦有轩辕遗迹也。”七诗分别为《轩辕台》：“北登蓟丘望，求古轩辕台。应龙已不见，牧马生黄埃。尚想广成子，遗迹白云隈。”《燕昭王》：“南登碣石馆，遥望黄金台。丘陵尽乔木，昭王安在哉。霸图怅已矣，驱马复归来。”《乐生》：“王道已沦昧，战国竞贪兵。乐生何感激，仗义下齐城。雄图竟中夭，遗叹寄阿衡。”《燕太子》：“秦王日无道，太子怨亦深。一闻田光义，匕首赠千金。其事虽不立，千载为伤心。”《田光先生》：“自古皆有死，徇义良独稀。奈何燕太子，尚使田生疑。伏剑诚已矣，感我涕沾衣。”《邹子》：“大运沦三代，天人罕有窥。邹子何寥廓，谩说九瀛垂。兴亡已千载，今也则无推。”《郭隗》：“逢时独为贵，历代非无才。隗君亦何幸，遂起黄金台。”为武后万岁通天二年（697）事，据序知陈子昂北征蓟门即今北京一带时，卢藏用身在长安附近的终南山，陈子昂将自己内心的块垒向远在两千里外的卢倾诉，可知二人关系之密切。由此也知卢没有亲见陈子昂的登台，所得陈诗就是这七首。如果仔细讽读，更可以发现所谓“尚想广成子，遗迹白云隈”“应龙已不见”“霸图怅已矣”“昭王安在哉”等就是“前不见古人”，“兴亡已千载，今也则无推”就是“后不见来者”，“其事虽不立，千载为伤心”“伏剑诚已矣，感我涕沾衣”就是“念天地之悠悠，独怆然而涕下”。“前不见古人，后不见来者”二句，语出南朝宋孝武帝吟诵谢庄《月赋》，对颜延之说：“希逸（谢庄字）此作，可谓前不见古人，后不见来者，昔陈王（指曹植）何足尚邪！”清凌扬藻《蠡勺编》卷二三《古人诗不嫌相袭》也发现此歌对楚辞的因袭：“又屈子《远游篇》云：‘惟天地之无穷兮，哀人生之长勤。往者余弗及兮，来者吾不闻。’陈射洪《登幽州台歌》，实本此数语，然屈绵邈而陈则肮脏矣。”如果再引《远游》后几句：“步徙倚而遥思兮，怊惝恍而乖怀。意荒忽而流荡兮，心愁凄而增悲。”因袭痕迹更明显。如果此歌为陈子昂所作，卢藏用编集时为何不加收录呢！如果说是记录陈子昂登台时的歌唱，但卢藏用则明明在幽州两千里外的终南山隐居。那么似乎只有一种可能，即此四句是卢根据陈赠诗的内容，加以概括而成，目的是在为陈所作传中将他的孤愤悲凄作形象之叙述。

在历史上，卢藏用是一位有争议的人物。他有才华，《文苑英华》卷八九六崔湜《故吏部侍郎元公碑》称他“当代英秀，文华冠时”，“兼有临池之妙”。早年与陈子昂、赵贞固“友善，二人并早卒，藏用厚抚其子，为时所称”。他为陈编次文集，正是尽了对亡友的责任。但他隐居养名之时，即因往来京洛，被数落为“随驾隐士”（皆见《旧唐书》卷九四本传），以至道士司马承祯也要嘲讽他：“藏用指终南山，谓之曰：‘此中大有佳处，何必在远？’

承祯徐答曰：‘以仆所观。乃仕宦捷径耳。’藏用有惭色。”（《大唐新语》卷一〇）留下终南捷径的笑话。陈子昂亡后二三年内，武后召他为左拾遗，乃欣然就道。在玄宗与太平公主的政争中，他陷得太深，终于贬死。他做官时“奢靡淫纵，车服鲜丽，趑趄诡佞，专事权贵，时议乃表其丑行”（《谈宾录》卷九）。官场之污浊，欲自我高尚而不能，信然。后来的所为，不能否认他与陈子昂交友时的真诚。

现在古籍检索方便，我们可以见到在唐、五代、宋、元的各种典籍绝无引及此歌者，唐、宋、元各种唐诗选本没有采录，更罕见有人加以评论。直到明杨慎《丹铅总录》卷二一赞其“简质有汉魏之风”，捏出个《登幽州台歌》的篇名。明末钟惺、谭友夏《唐诗归》卷二可能是最早收录此诗的选本，并赞云：“两‘不见’，好眼。‘念天地之悠悠’，好胸中。”于是经典成立了，乃至今日家弦户诵。

唐诗接受史是很复杂的话题，这是一个具体的例子。

《春晚》还是《春晓》？

一首唐诗，因为题目不同，常可有不同的文本解读。举几个有名的例子。

春眠不觉晓，处处闻啼鸟。
夜来风雨声，花落知多少。

这首家喻户晓、童叟可解的唐诗，明刻各本孟浩然诗集题作《春晓》，《万首唐人绝句》卷四同，《全唐诗》卷一六〇和《唐诗三百首》亦同，今人也很少异说。不过有一意外，孟浩然诗集之唯一宋本，南宋蜀刻本卷一题作《春晚绝句》。今人各孟集注本，对此似乎皆不屑一顾：诗明明白白写的是早晨醒来，怎么会是春晚呢？孟浩然又不是沙奶奶管理下的新四军，“晚”字显然是误字。然而且慢，今人已经论证这个蜀刻三卷本基本保持了孟浩然去世后不久、王士源为其初编文集时的面貌，又是难得的宋本，这一题目当然值得重视。再研味诗意，可以说这里写的春日，不是初春，而是春暮，所谓“雨横风狂三月暮”，恰是落红飘零、春日将尽的时光，诗人之伤惋之情，正是从一夜风雨中，想见满地狼藉之残花，因此更有时光轻驰、生命足惜的感慨。就此而言，春晚当然比春晓更贴诗意。当然，如果“春晚”可以乙改为“晚春”，或订正为“春暮”，就没有太多争议了。

月落乌啼霜满天，江枫渔火对愁眠。
姑苏城外寒山寺，夜半钟声到客船。

再如这首“月落乌啼霜满天”，中国人都知道题作《枫桥夜泊》。我的学问很好的同学杨明教授，早年撰《张继诗中寒山寺辨》（刊《中华文史论丛》1987年2—3期合辑），认为寒山寺之名起自明初，枫桥畔的普明禅院则始建于五代之宋初，因而怀疑枫桥的说法是根据“江枫”字眼附会出来。我则想补充，一是《枫桥夜泊》的诗题见于《文苑英华》卷二九二，知宋初即有此题。二是清末武进费氏曾影印宋本高仲武《中兴间气集》，此诗在卷下，题作《夜宿松江》。这个宋本的原本虽不知所在，但其可靠性已经得到学界认可，近年再造善本破例印了这个清末佳本。《中兴间气集》成书于德宗初年，较《文苑英华》恰恰早了三百年，当时张继去世大约仅三五年，应该是最接近原貌的文本。这就影响到诗意的理解。这里的松江当然不是上海的松江区，而是今苏州河上游在苏州远郊的一段。近处没有寺庙，也没有桥，只有月落乌啼，江枫渔火，荒寒的远山间传来隐约的梵钟，伴随诗人无眠的夜晚。如是而已。

再说一例，唐末女冠鱼玄机的名篇：

羞日遮罗袖，愁春懒起妆。
易求无价宝，难得有心郎。
枕上潜垂泪，花间暗断肠。
自能窥宋玉，何必恨王昌。

南宋书棚本《唐女郎鱼玄机诗》的记载，题作《赠邻女》，《全唐诗》八〇四同，也就是说此诗是宽解邻女而作，近似于邓丽君唱的《南海姑娘》，当然也有情场说法的味道。难怪明末黄周星评此诗云：“鱼老师可谓教猱升木，诱人犯法矣。”近年“老师”的这一用法很流行，语源在此。另见五代后蜀韦縠编选《才调集》卷一〇，题作《寄李亿员外》。孙光宪《北梦琐言》说此诗是“怨李公”，也就从此层理解。鱼玄机出家前是李亿的妾，彼此缠绵得很，有《春情寄子安》等诗为证。第三种说法见《太平广记》卷一三〇引《三水小牍》，只引了“易求无价宝，难得有心郎”两句，说是她因打死婢女下狱后所吟。这类似于小说，不免虚构。两说何者为是呢？《赠邻女》是说别人的事，《寄李亿员外》是说自己，关键是最末二句，含二典故，一是宋玉《登徒子好色赋》所谓东家绝色女子“登墙窥臣三年”，从女方说，则指遇到宋玉般美男。崔颢《古意》云“十五嫁王昌，盈盈出画堂。自矜年正少，复倚婿为郎”，遭到李邕呵斥，指其轻薄。《襄阳耆旧传》云王昌

“姿仪俊美，为时所共赏”，是说曾相许的男子，而今已分手者。如果是写给李亿的，那就是说，自从遇到你，我再不记恨以前的那个负心人了。如果说是写给邻女的，则是“旧梦失去有新侣作伴”，“何必太过悲伤”。何者为是呢，都可以说通，似乎自述感受更接近些吧！

唐诗流传千年，常从诗题到诗句都有很大的不同，需要学者认真考索文本，寻找真相。不过记载纷歧，错讹多有，清理并不容易，只是我们必须明了不是所有见于权威著作的记载都是可靠的。

比方《全唐诗》，康熙皇帝领衔，江宁织造开局，十位翰林预修，够权威吧？其实书成众手，又延续明末荒疏的学风，有时真可以错得离谱。该书卷七二〇据《锦绣万花谷》收裴说“一通红锦重，三事紫罗轻”等佚句，注“以下绣石书堂”，当然指诗题，粗粗一瞥，这是唐末书院或书斋的珍贵记录。可是遍检《锦绣万花谷》，绝无此诗题。偶然眼光飘出书页外，发现此书明刻本每页中缝都有“绣石书堂”几个字，原来抄书的先生那晚恰好倦了，将明代的刻书单位误为唐人诗题。

说古人容易，今人也易犯错，我自己曾有过惨痛的记忆。1987年受命修订《全唐诗外编》，保存了郭沫若鉴定的《坎曼尔诗笺》。到1991年见到杨镰的考证，惊悉作伪者居然还在世，所幸还来得及从书稿中撤下，不然可够糗的了。

李白《静夜思》不存在中日传本的差异[1]

床前明月光，疑是地上霜。
举头望明月，低头思故乡。

《唐诗三百首》中的这首李白《静夜思》，传播极广，现在几乎所有牙牙学语的孩子都能成诵。春节期间，好事者颇为传递一则消息，说在日本留学的某华裔初中生，在日本教科书中发现李白的《静夜思》作“床前看月光，疑是地上霜。举头望山月，低头思故乡”，提出中日传本的不同。台湾《中国时报》、新加坡《联合早报》都做了报道，中新网作了转载，于是内地大小传媒都乐于转载这一“重大”发现，网上讨论更是不亦乐乎。《联合早报》2月4日还发表《日本人为何没篡改李白〈静夜思〉》。国内有人更举出1984年新疆师范大学薛天纬教授对此的研究，以捍卫中国学者的荣誉。

其实，这首诗的李白原文和明清传本的差别，对研究唐诗达到入门水平者来说，是几乎人所皆知的老问题。一位中学生读书中发

1　本文原刊于《东方早报》2009年2月15日。

现文本的差别，提出问题很正常，奇怪的倒是各家媒体不分青红皂白地起哄，就有些不负责任了。

我们现在可以见到大约一千首左右李白的诗歌，最主要的来源，第一是李白本人的文集，第二是唐宋时期的各种诗文选本，第三是唐宋时期的各种史书、笔记、诗话、类书、地志等。李白生前曾托友人魏颢编《李翰林集》二卷，临终又托李阳冰编《草堂集》十卷，均不传。宋初乐史编《李翰林集》二十卷、《别集》十卷，宋咸淳刻三十卷本，即源出此本，1980年江苏广陵古籍刻印社曾影印。北宋学者宋敏求据上述诸集，又广求文献，编成《李太白文集》三十卷，包括序碑记一卷、歌行二十三卷、杂著六卷。元丰三年（1080）晏知止刻于苏州，为李集最早刻本。今存宋蜀刻本两种，均源出晏本：一为足本，今藏日本静嘉堂文库（即清末陆心源皕宋楼旧藏），有日本京都大学人文科学研究所影印本、台湾学生书局1967年影印本、巴蜀书社1987年影印本等；一为残本，藏中国国家图书馆，有上海古籍出版社1994年影印本。另清康熙五十六年（1717）缪曰芑刻本，称据晏本翻刻，今人考定所据即今静嘉堂文库本。旧时流传较广的宋杨齐贤、元萧士赟《分类补注李太白诗》二十五卷，以及清王琦《李太白诗集注》三十六卷，重在注解李诗，版本则稍晚于前述诸本。以上各本以及《全唐诗》所录《静夜思》文本，都是“床前看月光，疑是地上霜。举头望山月，低头思故乡”，几乎没有异文。

敦煌遗书和日本平安早期的古写本中，都没有李白此诗。宋代唐诗总集引到李白此诗的，一是北宋郭茂倩《乐府诗集》卷九十，手边的宋、明二本均同文集之文本；二是南宋洪迈《万首唐人绝句》五言卷一，亦无差别。直到明初高棅编《唐诗品汇》，所收还是没有两个“明月”的文本。

那么，《静夜思》的两个“明月”是从什么时候出现的呢？探究的人很多，但就我所知，到现在为止，在这一课题上做得最彻底的是日本关西大学的森濑寿三教授。大约十七八年前，森濑教授曾到复旦中文系作关于此诗的学术报告，有两点印象很深刻。一是关于此诗的异文，他充分调查了三十八种文本的异文，最后的结论是，两个“明月”的文本，最早出现在明代中期李攀龙编选的《唐诗选》中，明清选本或沿袭其文本，尤以《唐诗三百首》影响最大。他在报告会上分发了他做的各本异文统计表，密密麻麻两大张，足见治学的严肃。除了前述两种文本，另有一些细节的出入：首句作“看月光”三句作“望明月”者，以万历刊明黄习远窜改本《万首唐人绝句》为早；首句作“明月光”而三句作“望山月”者，则以清沈德潜《唐诗别裁集》为代表。二是两种文本的优劣，森濑教授也有很仔细的分析。他显然更赞赏未经明人改动的文本，为此他还仔细揣摩李白作此诗时到底是坐着还是站着，引起听讲者极大的兴致，至今我还记得他为此几度起立讲说的神情。森濑教授的论文刊于《唐代文学研究》第三辑（广西师范大学出版社，1992），那张表也附于文末。

李白这首诗，只有李白原作和明人（应该就是李攀龙）改作的区别，不存在中日传本的不同。至于中、日教科书中选取不同文本作为教材，大约一是尊重明清以来文本的家喻户晓，一是尊重李白原作的面貌，各有考虑立场的不同。就如学者可以坚持《登鹳雀楼》王之涣作的可能不大，《清明》也未必是杜牧所作，但对于一般读者来说，不妨继续认可其著作权。

戴叔伦诗补订[1]

我与蒋寅认识是1988年9月在太原。此前一年在《中华文史论丛》1986年四辑上看到他的《戴叔伦诗考述》，极其钦佩。《戴叔伦集》是著名诗人中窜乱得最昏天黑地的集子。从明末胡震亨《唐音统签》开始，就说戴集中有大量伪诗，后来傅璇琮、富寿荪、周本淳又有不少纠订，知道其中有宋王安石、元代丁鹤年、明初汪广洋、刘崧等诗。比方曾收入《唐诗一百首》的《兰溪棹歌》："凉月如眉挂柳湾，越中山色镜中看。兰溪三日桃花雨，半夜鲤鱼来上滩。"其实是汪广洋同题三首之一。但伪诗主要来源还不太清楚。蒋寅查明其中误收了张以宁、刘绩等大批伪诗，将戴集整理推进了一大步。那年头古籍数码化还没有发明，所有书都要一本一本地去翻，有这些发现，不仅对戴诗都熟，还不知翻了多少宋、元、明人文集，方有这些收获。勤奋如此，当然值得交往。认识后知道，这些都是他硕士期间的工作。博士毕业到中国社会科学院文学所工作后，他于1989年3月完成《戴叔伦诗集校注》，分三编，正编为可信戴诗一百八十四首，其二为备考，即怀疑而无从确证者，得六十

1　本文原刊于《东方早报》2015年1月24日。

首，其三为伪诗，凡五十四首。这当然是极精密而稳妥的处理，出版后即备得好评。2010年，该书出版修订本，参考今人熊飞、方孝玲之考证，据钱谦益《列朝诗集》和曹学佺《石仓历代诗选》，确认《早春曲》《白苎词》《过贾谊旧居》三篇，为明人苏平作；又据杭州径山云居寺为唐代宗时法钦建，因而确认《题净居寺》云"玉壶山下云居寺，六百年来选佛场"，为代宗后六百年人作，时已至元明之际。补充一句，拙辑《全唐诗续拾》卷二二据光绪《松阳县志》卷一一录武元衡《云居寺》，与戴集下所收为同一诗，唯寺庙所在从玉壶山移至玉峰山，此自是方志存诗之常见伎俩。

近年董理唐诗，在蒋寅所知外又有一些新的发现。先说辨伪。《泛舟》："风软扁舟稳，行依绿水堤。孤尊秋露滑，短棹晚烟迷。夜静月初上，江空天更低。飘飘信流去，误过子猷溪。"《宿灵岩寺》："马疲盘道峻，投宿入招提。雨急山溪涨，云迷岭树低。凉风来殿角，赤日下天西。偃腹虚檐外，林空鸟恣啼。"二首皆元初张弘范诗，见其所著《淮阳集》。前首题作《泛舟继韵》，仅"绿水"作"绿柳"之异。后首《淮阳集》仅题作《宿》，显有夺文，或可据戴集补。全诗仅"檐"作"帘"，余均同。此张弘范即崖山之战元军主将，后人讥为"宋张弘范灭宋于此"者。谁想其诗还能混入《全唐诗》，不能不佩服其力气之大。

《泊雁》："泊雁鸣深渚，收霞落晚川。柝随风敛阵，楼映月低弦。漠漠汀帆转，幽幽岸火然。壑危通细路，沟曲绕平田。"为王安石诗，见《临川集》卷二六。

《宫词》：“紫禁迢迢宫漏鸣，夜深无语独含情。春风鸾镜愁中影，明月羊车梦里声。尘暗玉阶綦迹断，香飘金屋篆烟清。贞席（本作‘真心’）一任蛾眉妒，买赋何须问马卿。”为明初苏伯衡《拟唐宫词》，见《明文在》卷一二，《列朝诗集甲集》卷一二作“苏编修伯衡集外诗”。伯衡字平仲，苏辙十世孙，婺州金华人，明初为处州教授。

《宿无可上人房》：“偶来人境外，何处染嚣尘。倘许栖林下，僧中老此身。”仅因无可与戴时代不相及而断为伪诗。今人王佃启《戴叔伦若干诗作辨伪补正》（刊《中国社会科学院研究生院学报》2006年3期）认为四句为集权德舆、王勃、刘长卿、卢纶诗而成。另《山居》，蒋寅录入备考，王文也认为是据杜荀鹤、刘长卿、祖咏、张祜诗集句而成。虽不知何人所集，因集句肯定起于北宋石延年、王安石，故决为宋后诗。王文刊于蒋寅供职单位的学生刊物，恰应了失诸眉睫的古语。

《晖上人独坐亭》：“萧条心境外，兀坐独参禅。萝月明盘石，松风落涧泉。性空长入定，心悟自通玄。去住浑无迹，青山谢世缘。”蒋断为伪诗，但又疑陈子昂集屡见晖上人，因疑“即晖上人赠子昂之原唱”。今人熊飞则谓明曹学佺《石仓历代诗选·明诗次集》七收有明郭廑《晖上人独坐亭》，与此或为同时作。

《听霜钟》二首，皆无名氏诗，《文苑英华》卷一八四收戴《晓闻长乐钟声》，后失署名，无归戴集；蒋一入备考，一入伪诗，殊无必要。

次说存真。蒋书列入备考的《九日与敬处士左学士同赋采菊上东山便为首句》：“采菊上东山，山高路非远。江湖乍辽敻，城郭亦在眼。昼日市井喧，闰年禾稼晚。开尊会佳客，长啸临绝巘。戏鹤唳且闲，断云轻不卷。乡心各万里，醉话时一展。乔木列遥天，残阳贯平坂。徒忧征车重，自笑谋虑浅。却顾郡斋中，寄傲与君同。”见国图藏明抄本宋蒲积中编《古今岁时杂咏》三四。该书之四库本于卷三三至三五录九日重阳诸诗，删略过甚，唯明抄尚存全貌，或为蒋寅披检偶疏。

略作补订，增戴真诗一首，删伪诗九首，备考待定者还有五十首。所谓作案容易破案难，信然。

古人文集之今注本，最近三十年出版已经不下数百种，质量参差不齐，一般评价上海古籍出版社和中华书局两套古典文学丛书中的多数堪称精品。近年因作者与出版社之努力，仅唐集已经见到卢照邻、孟浩然、岑参、韦应物、戴叔伦、李商隐各集出版了增订本，如陶敏增订韦集篇幅增加三分之一，实在是很好的事情。笺注者深研有悟，得失自知，书出后读群书另有感受，有生之年得机缘增补两三次，留给后世极其难得的学术经典。

大梅法常二偈之流传轨迹[1]

大梅法常是中唐的一位禅宗僧人，平生存世仅二禅偈。《全唐诗》收入二偈，但都不在他本人名下，再仔细斟酌，其偈居然为僧、道二家皆乐于引申发挥。幸亏日本尚存其语录，可以据而恢复真相。在唐诗流布史上，是很特殊的案例。请述其始末。

释法常（752—839），俗姓郑，襄阳（今属湖北）人。幼出家于荆州玉泉寺。年二十，于龙兴寺受具足戒。后师马祖道一，得嗣禅法。德宗贞元十二年（796），自天台移居明州余姚南七十里之大梅山，其地即汉梅子真旧隐处。世称大梅和尚，习称大梅法常。文宗开成初建成寺院，四方僧侣请学者达六七百人。开成四年九月卒，年八十八。事迹见《祖堂集》卷一五、《宋高僧传》卷一一、《景德传灯录》卷七本传。

法常谈禅语录，门下辑为《明州大梅山常禅师语录》，中国不传，日本金泽文库藏有旧抄本，今存称名寺，日本学者日置孝彦撰《明州大梅山常禅师语录之相关考察》有校录本，刊《金泽文库研究纪要》第十号（临川书店，1989）；贾晋华《传世洪州禅文献考

1　本文原刊于《古典文学知识》，2017年1期。

辨》（《文史》，2010年第二辑）也有考及。

《明州大梅山常禅师语录》存法常偈二首。其一有写作始末之叙述：

> 唐贞元中，盐官会下有僧因采拄杖迷路，偶到庵所，遂问云："和尚住此山多少时？"师云："只见四山青又黄。"僧云："出山路向什么处去？"师云："随流去。"僧归，举似盐官，官云："我在江西时，曾见一僧，自后不知消息，莫是此僧不？"遂令僧去招之，师答以偈云："摧残枯木倚寒林，几度逢春不变心。樵客遇之犹不顾，郢人那得苦追寻？"

盐官和尚姓李，法名齐安，也是马祖弟子，与法常算是前后同学，他振锡传法之地在杭州盐官镇海昌院。他的门下有僧人迷路，偶然涉足法常所在之地，于是询问："和尚住此山多少时？"法常不作正面回答，仅云四季循环，四山春则见青，秋则转黄，周而复始。也就是说自己已经记不得经过了多少岁月，同时也包含远离世俗，不记岁月多少之态度，因为计算年月仍是俗虑不忘。僧进而问具体之问题，即从你所住寺院，如何出得山去，这是迷路者希望给以指点道途。法常答曰"随流去"，也就是随着溪流下山，自然可以找到下山的道路，同时也包含任随自然、不作刻意矫行的态度。僧人回到盐官，将此段经历说给齐安禅师，齐安马上认准这位高僧应该就是他在江西马祖席上的同学法常，于是再令僧到大梅山礼请法常，法常作此偈为答。

偈是一种僧人所作的韵文，早期翻译佛经中也多有之，但多不押韵，文彩也不甚讲究。但唐代僧人则以说偈来传达佛理，所作也多采取古今体诗歌的格式，法常此偈就属于这类作品，已经是很成熟，且严格讲究押韵和平仄协调的一首七言绝句了。前二句说自己在山间看到四季的变化，但始终没有放弃远离尘俗的信念。冬天来了，北风峭冷，摧残群芳，万树凋零，自己独倚寒林，坚守寂寞。春暖花开，万物肇始，自己的内心也没有任何变化。偶然遇到山间打柴的樵夫，自己仍旧修法，从来没有受外物的影响。“郢人”是用《庄子》里舞斤成风的郢客来比喻关心自己的齐安法师，是说齐安当然是比樵夫更具才能的高人，但是你坐你的庙，我修我的禅，我不麻烦你，可否请你也不要苦苦相逼。言下之意，我坚持自己的修道，请你不必影响于我。

第二首，《明州大梅山常禅师语录》殿于卷末，仅题《迁居颂》，其文云：

一池荷叶衣无尽，数树松花食有余。
刚被世人知住处，更移茅舍入深居。

仅就文意说，与前偈似有连续性，即前偈说自己坚持自己的选择，不愿意随人左右，此偈则说既然已经被世人找到了自己的居处，只能将茅舍迁入更远的山间居住。偈仍然是很讲究平仄变化的七言绝句。前二句说虽然山居生活艰苦，但有满池荷花，即便以荷叶为衣，自己也已一生穿用不匮，而数树松花，也足以饱啖为生。衣食无忧，自是修禅的好居处，又何必踏足红尘呢？《语录》没有叙述此偈的本事，但南宋人撰《宝庆四明志》卷一三则叙述甚详：

> 大寂闻法常住山，乃令一僧到问云："和尚见马师得个什么，便住此山？"法常云："马师向我道即心是佛，我便向这里住。"僧云："马师近日佛法又别。"法常云："作么生别？"僧云："近日又道非心非佛。"法常云："这老汉惑乱人，未有了日。任汝非心非佛，我只管即心即佛。"其僧回举似马祖，祖云："大众，梅子熟也。"法常又有诗云（诗略）。

引偈此称诗，文字仅"更"作"又"，故此处从略。大寂即马祖道一，是法常的授法师，可能在齐安追问未果后，更将所知告马祖，马祖乃更遣僧去询问，这回法常不能不见了。马祖所问是，你在我这里得到了什么禅法，以致远避尘世，远住此山以修禅。法常的回答是，老师要我"即心是佛"，即通过自己的内省而修法，自己于是就到山间居住。来僧说，马师近日佛法已经大变，不讲即心是佛了，转而讲非心非佛了。这应该是一代宗师马祖禅法前后的重要变化，也可知法常应是马祖早期的弟子。法常闻僧说如此，情绪有些激动，大呼“这老汉惑乱人”，你怎么可以一会儿变一套禅法，简直是在糊弄人。但我只相信以往所得到的“即心是佛”的禅法，你去说你的“非心非佛”，我还是相信当年听闻的那一套。马祖听闻后，不以为非，乃对僧众宣布：“梅子熟也。”即认为由于法常的坚持，他的修法已经获得了正果，给以高度礼赞。

法常虽仅存此二偈，但此二偈不同于一般僧人偈颂之喜谈佛理，过于抽象，而是用很具体生动的形象来表达自己执拗的追求，绝不随波逐流。二偈文辞讲究，声韵谐和，连二三句间的粘连也很规范，可以见到作者驾驭文辞的娴熟能力。如果他平日坚持写作，应该有许多作品。

然而以上二偈，《全唐诗》收了，却全部在他人名下。前一首，《全唐诗》卷八二三误收于耽章（即曹山本寂）名下。南唐静、筠二僧撰《祖堂集》卷八《曹山和尚》云：“钟陵大王向仰德高，再三降使迎请，师乃托疾而不从命。第三遣使去时，王曰：‘此度若不得曹山大师来，更不要相见。’使奉旨到山，泣而告曰：‘和尚大慈大悲，救度一切。和尚此度若也不赴王旨，弟子一门便见灰粉。’师云：‘专使保无忧虑。去时贫道附一首古人偈上大王，必保无事。’偈曰：‘摧残枯木倚青林，几度逢春不变心。樵客见之犹不顾，郢人那更苦追寻？’使回通偈，王遥望山顶礼曰：‘弟子今生决定不得见曹山大师也。’如是二处法席咸二十年，参徒冬夏盈于二百三百。”曹山之地在临川，即今抚州。钟陵大王指唐末割据江西的军阀钟传，其人礼敬文士，重视佛法，有许多轶事为人称道。他听闻曹山本寂之名，心向往之，因而有些霸王硬上弓般地再三派使者去邀请。曹山巧妙应对，引法常偈作为自己不受邀约的原因。在使节认为和尚若不赴请，可能会殃及自己生命时，曹山引此偈说明不赴约完全是因为自己修禅的缘故。曹山法名本寂，俗姓黄，出生于法常去世之次年，但他似乎仅知此为僧界流传之古人偈，也不一定能确切了解作者及本事。所引偈有几字不同，这是正常的现象。

《祖堂集》既说曹山所引为古人偈，则显然非其本人作。但以后辗转流传的著作，如《禅林僧宝传》卷一即作曹山诗，忽略了引他人诗的事实。而《莆阳比事》卷七、《莲堂诗话》卷上、《八闽通志》卷八六、《唐音统签》卷九〇八则取曹山别名耽章以传。《全唐诗》编修于清康熙间，那时的学者多数对僧史很生疏，于是不加鉴别地收在耽章名下。《明州大梅山常禅师语录》当然是可靠的最早记载，其实在《景德传灯录》卷八、《祖堂集》卷八、《五灯会元》卷三、《苕溪渔隐丛话后集》卷三七引《传灯录》等记载中，皆作法常不误，可惜当时未作深究。

《迁居颂》的传误情况更复杂。《全唐诗》卷八六〇收于许宣平名下，题作《见李白诗又吟》，诗云："一池荷叶衣无尽，两亩黄精食有余。又被人来寻讨着，移庵不免更深居。"最早记录见《云笈七签》卷一一三："天宝中，李白自翰林出，东游经传舍，览诗吟之，叹曰：'此仙人诗也。'诘之于人，得宣平之实。白于是游及新安，涉溪登山，累访之不得，乃题诗于庵壁曰：'我吟传舍诗，来访仙人居。烟岭迷高迹，云林隔太虚。窥庭但萧索，倚杖空踌躕。应化辽天鹤，归当千载余。’宣平归庵，见壁诗，又吟曰：‘一池荷叶衣无尽，两亩黄精食有余。又被人来寻讨着，移庵不免更深居。’其庵后为野火烧之，莫知宣平踪迹。”更早且较完整记载许宣平故事者为南唐沈汾《续仙传》卷中，记许为新安歙人，睿宗景云中，隐于城阳山南坞，结庵以居。时或负薪以卖，常挂一花瓢及曲竹杖。每醉则吟诗。历三十余年，或济人艰危，或救人疾苦，人访之则不见。李白曾见访不遇，乃于其庵壁题诗，许见而作此诗。从目前所知说，李白、许宣平诗事大体为唐末人附会成篇。现既知“一池荷叶”篇本为大梅法常所作，而被神仙家编派为许诗。本来，法常此偈即颇有道风，如荷蓧丈人本为古仙，以松花为食更近道家行为，因而稍加改动而成神仙事迹，也就不奇怪了。

到南宋初董棻编《严陵集》卷二，更收此篇为罗万象《白云亭》，诗云：“一池荷叶衣无尽，数树松花食有余。刚被世人知住处，不如依旧再移居。”前三句全同，仅末句文字几全异，但意思则同。沈汾《续仙传》卷中云：“罗万象，不知何所人。有文学，明天文，洞深于《易》，节操奇特。惟布衣游天下，居王屋山。久之，游罗浮山，遂结庵以居。”《舆地纪胜》卷八引晏殊《类要》云：“唐罗万象者，分水县人也。隐于紫逻山。节度使李德裕使人召之，闻之，更移入深山，依白云而居，终身不出。”看来至少在宋初，法常偈已经附会到罗身上去了。《全唐诗续补遗》卷六据以补为罗佚诗，看来也有问题。今人曹汛撰《全唐诗续补遗订补剩稿下编》（刊《文史》三十四辑）谓《五灯会元》卷三收大梅法常偈，与此多同。虽引书证稍晚，但结论是对的。

此外，清邓嗣禹编《沅湘耆旧集》卷一〇引此颂作隐山和尚偈，亦误。据《祖堂集》卷二〇载“洞山行脚时，迷路入山，恰到师处”。估计因故事相近而传误。所出较晚，不详辨。

以上略述大梅法常禅师二偈之流传始末，足为唐代文学作品流传的特殊个案。若非日本金泽文库本《明州大梅山常禅师语录》的完整保存，可能二偈到底为谁所作，还会有许多的争议。而清编《全唐诗》虽称皇家工程，且能接续明末清初多位学者的工作，但疏于考订，鉴别不精，且迫于皇命，仓促成编，虽流传甚广，但其可信程度实在很值得怀疑。禅僧偈颂，再三被误传为道教神仙家的故事，也确属难得的个案。今人喜谈写本时代的文本形态，我仅能作部分的赞同。其实，从法常二偈的个案故事来说，我则认为写本、刊本以及谈论之类口耳相传的民间流播，都会造成作品的传误与变形；特别是后者，几乎每一时代都有许多变讹或再创作的例子。若不究根寻源，区分信值和主次，区分可靠文本与传说文本，祛伪存真，还原真相，总难让读者充分信任。这项工作，正是负责任的唐诗研究者应该担负的。

改一个字好难[1]

上月初，博雅讲坛约我为新著《贞石诠唐》作讲座并签售，贴出海报，说到对《本事诗》作者孟启家世的研究，微信中立即读到斥谬的回应：“居然将《本事诗》作者孟棨说成孟启。”满脸之不屑。这让我想到许多年前，《辞海》2009年版刚出的时候，咬文嚼字成名的金文明先生说到校对的疏失，也曾以这个字为例。我马上声明，这是应我要求隆重改过来的。但我最近几年所写文章，又有多次编辑很负责任地替我改为孟棨，真让我不知如何解释。

为什么几乎所有人都认为《本事诗》作者是孟棨呢？因为《四库提要》有明确的结论：“《新唐书·艺文志》载此书，题曰‘孟启’，毛晋《津逮秘书》因之。然诸家称引，并作‘棨’字，疑《唐志》误也。”皇家钦定，纪晓岚执笔，够权威吧，“诸家称引，并作‘棨’字”，说得如此绝对，不容你不信。余嘉锡《四库提要辨证》卷二四有疑问，云“各家刻本，皆作‘孟启’”，“《宋史·艺文志》《书录解题》亦皆作‘启’”，仍存疑。台湾学者王梦鸥《本事诗校补考释》进一步举衢本《郡斋读书志》卷二〇

1　本文原刊于《文汇读书周报》2016年8月23日。

引五代吴处常子《续本事诗》序，“称孟启为孟初中，衡以名字相副之例，则作‘启’者似是也”。日本学者内山知也作《本事诗校勘记》（收入《隋唐小说研究》，木耳社1978年），遍校了《本事诗》十四种传本，确定仅三本存自序，而署名均作“启”。作“孟棨”则首见五代王定保《唐摭言》卷四《与恩地旧交》：“孟棨年长于小魏公。放榜日，棨出行曲谢。沆泣曰：‘先辈吾师也。’沆泣，棨亦泣。棨出入场籍三十余年。”后用其说者皆沿袭此书。

就以上诸家研究，《本事诗》作者是孟启而非孟棨，应该已经可以作结论。更有力的证据则来自石刻。十多年前洛阳出土孟启家族四方墓志，一是《唐孟氏冢妇陇西李夫人墓志铭并叙》，称“咸通十二年辛卯五月戊申，进士孟启之妻陇西李氏讳珮，字德昭，以疾没于长安通化里之私第”。“启读书为文，举进士，久不得第”，为妻撰墓志倾诉了对不起亡妻的地方，自负中更感世事不公。二是乾符二年（875）十月撰叔母萧威墓志，自署“凤翔府节度使推官、前乡贡进士孟启撰”，晚于前志四年，这回已经登进士第，也与徐松《登科记考》据《唐摭言》上引记载推定的乾符元年登第时间契合。三是其叔孟璲墓志，时间要早很多，署“侄启书并篆盖”。

来自石刻与存世文献的众多证据，可以确信孟启正确，孟棨为传误，似乎已经完全没有再讨论的余地。至于如何让所有读者都接受这一结论，我觉得真的没有太多办法。由此而有所感慨，越是权威的学者，作结论时尤其要小心，想当然地就说“诸家称引”，实在不合适。具体的学术分歧，在没有确凿证据时可以存疑，石刻存当年文献，且出孟启自书，因而可作结论。在文献不足征时，学者不必追求一定作结论。比方《本事诗》中有一句“开成中余罢梧州”，或认为他曾任梧州刺史，但在登第前四十年，显然不可能，即便我证明孟启父亲孟管开成初因甘露事变牵连而贬梧州司户参军，接近真相了，但这句仍难得确解，还是存疑吧。今人多喜欢在文献不够的情况下强作结论，或者在知识不对等的情况下强辩是非，看起来轰轰烈烈，其实没有多大意义。

“更无一个是男儿”考辨[1]

君王城上竖降旗，妾在深宫那得知。

十四万人齐解甲，宁无一个是男儿。

最近半年多，这首诗引用频率很高，也引起许多讨论。其间是非当然与这首诗本身无关，我也无意参与讨论。这里只讨论此诗的文本差异和作者归属。

前引诗见《全唐诗》卷七九八，题作《述国亡诗》，收在花蕊夫人名下。较早记载见于传为江西派诗人陈师道所作《后山诗话》：“费氏，蜀之青城人。以才色入蜀宫，后主嬖之，号花蕊夫人。效王建作《宫词》百首。国亡，入备后宫。太祖闻之，召使陈诗，诵其《国亡诗》云：‘君王城上竖降旗，妾在深宫那得知。十四万人齐解甲，更无一个是男儿。’太祖悦，盖蜀兵十四万，而王师数万尔。这位花蕊是后蜀后主孟昶之妾，蜀亡归宋，因此或有与宋太祖赵匡胤之问答。但南宋初曾依附秦桧而学问很好的吴曾马上发现了问题，在所著《能改斋漫录》卷八指出：“前蜀王衍降，

1 本文原刊于《东方早报》2013年8月25日。

后唐王承旨作诗云：‘蜀朝昏主出降时，衔璧牵羊倒系旗。二十万人齐拱手，更无一个是男儿。’其后花蕊夫人记孟昶之亡，作诗云：‘君王城上竖降旗，妾在深宫那得知。二十万人齐解甲，更无一个是男儿。’”陈无己《诗话》载之，乃知沿袭前作。即花蕊只是根据前蜀末王承旨之诗，略改数字以对宋太祖之问。诸书引花蕊诗的文本差异，一是“二十万”和“十四万”之区别，二是“更无”和“宁无”的不同。前者大约是为符合宋征蜀军数而有所改动，后者仅是语气的不同，较早的《后山诗话》和《能改斋漫录》应较可信，宋人作“宁无”则见《优古堂诗话》，但该书基本是抄袭《能改斋漫录》而成，并无创见。此外，宋末蔡正孙编《唐宋千家联珠诗格》卷一七作“也无”，较晚出。《全唐诗》的题目为后人所拟，明钟惺《名媛诗归》卷一七拟题《口占答宋太祖》，是另一立场的拟题。

旧传《花蕊夫人宫词》百首也是这位孟昶妃费氏所作。近人浦江清撰《花蕊夫人宫词考证》（刊《开明书店二十周年纪念文集》，开明书店1946年），从“法云寺里中元节，又是官家降诞辰”展开考索，知中元节为前蜀后主王衍的生日，又据史籍可见前蜀宫观池苑的记录，与《宫词》参证，多见契合；从而证明《宫词》为宋崇文院传出，其作者为前蜀太祖王建的小徐妃，其人即王衍之母，后主时被封为顺圣太后；诗则皆咏宣华苑中景物情事。

这首诗的另一作者王承旨，最早记载见于后蜀何光远撰《鉴诫录》卷五《徐后事》：“故兴圣太子随军王承旨（原注：失名），有《咏后主出降》诗曰：‘蜀朝昏主出降时，衔璧牵羊倒系旗。二十万军齐拱手，更无一个是男儿。’”何是后蜀前期人。《舆地碑记目》卷四《普州碑记》载：“《聂公真龛记》，在灵居山，军事判官何光远撰，广政四年（942）建。”今此碑尚在安岳圆觉洞第八十二龛，今人刘长久《中国西南石窟研究》有引。《鉴诫录》一书今存宋本，上海图书馆从海外购归，已影印。其成书时间不晚于后蜀后主中后期，所以此诗原作者肯定不是费氏。若宋人所载属实，则花蕊夫人费氏只是略改王诗以答宋太祖，也属急智。但我更怀疑此事只是文人的编造，假托才女的作品和轶闻，历代文人都乐此不疲。

那么这位“兴圣太子随军王承旨”是谁呢？兴圣太子是后唐庄宗的太子李继岌，是同光三年（925）后唐伐蜀的主帅。不过他还年轻，实权在权相郭崇韬手上。“承旨”是翰林学士承旨的简称，太子的随军绝不可能任承旨。因此，我认为此处《鉴诫录》的记载稍有出入。

原本陶宗仪《说郛》卷三四引《豪异秘纂》五则，二则有录文，其一《扶余国王》即今习称《虬髯客传》者，署张说撰，与今人考证恰合；其五《蜀石》，署王仁裕，内容与前引《鉴诫录》卷五《徐后事》大体相同，唯记载本诗作者时，称“故兴圣太子随军仁裕有《戮后主出降诗》曰”，录诗与《鉴诫录》仅一字不同，即“齐拱手”作“高拱手”。

《直斋书录解题》卷一一载：“《豪异秘纂》一卷，无名氏所录五事，其《扶余国王》一则，即所谓‘虬须客’者也。”是陶宗仪所见与陈振孙所载为同一书，虽编者不明，至少南宋时已经成编。若其所录《蜀石》为王仁裕撰，则知《鉴诫录》是据王文转引。

王仁裕（880—956），字德辇，天水（今属甘肃）人。是五代最著名的文士。他早年出仕岐王李茂贞为秦州节度判官。前蜀攻取秦凤诸州，他随入蜀，事王氏父子为中书舍人、翰林学士。在后唐已经发兵之际，他追随王衍及其母顺圣太后一行，于十月三日离开成都，迤逦北行，经汉州、绵州、凤州、剑州，流连风景，歌咏不绝。至二十九日知唐军已经迫近，始仓皇南归。王仁裕著《王氏闻见录》（《太平广记》卷二四一引）详细记载北行原委，且详录君臣唱和诗十多首，其中后主与王仁裕各有四首。《鉴诫录》卷五《徐后事》一篇，详细记录顺圣太后姊妹游历青城诸山之题咏十六篇，与《王氏见闻录》所载风格一致，非近臣不能知此。若《蜀石》出于王仁裕，即很好解释，若何光远则前蜀亡后十多年仅任普州军事判官，他叙前蜀徐后事当有所依傍。

《新五代史》卷五七《王仁裕传》载：“唐庄宗平蜀，仁裕事唐，复为秦州节度判官。王思同镇兴元，辟为从事。思同留守西京，以为判官。”叙蜀亡后王仁裕的经历，大体清楚，但稍简略。现在大体可以推定的是，前蜀亡，王仁裕当随王衍一行北上。王衍一家在长安被杀后，王仁裕随蜀百官入洛阳，大约明宗天成间回老家秦州任职。后为兴元节度使王思同判官。长兴间，王思同留守西京长安，王仁裕随行。其间他曾搜集玄宗遗事为《开元天宝遗事》一书，日本宽永十六年（1639）刊本卷首有序云：“仁裕破蜀之年，入见于明天子，假途秦地，振辔镐都，有唐之遗风，明皇之故迹，尽举目而可观也。因得询求事实，采摭民言。”（中国刊本所无）他还曾凭吊被害的王衍一家。元初周密《浩然斋雅谈》卷中载：“王仁裕过关中，望春明门，乃蜀后主被诛之地。乃作诗哭之曰：‘九天冥漠信沉沉，重过春明泪满襟。齐女叫时魂已断，杜鹃啼处血尤深。霸图倾覆人全去，寒骨飘零草乱侵。何事不如陈叔宝？朱门流水自相临。’”（《全唐诗》及《补编》皆失收）王衍归降北上，事类陈后主，本可不死，但因后唐乱起，政局不稳，遂在长安处决王衍一家，包括他的母亲顺圣太后，即有名的花蕊夫人。王仁裕在前蜀追随王衍母子多年，亲历了前蜀灭亡的全过程，还很可能目睹了王衍一家之被屠。数年后重经故地，特别悲愤伤感。

确定这首诗的作者是王仁裕，有没有特别的违碍呢？确实还有一些。一是“兴圣太子随军”，王仁裕是前蜀的翰林学士，不是随李继岌入蜀的随军。虽然不能排除王仁裕在王衍归降后，曾经协助李继岌处理过一些文书，只是目前没有确凿的证据。二是“王承旨”。王仁裕在后汉高祖天福十二年（947）曾任翰林学士承旨，时蜀亡已经二十多年。当然可以用《鉴诫录》成书于其任承旨以后来解释。三是王仁裕是王衍之近臣，以“昏主”相称，出语过重。但王衍之昏庸，皆王仁裕所亲见，且国亡主死，反思往事，也无不可。四是“二十万军”。《旧五代史·唐庄宗纪》载，蜀亡收得降军凡十三万。但历来诗人皆喜言成数，号称二十万又有何不可呢？

谁是花蕊夫人[1]

宋以来流传花蕊夫人宫词，有三十二首、八九十首或百首之说，明刻《三家宫词》已有误收，《全唐诗》所收多达一百五十六首，讹误极多。然其作者，则一般均认为是后蜀后主孟昶妃费氏。然其中一首云："法云寺里中元节，又是官家诞降辰。满殿香花争供养，内园先占得铺陈。"官家即皇帝，然孟昶生辰，史籍记载明确在天祐十六年（919）十一月十四日，并无异说，也无可置疑。清俞正燮《癸巳类稿》卷一二《书旧五代史僭伪列传后》提出质疑，认为可能是前蜀先主王建时事。近人浦江清撰《花蕊夫人宫词考证》（刊《开明书店二十周年纪念文集》，开明书店，1946），仍从此二句展开考索，据宋张唐英《蜀梼杌》卷上记载，知中元节即七月十五日恰为前蜀后主王衍的生辰，从而证明此组宫词为前蜀作品。又据史籍可见前蜀宫观池苑的记录，以及《宫词》中叙及之修仪、昭仪、婕妤等后宫人物，与史籍参证，多见契合，从而证明《宫词》为宋崇文院传出，其作者为前蜀太祖王建妃。

《铁围山丛谈》卷六载："花蕊夫人，蜀王建妾也，后号'小

1　本文为拙著《唐女诗人甄辨》（北京：海豚出版社，2014）中的一节。

徐妃'者。大徐妃生王衍，而小徐妃其女弟。”这是小徐妃亦称花蕊夫人的唯一记载。《新五代史·前蜀世家》与《蜀梼杌》记载，王建称帝后，纳徐耕二女为妃，姊为贤妃，妹为淑妃。贤妃生建幼子王衍，初封郑王，后因贤妃专宠，交结宦官与宰相，得立为太子。王衍嗣位后，尊其母为顺圣皇太后，淑妃为翊圣皇太妃。此外《资治通鉴》《十国春秋》皆以为大徐妃生王衍。浦江清续加考证，认为王衍母为小徐妃，其证据有五。一、《蜀梼杌》云“姊生彭王，妹生衍”。二、《鉴诫录》云：“长曰翊圣太妃，生彭王；次曰顺圣太后，生后主。”三、《鉴诫录》录顺圣皇太后《题青城夫人观》：“早与元妃慕至玄，同跻灵岳访真仙。”《题汉州三学山夜看圣灯》：“虔祷游灵境，元妃夙志同。”称元妃当是长姊而非妹。四、宋初黄休复《益州名画记》云：“王蜀少主命画师杜齯龟写先主太妃、太后真于青城山金华宫。”太妃居上，知为姊。五、《宫词》有“缘是太妃新进入，座前颁赐小罗箱”，知作者为太后而非太妃。可知花蕊夫人宫词作者即王衍之母，后蜀时被封为顺圣太后，诗则皆咏宣华苑中景物情事。浦氏之考证坚实确凿，可为结论，故知《全唐诗》不同卷次所收之花蕊夫人与蜀太后徐氏，实为同一人。

王衍嗣位后，姊妹二人专横一时，日导王衍游宴戏乐。《鉴诫录》卷五《徐后事》云：“姊妹以巡游胜境为名，恣风月烟花之性，驾辎軿于绿野，拥金翠于青山，倍役生灵，颇销经费。”“今徐氏逞乎妖志，饰自幸臣，假以风骚，庇其游佚，取女史一时之美，为游人旷代之嗤。及唐朝兴吊伐之师，遇蜀国有荒淫之主，三军不战，束手而降，良由子母盘游，君臣陵替之所致也。”认为徐氏姊妹应对前蜀之亡负相当责任，此为后蜀时人何光远的议论。南宋初蔡绦《铁围山丛谈》卷六：“在王衍时，二徐坐游燕淫乱亡其国。”此为宋人之认识。《鉴诫录》录姊妹二人游历青城山、三学山、天回驿之诗十六首，《太平广记》卷二四一引王仁裕《王氏闻见录》录王衍君臣在后唐已经起兵之际巡游秦州路途所作诗十余首，皆见当时荒唐情形。前蜀亡，王衍母子出降，次年初被押往洛阳途中，恰遇庄宗末之变乱，因而被赐死长安，结局很惨。其后王仁裕凭吊旧地，有“何事不如陈叔宝？朱门流水自相临”（《浩然斋雅谈》卷中）的感慨，其实也属咎由自取。

至《花蕊夫人宫词》传本，较早钞出者为宋神宗熙宁五年（1072）王安国于崇文院故书中发现，赏其文词，录出三十二首，有《续湘山野录》、《宾退录》卷一〇录《续成都集记》、《成都文类》卷一五等记载。后之传本则有林志尹《历代宫词》本、毛晋《三家宫词》本。《全唐诗》卷七九八所录多达一百五十六首，最为芜乱。浦江清校核诸本，考定《全唐诗》所录自第二十八首“内家宣锡生辰宴”以下至第六十三首“东宫降诞挺佳辰”之间三十六首为宋王珪作；自“树叶初成鸟护窠”以下二十一首为唐王建作；另“锦鳞跃水出浮萍，荇草牵风翠带横。恰似金梭擿碧沼，好题幽恨写闺情”一首，疑伪而未知谁作。此外，在明赵宧光订补《万首唐人绝句》中，有“后宫宫女无多少”“银烛秋光冷画屏”二首，亦伪，前首为王建作，后首则杜牧诗。毛晋《三家宫词》本有“鸳鸯瓦上瞥然声”和“雨洒瑶阶花尽开”二首，前者别作李舜弦或李玉箫诗，后者未详所出。

至于后蜀孟昶妃费氏，亦有二篇诗词之记载。传为江西派诗人陈师道所作《后山诗话》：“费氏，蜀之青城人。以才色入蜀宫，后主嬖之，号花蕊夫人。效王建作《宫词》百首。国亡，入备后宫。太祖闻之召使陈诗，诵其《国亡诗》云：‘君王城上竖降旗，妾在深宫那得知。十四万人齐解甲，更无一个是男儿。’太祖悦，盖蜀兵十四万，而王师数万尔。”南宋初吴曾《能改斋漫录》卷八提出质疑：“前蜀王衍降，后唐王承旨作诗云：‘蜀朝昏主出降时，衔璧牵羊倒系旗。二十万人齐拱手，更无一个是男儿。’其后花蕊夫人记孟昶之亡，作诗云：‘君王城上竖降旗，妾在深宫那得知。二十万人齐解甲，更无一个是男儿。’陈无己《诗话》载之，乃知沿袭前作。”王承旨，最早记载见于后蜀何光远撰《鉴诫录》卷五《徐后事》：“故兴圣太子随军王承旨（原注：失名），有《咏后主出降》诗曰：‘蜀朝昏主出降时，衔璧牵羊倒系旗。二十万军齐拱手，更无一个是男儿。’”《鉴诫录》大体为何光远作于后蜀中期，故传为花蕊的这首诗或者是略作改写以应对，甚至是北宋文人编造故实以备轶闻，皆未可知。王承旨，据我考证为五代著名诗人王仁裕，详拙文《“更无一个是男儿”考辨》[1]，刊《东

1 参见本书第214页。

方早报》2013年8月25日。另《能改斋漫录》卷一六载：“伪蜀主孟昶，徐匡璋纳女于昶，拜贵妃，别号花蕊夫人。意花不足拟其色，似花蕊翾轻也。又升号慧妃，以号如其性也。王师下蜀，太祖闻其名，命别护送。途中作词自解曰：‘初离蜀道心将碎，离恨绵绵。春日如年，马上时时闻杜鹃。 三千宫女皆花貌，妾最婵娟。此去朝天，只恐君王宠爱偏。’陈无已以夫人姓费，误也。”词调为《采桑子》。明杨慎《词品》云：“夫人题词于葭萌驿，仅成半阙，即为车骑促行。‘三千宫女’云云，乃妄人所续，言辞鄙俚，真狗尾续貂矣。”《全唐诗》卷八九九收此词前半，即从杨说，以后半片为后人补作不取。浦江清前文云：“夫以亡国之臣妾，流离道路，安忍有朝天宠爱之语，且与他书所传夫人蓄志复仇之人格，益复不类。”故可断为依托。

所谓《全本唐会要》辨伪[1]

唐苏冕纂《会要》，分类编次唐前中期九朝之制度变化，开创体例，厥功至伟。稍后崔铉《续会要》编次至武宗时。宋初王溥拼合二书为《唐会要》，唐一代制度得以大备，唯宣宗后增补甚少。是书存本皆缺卷七《封禅》至卷十下《皇后亲蚕》四卷，清人虽选摭文献填补，终非原书。今通行之二本：中华书局本据原《丛书集成》纸型影印，但另编张忱石《唐会要人名索引》，甚便学者；上海古籍出版社本为上海社科院历史所承担校点，已故方诗铭先生审阅定稿，曾参酌诸本，又据《玉海》补录四缺卷之佚文，堪称善备。此书大量涉及唐代制度之细节，向称难读难点，偶有出入，在所难免。多年前偶曾见此本卷五九有错页，即1194页倒2行“准监地”之“监”字下，应接1196页1行“如旧例”之“旧例”以下，至1197页4行“奏取都水”以上文字，错页适为《丛书集成》本之二页。推测当年校点者虽称以江苏书局本为底本，其实是用常见之《丛书集成》本为工作底本，偶因风吹或错插，因致误接。手边无新本，不知已改正否，述此以备轶闻。清风不识字，偶疏成舛乱，

1 本文原刊于《国学茶座》2013年创刊号。

可为整理古籍者戒。

两年前关于文怀沙的年纪和学问曾引起很大争议，我也稍有关心。他那部自诩“为中国文明聚原典，为千秋万代存信史”的《四部文明》，大约因为部帙太大，似乎至今未见人仔细解读。本系资料室稍早前得到转赠的这部书，稍作翻检，觉得大多据近代通行之善本，重新拼贴改装，即题作影宋本、影元本，至于原本弃藏何处，则并无说明，知大端为给不知古书者所读。特殊的文本也有几种，比方收入《隋唐文明卷·隋唐典章职官书汇七》所收《全本唐会要》，文氏亲自题签，大约也知存本皆缺，此为足本之可贵。

我乍见此书题，也惊其难得，稍作翻检，再用现在通行的手段检索，发现这所谓“全本”多出的四卷，几乎全部来源明白，但一概与《唐会要》无关。分卷说明如下：

卷七《封禅》：“王者易姓而起”节，见《白虎通义》卷下《封禅》篇；“王者所以巡狩”节，见同上《巡狩》篇；“诸侯所以考黜何”节，见同上《考黜》篇；“王者所以不臣三”节，见同上《王者不臣》篇；“天子下至士”节，见同上《蓍龟》篇；“圣人者何”节，见同上《圣人》篇；“风者何”节，见同上《八风》篇；“商贾何谓也”节，见同上《商贾》篇；“王者始立诸侯”节，见同上《文质》篇；“王者受命必改朔何”节，见同上《三正》篇；“王者设三教者何”节，见同上《三教》篇；“情性者何”节，见同上《情性》篇；“命者何”节，见同上《寿命》篇；“天左旋”节，见同上《日月》篇；“所以名为岁何”节，见同上

《四时》篇；“圣人所以制衣服何”节，见同上《衣裳》篇；“圣人治天下必有刑罚何”节，见同上《五刑》篇。就本卷来说，基本全抄《白虎通义》。《白虎通义》是东汉讨论儒家礼法之专著，世所习见，与述唐制度之《唐会要》毫无关系。

卷八：“上元元年”至“父老过者往往瞻拜”，节录《资治通鉴》卷二二一；自“出封丘门”至“归之以专杀之罪”，录《马氏南唐书》卷三《嗣主书第三》，将各年年号皆删去；自“司空孙晟”以下，至“一鼓而十四州之地掇如也悲夫”，录同书卷四《嗣主书第四》，亦将年号皆删去，但仍保存“建隆元年臣属于皇朝”云云；自“呜呼春秋之时君薨”至“而其名不祥乃败征也”，录同书卷五《后主书第五》。本卷除卷首数句外，全抄北宋马令《南唐书》。《唐会要》仅记唐一代的典章制度，五代部分王溥另撰有《五代会要》，后者只有很少内容涉及与南唐有关的事实。《唐会要》肯定不涉及南唐史实。

卷九：“降明诏修废学”以下至“辄敢言之”，录《元氏长庆集》卷二十九《论教本书》；自“元和三年六月一日”至“伏待刑辟”，录《唐文粹》卷二六上李行修《请置诗学博士书》；自“于戏圣人之道”至“天下以文化未必不由夫”，录同书卷二六上皮日休《请韩文公配飨书》，末“事如儒道而有之”数字未详所自；自“圣德修三代之教”至“伏惟陛下留神独听天下之幸也”，录同书同卷舒元舆《上论贡士书》；自“王者制礼必曰规模”至“务合于礼”，录同书卷二六下韦湊《驳义宗庙号书》；自“大孝惟舜”至

“真恳之至”，节录同书同卷高郢《谏造章敬寺书》；“兴元元年籍天下群髡”至“况去无用之髡也”，录同书同卷孙樵《复佛寺奏》，唯“兴元元年”为原文所无；“姚州古者哀牢之旧国”至“选择清良宰牧以统理之”，录同书同卷张柬之《请罢兵戍姚州书》；“历观前代自夏殷及汉氏之有天下”至“使万代遵行之”，录同书卷二七马周《请崇节俭及制诸王疏》；自“古先哲王立学官”至“安可不务之哉”，录同书同卷韦嗣立《请崇学校疏》；“自三代哲王已降”至“冀裨圣教以助皇风”，录同书同卷李绛《请崇国学疏》；“陛下创置右台”至“何妖孽之敢兴哉”，录同书同卷李峤《请每十州分置御史巡案疏》；“自贞观以来二十有二载”至“盛业与乾坤永大”，录同书同卷徐贤妃《谏太宗息兵罢役疏》；“谨按礼记月令”至“以顺天道”，录同书同卷王方庆《谏孟春讲武疏》，“天生四夷”至“可使二虏不击而服矣”，录同书同卷狄仁杰《请罢百姓西戍疏勒等四镇疏》。《唐会要》目录，此卷内容为《杂郊仪》，上述内容虽为唐人上书奏议，内容与此无关，且据《唐文粹》窃取也至为明显。

卷十：《亲拜郊》，重录前引《白虎通义》卷下《文质》篇；《杂录》，录同书卷上《谏诤》篇；《亲迎气》，节录同书同卷《礼乐》，唯末句“万物相逼而已”不详来源；《后土》，为同书同卷《社稷》，稍有改写；《藉田》，首二句来源不明，自“以道化下”以下录陆贽《翰苑集》卷三《诛李怀光后原宥河中将吏并招谕淮西诏》；《藉田东郊议》，首段前数句不明来源，自“至道之君”下，录同书卷六《策问贤良方正能直言极谏科》；此议第二段首十余字来源不明，自“贤士大夫共康理道”下，录同书同卷《策问博通坟典达于教化科》；第三段“三代之际粲然可征”至“择善而行”，录同书同卷《策问识洞韬略堪任将帅科》；“论道经邦”至“仍赐实封八百户余如故”，录同书卷七《浑瑊侍中制》；《九宫坛》自“为天下循行”以下，录《白虎通义·巡狩》；《皇后亲蚕》，首段，节录陆贽《翰苑集》卷一〇《赐吐蕃将书》；“圣人神疲力尽”至“皆得自然符契也”，录《唐文粹》卷四六来鹄《读鬼谷子》；“覆载之中”至“则三古之风日可复矣”，录同书同卷陈黯《辩谋》；“论曰王氏”以下至“公年八十”，录同书卷二四李翰《凤阁王侍郎传论赞并序》；自“弟子职”以下，录《白虎通义·衣裳》。

以上将《全本唐会要》所补四卷之全部内容来源揭出，其伪迹昭然，且作伪手段极其低劣。估计是明清人造此以售有钱好古而不读书者。惜乎文翁不学，再落此彀中。

所谓江标影宋《唐五十家小集》质疑[1]

江建霞（名标，1860—1899），清末有才有学有识之士。因参与戊戌事遭革职，次年即郁郁以殁，年仅四十。其于宋本书曾潜心研究，所著《宋元本行格表》（光绪刻本，广陵书社2002年影印），录珍本一千一百多种，分宋、元、影宋、影元、明翻宋、明仿宋诸本，详计版式、行款、字数，允称版刻史研究之佳构。

在其生前或身后，有署江标影宋《唐五十家小集》出，署题作“宋本唐人小集”，扉页署“灵鹣阁影刊，章钰署检”，牌记为“苏州察院场振新书社经印”，第一种《王勃集》后有“南宋书棚本唐人小集，光绪二十一年乙未（1895）影刻于湖南使院，元和江标记”题记。各集前多有“宋睦亲坊本”“元和江氏影刊”等字样，皆称据宋书棚本影印。今人胡学彦著《浙江历代版刻书目》（浙江人民出版社，2008年12月）据此书将五十种唐集一律著录为“南宋临安府陈宅书籍铺刊本”，若然，诚唐诗研究之无价瑰宝也。

然读其书，不能无疑。

1　本文原刊于《东方早报》2015年2月8日。

所收有《戴叔伦集》二卷，内容与活字本等本同，而自明季胡震亨《唐音统签》至今人蒋寅《戴叔伦诗集校注》所考戴集误采宋、元至明初诸人诗，赫然都在。若此集可信为宋本，则戴集无伪诗，诸家考证皆可废，且可揭发从宋王安石、元丁鹤年、明汪广洋、刘崧、张以宁等组成的作案长达三四百年的抄袭作伪集团。

对存世宋本之调查，国内以《中国善本书目录》为集大成，国外则以日本阿部隆一《宋元版所在目录》（收入《阿部隆一著作集》，汲古书院，1993年）为翔实。然此五十家集见于前书者，仅朱庆余、鱼玄机、唐求、李建勋四种，见后书者有张籍、李咸用两种（皆藏台湾）。清末至今百余年，宋元本之毁失似无此严重，何至五十种有四十多种已全无影踪?

经检僧诗集部分，多为分拆宋书棚本《唐僧弘秀集》而成。《唐僧弘秀集》为南宋李龏编，十卷，录唐僧人皎然以下五十二人诗五百首。再造善本影印中国国家图书馆藏本卷首残，缺末二卷，台湾“国家图书馆”所藏则为足本，台北世界书局2013年4月影印。牌记署“临安府棚北大街睦亲坊南陈解元宅书籍铺刊行”一行。五十集中僧人诗集有灵一、皎然、贯休、齐己、无可、尚颜六集。《唐僧弘秀集》卷一收皎然诗七十首，此本《唐皎然诗集》存诗数同，首题“菏泽李龏和父编”，仍《弘秀集》之所题，但版式已变改，且录文多墨丁，似所据《弘秀集》非善本故。《唐灵一诗集》《唐贯休诗集》《唐齐己诗集》，皆有“菏泽李龏和父编”之题，存诗数也与《弘秀集》卷二、卷六、卷七同，齐己末附无本四首仍存。《弘秀集》卷一〇存尚颜诗十八首，此本《唐尚颜诗集》也署李龏编，但在十八首后先阑入《弘秀集》尚颜之次的栖蟾诗十首，接着不知从哪里误收司马札、马戴等诗。唯《无可集》别有所据。

今存宋书棚本朱庆余、鱼玄机、唐求、李建勋等集，近代以来屡经影印，其存本皆有许多收藏印，且多题跋，近年再造善本更按原貌影印。然此《唐五十家小集》所收，皆无收藏印，版式也稍有不同。

今有书棚本存世唐小集如杜审言、常建、周贺、李群玉、李中诸家，此套书则没有收入。

再比较今可见之明嘉靖云间朱氏刊《唐百家诗》，以及清初季振宜《全唐诗稿本》台湾影印本所收云间陆氏翻宋诸本，可以确认所谓江标影宋本《唐人五十家小集》，其实大多是根据明中期以后各种翻宋本或仿宋本而成的一个汇刻本，从内容到形式，与宋本基本没有太大的关系。比方唐初王勃、杨炯、卢照邻诸集，皆明嘉靖后刊本之面貌，绝非宋本之内容。今人千万不能慑于江标之盛名，因此而将此本视同宋本看待。

江标于光绪二十年（1894）任湖南学政，后刊《湘学报》，组织南学会，所刊《灵鹣阁丛书》尤传誉学林。所见宋元刻本、旧校旧抄尤富，若由其主持刊印，不应如前所述般荒腔走板。我总怀疑所谓“光绪二十一年乙未影刻于湖南使院”云云，皆他身后被人托名。因我对近世文献所知甚少，述此希望听到知道内情者的赐教。

何来陆机佚诗[1]

刘运好先生《陆士衡文集校注》（凤凰出版社，2007年12月）刚出版就买了，牵于他事一直没有认真阅读。最近得阅《古籍整理出版情况简报》449期刊余恕诚先生书评，称赞该书具备辑佚全面、校勘精审、资料丰富、注释详赡、考证谨严、品评精当六大特点，引起阅读的兴趣，大致翻阅一过。就全书质量来说，大致可以当得起以上称誉。但就辑佚来说，似乎还有一些可议之处，谨写出以就教于余、刘两位。

余氏书评称“与金涛声《陆机集》比较，……‘诗补遗’较新辑佚5题，其中新辑《赠弟士龙》《宿郊外晓作》为完篇，《独寒吟》为残篇”。今检刘书1188页，《赠弟士龙》录自《钦定热河志》卷四，全诗为：

友生有离聚，兄弟无西东。
卒然当远别，惘焉伤我衷。
居者劝加餐，行人嘱保躬。

1　本文原刊于《东方早报》2009年4月12日。

临岐逝将分，悲意填秋空。

胡为鹡鸰原，竟觌牛马风。

刘氏解题云："此为士衡与弟离别之作。兄弟卒然离别，内心充满伤情，虽互相劝慰，然临歧别去，仍别情难禁。……诗作时间不详，然诗有'卒然当远别'之句，……悲悼伤感之情如此深厚，当作于太安元年之别也。"详细分析陆氏兄弟两次分别时的不同心境，考证颇称绵密，文长不全录。问题在于《钦定热河志》是一本什么性质的书，怎么会有陆机佚诗的保留呢？刘氏似乎未作深究。今检《钦定热河志》卷首有和珅《进表》，称"奉敕编辑《热河志》成书"，《凡例》则称"热河以温泉得名，自圣祖仁皇帝肇建避暑山庄，人民乐育；我皇上翠华临莅，德泽涵濡，益臻殷阜。近奉旨改承德府辖领州县，规制崇闳，今志仍称热河，名存其朔云"。知为乾隆后期编成的一部承德府志。该书卷一至卷十三都是《天章》，前二卷为康熙作，其后均乾隆帝作。《赠弟士龙》一首在卷四，原有总题作《拟古诗三十首》，有序云："曩于几暇拟《古诗十九首》，复仿江文通《杂拟》，每一染翰，如见古人于毫楮间。""乃首列子卿，以补其阙，综而计之，得三十篇，亦如文通之数。"知此组诗完全为乾隆模仿江淹《杂拟》三十首之例而作，模仿陆机的这首列在第八首，题作《陆士衡机〈赠弟士龙〉》，即模仿陆机《赠弟士龙》而作。刘氏据该书辑录佚诗，似乎没有先了解此书的性质，又未翻阅前后文，断为陆机佚诗，并强作考释，在文献判断方面，似稍有疏失。

《宿郊外晓作》一篇，刘书1222页注出《词府灵蛇二集》“骨集”引《梁词人丽句》，全诗为：“残星落檐外，余月罢窗东。水白先分色，霞暗未成红。”书末附《主要引用书目》谓所据《词府灵蛇二集》为《全明诗话》本所收钟惺的著作，也迟至明末了。今检《直斋书录解题》卷十五著录《梁词人丽句》一卷云：“唐李商隐集梁明帝萧岿而下十五人诗，并鬼诗、童谣。”即所录仅限后梁时诗，循例不应采集西晋陆机的作品。该书今散佚，存世较早的残本见南宋陈应行《吟窗杂录》卷一四，此诗幸见收录，作者署为王衡。《古诗纪》卷一三七录王衡下，传云：“太原晋阳人。父操，后梁时为尚书令。有七子，衡最知名，位中书黄门侍郎。”知其从后梁入隋，符合该书收录体例。钟惺显然误把“王衡”读成“士衡”，刘氏复误收。刘氏解题云：“诗全为写景，若确为士衡所作，则西晋山水诗已臻成熟之境，其诗史之意义大矣。”很可惜确非陆机诗。

第四编　推敲大唐

方志彤《〈诗品〉作者考》阅后的一些感受[1]

我与汪涌豪博士在1994年春夏间完成《司空图〈二十四诗品〉辨伪》一文，由于答允刊发的《中国古籍研究》创刊号的耽搁，先后提交1994年11月在浙江新昌召开的中国唐代文学学会第七次年会和1995年9月在江西南昌召开的中国古代文论学会会议，发表后引起较大关注。到1997年3月，在美国哈佛大学访问的张宏生教授来信，告斯蒂芬·欧文（Stephen Owen，宇文所安）教授《中国文学批评读本》（*Readings in Chinese Literary Thought*，Harvard University Press，1992）“在《二十四诗品》那一章，他提到一位姓方的学者，写了一本书，认定《诗品》为伪作”，“我问欧文此人情况，欧文说，此人毕业于哈佛，长期在美国高校任讲师，现已过世。他或许是韩国人，或许是大陆朝鲜族人，长期致力于考证《诗品》的真伪，已写出一本书，认定为伪作，但这本书并未出版。欧文并不认识此人，也不知他的中文名字叫什么”，“这人的英文名字叫Achilles Fang”（1997年3月15日来信），并附寄该书中的当页。我收到后询问本系对美国汉学家很熟悉的陈引驰博士，引驰立即

1　本文原刊于《文学遗产》，2011年5期。

告我此人是方志彤，随后列举梅维恒、周辅成的回忆和钱锺书的书信，知道他本名金淳谟，早年就读清华，后来获得哈佛博士并在哈佛任教。引驰将宇文所安的注文翻译成中文，写成《方志彤、宇文所安和〈诗品〉辨伪》一文，在《文汇读书周报》1997年5月24日作了介绍。宇文表述是：《诗品》“出现之晚近自然引起了对它的可信度的怀疑。相对于它后来在传统诗学中的核心地位，有关《诗品》的评论之匮乏是令人惊讶的”，“它们在11至17世纪之间完全未曾广泛地流传，而在明末清初几乎同时出现，因而它们的文本历史是值得疑问的（晚明是赝品著作尤其盛行的时代）”。宇文并说明自己虽然没有与方讨论这一问题，但他在撰写该书过程中，“最终相信，《二十四诗品》可能就是一部伪作。或许破坏它的真实可信性的最有说服力的证据，就是它运用了许多只在宋代才开始流行的美学概念”。并引发议论：“如果此书确实是伪书，那它肯定是中国文学史上最不朽、最有影响和最成功的伪作之一。”此后我曾多次介绍宇文著作中的见解，很希望方著仍有发表的希望。

很高兴暨南大学文学院阎月珍老师在哈佛图书馆找到方志彤《二十四诗品》的五本英文手稿，并用了半个月时间将其中《〈诗品〉作者考》一篇翻译出来，认为手稿大约撰写于1970年左右。《文学遗产》编辑部将译稿转发给我，希望我对方稿谈一些看法。我在上节大致说明有关方著的知悉原委，当然更对方文抱有很大期待。

目前看到的阎译稿，包括前言和正文三节。他的探讨和我们的研究，有同有不同。前言所说“司空图的传记从未提及此事；没有生平记载或目录列出过它；没有后唐史书的生平记载提及此事；也没有国家图书馆或个人收藏的目录提及此著”，对此我们做过较完整的论证。方文假设的反诘，是否“仅是司空图全部文学作品之一，因而无须提起”，在1995年后国内反驳拙说的论文中也被多次提出。方认为此说“貌似有理”，但无法解释其在明末以前“从未在任何文学批评著作中被引用或参考”。我则从司空图三十卷本《一鸣集》的散佚和曾见过该集的洪迈的态度，说明其不会是其文集中的一篇。方文第二节对毛晋《津逮秘书》本跋语将苏轼《书黄子思诗集后》关于司空图“自列其诗有得于文字之表者二十四韵”一句与《二十四诗品》相牵合的一段分析，也是我研究此书的主要突破口。我在1982年春间买到郭绍虞《诗品集解》，很惊讶为何历代著录题跋仅始于明末郑鄤、毛晋，因为看到引及苏轼的话，没有深究下去。直到1993年夏始理清苏轼所说“二十四韵”云云，仅指司空图在《与李生论诗书》中自举二十四例诗句，才取得突破。在此点上，方文发现了问题，可惜没有进一步的探究。方文第三节提到杨慎推崇司空图，但没有提及或引用《诗品》，也是很敏锐的感觉。拙文也注意到此一特例，并注意到同时或稍晚的胡应麟、许学夷、胡震亨都如此，最终在许学夷《诗源辨体》中取得突破。

方文第一节对司空图其他诗作进行形式和韵律的探讨，认为其四字韵文的“韵律系统与《二十四诗品》大相径庭”。他罗列了十五篇韵文（其中七篇为长篇碑文的铭辞）的韵脚，注意到各篇的诗句数目都不与《诗品》相似。他认为《诗品》每篇是韵脚相同的六个对句，无论原来是独立的铭或赞，或是附在传记或碑铭上的韵文，似乎都不太可能。这一分析在拙文中没有采用。可能最初也曾考虑有无从押韵、文风以致诗学范畴方面探索之可能，总感到见仁见智，差别很大，并非铁证，因此放弃。记得张柏青曾先后发表《从〈二十四诗品〉用韵看它的作者》（《安徽师范大学学报》，1996年4期）、《从〈二十四诗品〉用韵看它的产生时代与作者》（《文学遗产》，2001年1期）两篇内容大体相同的论文，从用韵证明《诗品》非司空图莫属，与方志彤看法正好相反。方是精通中国和西方文史和语言的大家，许多名家都称赞他"学识和语言能力旁人难以企及"（下引徐文堪文引梅维恒语），他的判断应该得到尊重。

不过就本文已经表达的内容来说，距离前引张宏生说已经"写出一本书"，前引宇文所安所著认为他"经长期研究，证明《二十四诗品》是一部伪作"，都还距离很远。是不是本文仅是方系列研究中的一篇，还是未最后完成的部分章节，我稍有一些困惑。阎月珍来信告知："手稿虽分为五个活页夹，但内容其实是两部分：考证作者和英译作品。其中，考证部分是在两个活页夹基础上的打印稿；英译部分共三个活页夹，完成了二十四则的约三分之二。""作者考证这篇文章的打印稿有两个版本，旧的版本认为伪作是郑鄤所作；新的版本（就是我译作的底稿）则和前稿不同。方先生所说的《二十四诗品浅解》1875年这个版本我也借到了，并据它核对了方作的原引文。我对方先生的结论感到有些意外。如果能看到《二十四诗品浅解》更早的版本，或许才可以判断这个结论。”我推测，方的最初计划可能是将《诗品》翻成英文，但在进行过程中对其作者和时代有所疑问，形成一些看法，留下了目前看到的手迹。但后来无论英译或辨伪都没有完成定稿，仅有的手迹保存了他当时一些见解——极其精彩而深邃的体悟，基本看法与我和汪涌豪，以及宇文所安的推证，很是接近，我们的工作完成则晚了二十多年。

当然，我还是很期待方志彤的更完整系统的研究有机会面世。最后还想说到，我们在1994年的研究，判定《诗品》归属司空图在明末天启、崇祯间，对从908年司空图去世到1620年即万历末年的判断，是基于文献的推证。由于20世纪90年代末古籍文献数码检索的实现，这一推证已经得到科学的结论。另外，由于张健对元明诗格的系统清理，《诗品》在元明诗格中的保存状况也已清楚，足以订正我们最初认为出于怀悦推测的不当。目前可以确定保存在诗格而与司空图还没有交集的二十四则《诗品》，上限还没有突破一千三百年。

关于方志彤生平，上海《东方早报》今年1月9日《上海书评》刊徐文堪《不应被遗忘的方志彤先生》和环球华网刊木令耆《记方志彤先生》有较详细介绍，可参看。在此概括作最简单的介绍：方志彤（1910.8.20—1995.11.22），生于日治下的朝鲜。在上海读高中。1932年毕业于清华大学哲学系。1935年参与编辑《华裔学志》。1947年到哈佛燕京学社工作，1958年获哈佛大学博士，博士论文研究庞德（Ezra Pound），因篇幅巨大，迄今未出版。在哈佛数十年，始终未获教授，或与为人孤傲、著作稍少有关。已刊论著有陆机《文赋》英译、《资治通鉴》卷六九至七八英译和注释等。

金针得度后的举一反三[1]

月初王运熙老师去世，我在得讯伤痛的当天下午，就撰文《学问是天下最老实的事情》（刊《东方早报》2014年2月9日）悼念，特别回忆1978年刚进入研究生学习期间，王老师给我们讲基础课，其中一部分讲文献学，目录讲了三次，即《汉书·艺文志》《隋书·经籍志》《四库全书总目》各一次，讲的方法是先读序，再讲各部类的区分，特别说到目录所反映的历代典籍总貌和存亡，以及对文献鉴别的价值。对我来说，这是以前所不知道的。我后来作唐代文献考证，特别是唐代诗文的辑佚，主要受到这几节课的影响。几年前我曾有机会向王老师表示感谢，认为他教授得法，金针度人，我也算能举一反三，学有所悟，王老师听后很感欣慰。有同学读后问我能不能讲得再具体一些，适《中国社会科学报》记者约我谈治学心得，正好可以做些发挥。

古典文献学的本格学问可以分为目录、版本、校勘三部分，目录是古籍分类的簿录之学，版本是版刻辨识的鉴别之学，校勘是文本求是的改订之学。也有学者主张增加典藏学，则是古籍收藏流通

1 本文节刊于《中国社会科学报》2014年7月。

之学。学习文献学的目的和用途，大约以古籍收藏、稗贩、鉴别、整理诸端为主。这是说本格的文献学。但同时文献学又是所有文史之学的基础，即无论你研究古代任便一门学问，比如宗教、民族、科技、文学、艺术、社会、文化等等，只要接触古籍，你就要知道其文本来源，真伪完残，哪个版本最好，前人做过哪些研究。不掌握文献学，学问必定根基不牢靠，研究容易有偏失。我想，这也是当年对我们古代文学专业研究生开设文献学课的原因。现在各高校，开设已经很普遍。

我那时关注的重心是唐诗，对清编《全唐诗》很崇拜，认为真如清人说的所有唐诗几乎全部搜罗无遗了，那毕竟是皇帝领衔的书，够权威。那时也知道日本河世宁有补遗，国内也有几位名家作了补遗，不会有再开拓的空间了。学位论文先选南宋，再弃而做北宋，因此翻了许多书。到1981年末《全唐诗外编》出版，才发现我在宋人所著如《会稽掇英总集》《庐山记》等书中见到的成批唐诗，居然从未有人关注，这才引起我深究的兴趣。当我着手之初，当然主要还在唐诗相关典籍中转悠，有所得，但很细微，毕竟是前人无数次开垦的园地。但很快我就开始考察清编《全唐诗》和前人补遗的已用书目，虽然数量庞大，但基本是以唐诗基本文献为主，有一定的局限性。王老师讲授文献学时，特别指出四部群书的分类原则和各部类图书的内容旨趣和学术价值。我进一步思考，如果将唐诗搜辑的范围放宽到四部群书，那会是怎样的结果呢？说干就干，广检群书当然很辛苦，好在那时年轻，已经经历过农场知青最艰苦的劳作，这点苦算什么呢？好在那时复旦图书馆的教师阅览室和学生阅览室的基本典籍都大批开放，特藏古籍除善本外，也可以每次几十册地借到宿舍阅读。由于将唐诗搜寻的范围拓展到全部唐宋以后典籍中，我才发现古代一般士人读书面其实很窄，学者又有各自的治学范围，说某人研究唐诗，一般来说他不会去系统地阅读宋史类的图书。但现代学术要求全面占有文献，我那时也很迷信前人所谓“一事不知，儒者之耻”的古训。既然知道目录书可以指示全部古籍的梗概和构成，我就有必要依循它的指示披阅所有可能保存唐诗文本的古书。读到一定的量，我方憬悟其实前人并没有做过类似的工作，我下决心做了，方法也还科学，实际的收获远远超过最初的估计。比方佛藏，似乎明清两代也流传有绪，但再仔细追究，清代即便一流学者也对此接触很少。明末费力搜寻唐诗的胡震亨编《唐音统签》时倒是收了不少，无奈康熙帝从教化立场考虑，一纸圣旨宣布偈颂章咒都不算诗歌，于是弘法的《证道歌》《玩珠吟》都不收，连王梵志也关了禁闭。20世纪80年代初虽开放不久，但日本的《大正藏》和《续藏经》复旦已经购进，我得以充分地利用。仅此一项，所得唐诗即近千首。台湾影印的《中华方志丛书》刚出，复旦因为史地所的缘故，高价进了一套，也让我在两岸开放以前感受两岸学术交流的愉快。

我那时对王老师在领着阅读《隋书·经籍志》序时，对于历代典籍聚散过程的说明印象特别深刻。以后又读到陈登原的《历代典籍聚散考》和余嘉锡《目录学发微》，更加深认识。辑佚学的目的是通过辑录他书转引的已失传古书片段，以求部分恢复亡失古书的面貌；通过目录以辑佚亡书，是最有效的途径。我那时仅听朱东润先生说《宋诗话辑佚》做得不好，并不知道先生曾辑过汉魏杂传数百种，因而没有就此请益。王老师所讲则是他做乐府文献辑录考证的体会。我的办法是以唐宋书目为依据，以求了解唐一代诗歌文本全面的盛况。这是第一个书目。二是《全唐诗》以降学者辑录唐诗之已用书目。三是利用《四库全书总目》和《中国丛书综录》，全面掌握历代典籍之保存情况。唐人文集而宋人曾见到者，应该有更多引用和摘录的机会。从《全唐诗》编纂以后的二百七十年，因为公私图书的散出，《大典》辑佚的展开，海外佚籍之舶归，出土文献之丰富，敦煌遗书之发表，我意外地发现虽然生在古人后，但可以利用现代图书馆看到的文献数量，远远超过明清之际奔波一生的胡震亨和因盐商而坐拥书城的季振宜，至少不逊康熙内府藏书之富。我从各种目录对比中寻觅线索，在古今典籍聚散中确定辑佚之重点，以最蠢笨的办法逐册逐篇地对阅群书，因此而有超迈前贤的发现。我逐渐发现，古籍文献的散失，大体也如陨石坠落大地一样，虽然原书失传了，但其碎片则在大范围中散落在群书中。只要方法正确，搜寻仔细，总能有新的发现。虽然那时我因为早年失学，在二十岁以后方读到《唐诗三百首》，既无家学承传，也无独藏秘籍，在短短三年多时间内，新辑唐诗四千多首，大约相当清编《全唐诗》的十分之一，是前人唐诗辑佚总和的两倍。简直如同做梦一样。

在古书阅读达到较大数量后，我开始比较多地关注同一书不同版本的差异和优劣，体会古人所谓读书必先校书、读书必讲版本、读书应区分文献的完残真伪、读书应讲究史源、读书应了解史料之信值等古训的意义，不再如一般初学者那样，凡拿到手里的都是菜，而是处处留心挑检选择。这里可以展开来说的内容太多了，我只举几个小的例子。陈舜俞与苏东坡同时，他的《庐山记》在四库里收了个三卷本，似乎也存留了宋代的古书。但近代罗振玉在《吉石庵丛书》里影印过日本高山寺藏古抄本，一比读方知道清传本只是此书前两卷拆成了三卷，而日藏本后三卷包含数量丰富的晋唐人题咏庐山的诗作。但这个抄本卷四录诗的部分有些残损，从抄本派生的《大正藏》本和《殷礼在斯堂丛书》本都是如此。以后日本学者给我复印了内阁文库藏完整无缺的宋刻本，不仅可以改动抄本的误文，另有几首唐诗可补。在这方面，最近六十年国内大量高水平的古籍整理，提供了许多珍贵的善本会校后的文本。去年末在上海文史馆开会纪念古籍整理专家范祥雍先生，见到中华书局退休编辑谢方先生，想到他整理古书中的一个例子。《全唐诗》卷八〇八收法宣《咏赐玄奘衲袈裟》诗，出自《大慈恩寺三藏法师传》卷七，是说贞观二十二年（648）太宗赐玄奘袈裟后二僧诗咏之事。此书多数文本都有“二十一年，驾幸洛阳宫”一段接述诗事，据以拟题似乎并不错。谢氏根据宋本，校定“二十一年”应作“往十一年”，是说太宗赠送玄奘的袈裟，十多年前给法宣等人看过，二僧想要而太宗不给。因此二僧所作诗只是咏袈裟，根本与玄奘无关，可能玄奘归唐时法宣已经去世了。因为一个字的校定，让一首诗的诗意得到确解，是很珍贵的。以上所述几则古训，也成为我现在读书治学的原则。坚持有讲求有原则地读书，我能有许多特别的收获，大如《二十四诗品》辨伪，小如某诗人行迹的细节，在在都有。

在学术道路上，优秀老师的关键指引极其珍贵，真如荒漠甘泉、黑夜明灯。但学问说到底又纯粹是个人的积累、探索与发现。老师的指示是他的心得，未必适合每一个学生。当学生在研究新课题、探究新问题时，又会遇到许多新的麻烦，那就要看各自的才分、毅力与悟性了。《论语》说：“举一隅而示之，不以三隅反，则吾不复。”岳飞说用兵：“运用之妙，存乎一心。”如是而已。

一本书与一种学术范型之成立[1]

祝贺傅璇琮先生《唐代科举与文学》一书获得第三届思勉原创奖。傅先生是最近三十年唐代文史研究领域最有成就的学者，也是中国古籍研究领域的领军人物，他的一系列著作对学术风气的转变起了导夫先路的作用，他的获奖是实至名归、众望所归。他的获奖书面演讲，已经充分讲清了这本书的成书过程、学术追求和方法渊源，对此我十分赞同，也深感自己的学力难以对此作出点评。作为唐代文史研究的后学者，我从出道至今三十六年，一直从傅先生著作中得到启发和鼓舞，也得到他许多的指点和提携，我想将我所知傅先生的学术道路和学术业绩在此略作介绍，使各位有更多的了解。

我读到傅先生最早的文字是1978年刚复刊的《中华文史论丛》所刊《刘长卿事迹考辨》，与我当时正在阅读的前辈著词人年谱，在方法体例上都有很大不同，即不循年谱的旧例，不信传说的浮泛，而从诗人的作品和姓氏书、地志、职官谱等一类书中寻觅可靠记录，还原诗人的人生轨迹。类似的系列论文连续发表，不久结集

1　本文为2015年在思勉奖颁奖典礼上发言，原刊于《中华读书报》2016年1月13日。

成《唐代诗人丛考》，对当时学术风气转变起了重要作用，日本学界推崇备至。他自述治学路数，受法国社会学派影响很大，特别是丹纳《艺术哲学》对伟大艺术家及其时代关系的论述，让他拓宽视野，转而研究初盛唐二三流作家的文学道路。他尊敬近代治唐史最有成就的陈寅恪、岑仲勉两位大师，将文学传记数据拓展到全部的存世唐代文史文献。在史料的处理上，他特别注意史料的主次源流，认为作者本人的诗文具有最直接的价值，认为唐人的姓氏谱、缙绅录的记载尤其珍贵，认为石刻所载士人的家世仕履和宋元方志所载地方官任职年月更为可靠。他与人合编的《唐五代人物传记综合索引》，更为学者全面占有文献提供方便。我与他初次见面在1981年，个人交往则从1986年始，了解他从早年燕京、北大的文学才俊，经历人生挫折，幸得庇荫于中华书局的书海中，在编纂数据过程中遍阅唐宋典籍，加上早年对西方艺术理论和近现代文学思潮的热烈爱好，开始个人的学术道路。其后他担任了书局和学界的一系列重要职务，曾主编《续修四库全书》《全宋诗》《唐才子传笺证》等重要著作，而他个人的研究也始终没有停止。如果我没有记错的话，他的第二本著作是《李德裕年谱》，对唐代最纠缠难解的牛李党争作了详尽周密的梳理。本次获奖的《唐代科举与文学》是第三部专著。唐代实行科举制，就如同今日之高考或公务员考试搅动全社会神经一样，牵动唐文学的发展和变化。此前似乎只有两本书可以参考，一本是记载科举传闻为主的南汉王定保《唐摭言》，另一本是清代徐松拼凑零星材料恢复科举编年史的《登科记考》。

傅先生的这部著作，从梳理科举制度史着手，在理清所有相关细节的基础上，采用全景描述式的叙述方式，还原唐代文人在科举生活中的种种生存状态，如同打开了唐代社会生活的万花筒，展示科举与文学纷繁复杂的交替作用，原生态地展开唐代文学产生发展繁荣的壮丽长卷。傅先生的书面演讲说到他受巴尔扎克文化风俗史、丹纳以环境描述呈现文人心态、朗松文学生活史等论述的影响，用集腋成裘、抟沙成器的巨大力量，还原历史真相，并力避烦琐考证，以生动流利的叙述写出唐文人的众生相，揭示一个时代的文人生活氛围，以及他们的生活道路和心理变化，并涉及数量可观的唐诗的重新解读。本书也是学术原创著作追求雅俗共赏的典范，即在完成极其繁重的文献考订后，用生动活泼的叙述面对读者。我还记得复旦陈允吉老师在读到本书时的感慨："老傅的文章写得就像陶渊明的诗一样，清浅明白而回味无穷。"

《唐代科举与文学》所提倡的文学与史学相结合的跨学科研究，与以往简单把社会历史作为文学背景之研究有根本改变，即认为文学的发展与繁荣是与一时代社会、政治、文化、习俗等因素密不可分，互为影响，外部因素改变了诗歌的审美趣味和体式变化，不理解社会的变动也就无法理解文学的演进。傅先生倡导的这一研究范式，在唐代文学研究领域首先得到响应，陆续完成一批研究文学与幕府、文馆、交通、铨选关系的专著，其后并波及唐前唐后各时代文学的研究。本书的学术示范意义于此可见。傅先生本人的研究也没有就此停止，其后他主编了《唐代文学编年史》，七十岁后更完成《唐翰林学士传论》两部。

更难能可贵的是，傅先生始终倡导学术平等，鼓励学术竞争，对与他争论商榷的文章，不以为忤，常主动推荐发表。他积极提携后进，见善乐举，先后为学界同仁撰序近百篇，一时有广大教化主之誉。可以说，中国古代文学最近三四十年的发展繁荣，是傅先生这样许多老辈努力的结果。

唐诗研究的两极[1]

首先，请允许我代表中国唐代文学学会，祝贺陈伯海先生主编《唐诗学书系》顺利出版问世。这套书是伯海先生三十多年学术积累的总结，凝聚了伯海先生和他领导的工作团队多年心血，是当代唐诗学研究的重要里程碑。书系出版，是当代唐代文学的一项重要收获。今天到会的唐代学会同仁有董乃斌教授、赵昌平前总编以及李浩教授、卢盛江教授、罗时进教授等五位前任和现任的副会长，因故没能到会的戴伟华教授、尚永亮教授、胡可先教授也都写来贺信与贺诗。我们以如此完整的阵容为伯海先生的大著集体点赞，都是由衷地为伯海先生高兴，更希望这套大书能够充分为中外唐诗研究界信任和了解，从而更广泛深入地推动唐诗研究的展开。

主编这套大书，是基于伯海先生长期治学中所形成并完善成熟的唐诗学研究设想。伯海先生认为，唐诗产生于唐代，但唐诗学并不局限于唐代。唐诗学肇始于唐，兴盛于宋，成熟于明清两代。唐诗代表了中国诗歌的最高水平，它的成就更辐射于唐以后各代，一千多年围绕着唐诗编选、点评、注释、阐发、考证、诵读以及绘

1　本文原刊于《学术月刊》，2016年10期，原题《唐诗学研究的总结性著作——初读〈唐诗学书系〉》。

画、音乐、舞蹈等其他各种艺术形式，产生了数量巨大的文艺论述。对这些论述加以总结汇编，为学者广泛了解和方便利用，从而梳理清楚唐诗学发展的脉络，也有利于更准确恰当地理解唐诗、学习唐诗。在此，我也愿意将粗略翻检这套书的初步感受，略述要旨，与各位分享。

《唐诗学引论》是整套书的总纲，分五篇表达对唐诗学一系列重大问题的独到体会。我觉得《正本篇》对涉及唐诗风骨与兴寄、声律与辞章、兴象与韵味，以及唐诗气象等重大问题阐述己见，视野开阔，论述精微。《清源篇》则从社会渊源、思想渊源以及文学渊源三个维度，揭示唐诗勃兴的内外原因。《别流篇》讨论唐诗的分期问题，对以往各家论述有所回应，所分三段论述，也能较充分地揭示各时期的主流和歧变。《辨体篇》讨论古今各体诗的规范与新变、正格与流衍。《学术史篇》则分时期叙述各阶段的特点和建树。本书篇幅不大，内涵极其丰富，可以代表一个时期的很高水平，也足为有志研究唐诗者的入门初阶。

《意象艺术与唐诗》，同样篇幅不大，但立足点在探讨唐诗艺术核心问题，即唐诗诗境说的艺术特点，以及各个时期的不同表现，分阶段阐发意与境会、境生象外、感事写意、无我有我及因情造境等艺术境界。

《唐诗书目总录》，初版时称《唐诗书录》，本次新版数据延伸到2000年，中外文献都有很多增补，是目前所见有关唐诗历代著作最称大备的一部书录。虽然由于入收著作数量巨大，编纂者不可能全部手披目验，特别是涉及古籍版本的部分，但就目前完成情况来看，足可让学者信任，顺此进阅，可得许多新的收获。

《唐诗汇评》《唐诗学文献集粹》《唐诗论评类编》是相互关联、又有不同分工的唐诗文献总汇。《唐诗汇评》兼具大型唐诗总集与评点总汇的双重功能。全书选取作者五百家，诗逾五千首，可以认为是自《唐诗品汇》以后，最大规模的选本。选诗立场也兼顾古今不同的阅读需求，其中三分之二以上诗汇录了历代评论，尤其有助于诗意的理解和诗艺的体悟。《唐诗学文献集粹》分类编录唐诗文献，分为一百六十九个单元，每单元下再分时段编列。《唐诗论评类编》从数千种典籍中采撷唐诗文献，分八大门类，多层细目加以编次。以上三书，采资丰富，编次用心，文献可靠，校点认真，为今后之唐诗研究，展开了无数法门。

在以上各类工作基础上，《唐诗学史稿》具有总结的意义，虽成于众手，但都能秉承伯海先生的学思，贯彻始终。本次所出为增订本，较初版增加十多万字，内容更为丰富翔实。

此外，《唐诗总集纂要》因需要项目结项而暂未出版，同样值得期待。

最后，我也想就本次会议的主题，即唐诗学发展的开拓与展望，谈些自己的想法。

本次会议主办方为各位学者印了我前年的一篇短文，谈唐诗文本的整理。我的有关工作目前正紧张进行中，估计从定稿到出版还要三四年时间。总的想法，是希望尽可能推溯到唐代来提供唐诗的可靠文本，与伯海先生之关心后代阅读感受有很大不同。我的一些主要追求，可以在此作最简单的说明。一是对唐诗文本的划定，包括原诗题、诗序、本文、本事皆予收录；二是追溯最早文本，记录以唐宋时期为主之较早时期传布异歧；三是对宋、明以来流传的唐集，分层级地区别参校；四是尽可能地将具有第一手文献价值的文本全部加以记录，异文有以会校，希望藉此展示历代流传文本的变化；五是充分利用古今考订唐诗的成果，采据求全备，按断务稳妥。最终成绩也可以稍作披露，最终存作者逾三千五百人，存诗近五万四千首，与清编《全唐诗》比较，大约去除误收互见诗四千余首，新增逾八千首。我希望这些工作可以为唐诗学研究带来新的契机。

最近三十多年，傅璇琮先生与陈伯海先生代表了唐诗研究的两极，两极指致力方向不同，而非指见解对立。傅璇琮先生务求参据唐人本身文献，弄清唐诗人的人生轨迹，并进而廓清各家唐诗的写作语境和具体指意，清除前人率尔读诗之误解。近年大多唐诗别集都有了新的校注本，这些研究也提供了一些重要的支撑。陈伯海先生的研究方向已如前述。我认为今后这两极的工作会更多地互相走近，彼此参照，从而共同将唐诗研究推向新的高度。

就《唐诗学书系》已完成各书来斟酌，我建议还有必要做以下几部书。一是《唐诗别集叙录》，前此已经出版的万曼和赵荣蔚二书，虽略备规模，但遗憾的是都没有在第一手版本对校上下功夫。今后若有人对唐别集各存世版本认真记录，比较异同，逐次叙录，当仍有重大意义。二是可以组织一套唐诗人传记丛书，我特别推崇有具体文献依凭，同时又能出以文学笔触，将诗人的人生履历和交往、政治追求和建树、诗歌写作和寓意等等，全部写出，让更多人了解唐诗的真实语境与寓意。前此虽已有不少努力，但好的传记并不多。三是唐诗的文本诠释与阐发，特别要强调仔细详尽地解说文本，阐发诗中不为人关注的语意。此外，对前人的各种传闻异词和评点分歧，也应该做专业的评按。

最后，我也愿意就本套书中的一些细节，略申管见。《唐诗汇评》采诗仅限于清编《全唐诗》，当然是审慎的做法，但该书误收甚严重，不免也有所承继。而在《全唐诗》以外之唐诗，今知约八千首，虽成就不一，但因敦煌遗书、佛道二藏、域外汉籍、石刻文献的大量发现，确实有许多唐诗不为人注意的新品种出现，值得重视。唐诗之流播史，在唐代的西域或东邻，都有许多变化。此外，所采历代评点一般均不注卷次，也不便学者利用。明清评点文献，因与当时的商业行为有关，颇有伪书，也应该有所重视。

唐诗传播接受研究的可贵探索[1]

很高兴先期读到尚永亮教授和他的门生合著的百万字大著《中唐元和诗歌传播接受史的文化学考察》，这部著作无疑是近年唐诗研究方面一部有特色、有系统的宏大著作。谨先向尚永亮教授表示祝贺。

本书选题的意义显而易见。唐一代诗歌成就最高的，其实就是开天盛唐和以元和诗歌为代表的中唐。元和诗歌的特点，一是大家林立；二是各成面貌，诗人之间交往密切，彼此有影响，又保持个性特色；三是保存丰富。这也导致本课题研究的难度很大。横跨一代，必须兼顾各家；研究传播接受则要对元和至今一千二百年的所有诗歌现象加以观照审视，既注意元和诗风的共性，也顾及各家在传播过程中的差异。如何解决这一难题，作者在论题设置、全书布局、轻重权衡方面，有很仔细的考虑。呈现给读者的这部著作，兼顾点、线、面之关系，兼顾历代创作接受与文学批评的关系，兼顾文集整理流布与文学接受之联系，呈现出全新的面貌。

重视各家别集整理在诗歌传播接受研究中的意义，书中分别

1　本文写于2011年初，未刊。

在第一编、第二编和第四编列专章考察“元和诗人别集的整理与传播”。第五编更以“选本与元和诗考察”为总题，对于元和代表诗人十家别集的结集和流传，有很深入的分析，从而确认各代诗人阅读什么样的文本、接受哪些诗歌，为文学研究奠定坚实的基础。在选本研究那一编，运用数据分析的方法，说明元和诗歌在历代选本中所占权重，也都有特别的意义。

本书最后一编《元和诗歌百年研究述评》，是对清末以来关于元和诗歌研究全面的学术史研究，其中重点作者都列为专章，韩孟诗派和以文为诗都作为专章论列，对于元和诗歌的重要研究成果，都有很恰当的介绍和评价。虽然还感到有些遗憾，谈韩孟诗派而没有专门谈元白诗派，作者则缺了李贺和贾岛；但就大端来说，20世纪最重大的研究收获和研究的热点问题，这里都作了表达，评述也很有分寸，值得肯定。

就本书来说，我感觉稍有遗憾的是对白居易诗歌在东瀛的传播和接受，没有能够列出专章加以探讨。在有关最近百年元和各家诗歌研究的综述中，海外包括港台研究的缺位也有些遗憾，希望以后可以弥补。另外，我特别建议增加元和诗歌经典文本的传播接受研究，比如白居易《长恨歌》《琵琶行》《新乐府》、元稹《连昌宫辞》、韩愈《南山》《石鼓歌》等，都有很独特而复杂的传播接受轨迹，可作专篇探索。即在本书已经展开的历史长卷式的研究中，增加若干动态个案的分析，使全书的论述更具立体感。细节可容斟酌者，如分析选本入选元和诗歌时，将《万首唐人绝句》加入讨论。《万首唐人绝句》对于唐绝句不作选择地加以全收，应与其他选本加以区别。

我对唐诗的传播接受没有很系统的研究，因此对于这部煌煌大著的评价不免有所隔膜，理解也未必准确。但就我对唐诗文献数十年来的研究体会，深切感到每一位唐代诗人、每一部唐人诗集，以至每一篇唐诗，其实都有其独特的传播接受的历史。至今我们所做的研究，其实还仅是应作探讨课题中的很小一部分。很凑巧，上月我先后参加香港浸会大学和台湾清华大学的两个学术会议，会议的主题，前者是“中国传统文学与文本研究”，我提交的论文是《唐诗的原题、改题和拟题》，后者是“唐代文史新视野：以物质文化为主”，我提交的论文题目是《从长沙窑瓷器题诗看唐诗在唐代下层社会的流传》。似乎与唐诗传播接受都没有太多关系，但我在阅读尚著后，觉得纯粹从文献立场上来研究唐诗的传播接受，也有意想不到的收获。拙文研究唐诗的题目，引起话题的缘由是陈子昂名篇《登幽州台歌》，宋元间很少被人提到，更没有任何一部选本选录。追溯其文本，最早见于卢藏用《陈氏别传》。传世陈集是卢所编，但不收此诗，此诗是陈子昂原作还是卢代拟，很可怀疑。而“登幽州台歌”的题目，则可以确定出自明代杨慎的手笔。如果从全部传世唐诗的总体流传情况来分析，虽然唐人原诗诗题应该仍占五分之四以上，但由宋以后人根据编次唐诗选本总集之需要，改写唐诗诗题者大约有两三千篇；而因为原始文献如史书、小说、笔记等仅记写诗原委，而没有记录原诗诗题者，宋元明清人在编录唐诗时代拟的诗题，更多达四五千首。这些后人改写、代拟的诗题，正反映出唐诗在传播过程中文本的变化轨迹。只有将其彻底理清，才能显示每一篇作品在传播接受中的变化，并尽量恢复唐诗文本的原初面貌。后一篇拙文则根据长沙窑瓷器保存的百多首题诗，与敦煌吐鲁番文书中学郎杂写诗的大量重见现象，认为两者共同反映了唐诗在下层社会流传的部分面貌，其形式大多通俗易懂，其内容偏于生活格言，与通过主流典籍保存下来的唐诗文本有很大不同。我举这两个例子，一是说明文学传播接受研究可以开拓的课题还极其丰富，二是说明基本文献研究在传播接受研究中居于非常重要的位置。因为讨论尚著的成就，连带引起这些联想，说出来供各位讨论。

唐诗凭什么排名[1]

王兆鹏教授学问好，点子多，将计算机玩转后，就一直想找到科学办法给天下英雄或古今诗词来排排座次。十几年前曾根据某刊发文章的数量，来确定古文学研究者的次第，发出后反应一般。想想也是，列前者关门窃喜，居后者也无话可说，谁让你不抱贞守一呢？最近出版的《唐诗排行榜》（以下简称《排行榜》），用极其复杂而周密的办法，列出一百首排名最先的作品。刊出后，学界、媒体和网络吵得不可开交，质疑者认为这是恶搞经典，甚至斥责“我们的文科教授怎么成了数字的傀儡”。编者则回应“排行榜，是我们传播经典的一种策略和试验”（见《中华读书报》2011年11月23日9版）。其实争论的焦点，一是这种方法是否妥当，二是一些家喻户晓的名篇，如李白《静夜思》仅排三十一位，孟浩然《春晓》仅排六十一位，陈子昂《登幽州台歌》、杜牧《清明》居然名落孙山，与一般读者的认知有很大差距。

1　本文原刊于《东方早报》2012年2月19日。

一、唐诗依靠什么排名

现在流行的排行榜，完全是西方发明的玩意。《排行榜》前言已经理直气壮地加以反驳，列举了宋之问夺袍赐锦、月泉吟社征诗而排定座次、钟嵘《诗品》将一百二十位诗人分为上中下三品、古人总喜欢说某人或某诗天下第一等，来说明这一方法古已有之。其实我还可以举出更多的证据，比如七贤四杰八大家，三十六洞天七十二福地，以及梁山一百零八人之石碣排名。不过古代的办法，其实经常是皇帝、大官、名家或民间随意说了算，采用的是“我辈数人，定则定矣”（陆法言语）的主观办法，梁山排名则如新出《李逵日记》的揭发，是宋江、吴用数人的圈套。近代以来流行的诗人或学者点将录，则是变着法儿地将天王或贼头的诨号扣在已逝、将逝者头上，虽最近似现代排行榜，其实都不是一回事。

西方讲究的是科学准确，可以反复实验，有最精当的数据，因此而整出不计其数的排行榜。从一个国家来说，国土大小、人口多寡、贫富差异、民主程度都可以列出榜单。至于财富、文艺、体育、特技等等，无不有详尽的排行。比如富翁根据拥有资产的总数，田径根据精密到千分之一秒或微米的绝对成绩，足球、篮球根据取胜场数，网球根据五十二周胜盘折算成积分，电影根据票房，影星根据收入，都有具体的根据，谁也不能怀疑。不过充斥排名的社会，不能不经常造成骗局。比如某书还未上架，就报销售排名第一；某歌曲闻所未闻，在榜单居高不下，就不能不使人怀疑商家的诚信。最不可思议的是号称权威的机构不断发布高校排名，弄得禹域名校都神魂不安，再也不愿跟随孔老夫子安心读书了。

唐诗是情感的艺术表达，阅读者有各自的爱好，要找出大家都能接受的名篇排行，本身就是几乎不可能的任务。王兆鹏和他的团队，“尝试用统计学的方法来衡量测度公众的关注度和名篇指数”，当然是花气力而不易讨好的努力。但其方法，则是西方的、现代的。按照古人的办法，其实找几位名家，喝茶沐浴之余，提出个名单，也可以很权威。

王兆鹏的办法，是确定四个方面的数据。一、历代唐诗选本入选唐诗的数据，为唐人九种，宋金元人八种，明人五种，清人十一种，今人三十七种，总达七十种。二、评点数据，以陈伯海主编《唐诗汇评》为依凭，此书汇聚数百种唐诗资料而成编。三、研究论文，依据《唐代文学研究年鉴》和专题索引。四、文学史数据，采据影响较大的九种，又区分全诗引录和摘句介绍的不同。此外，还采据了网络链接的数据，但没有参与排序。对于前四项数据，再分别确定五十、三十、二十、十的不同权重。对古今选本和文学史中的不同引录，再确定二级权重。在此基础上，对数据进行标准化处理，再加权求和，得出每首作品的综合分值，加以排序，就形成了现在的榜单。

确实够复杂的。我查到作者在《文学遗产》2008年2期发表的论文《寻找经典——唐诗百首名篇的定量分析》，当时还只依据前三组数据，没有涉及文学史。现在加上了，但权重则将论文的二十分为两份。此文也附有一份名单，与《排行榜》有很大不同，据说是不断精密统计的缘故，容下文再讨论。

二、唐诗排名的根据是否合适

天下没有绝对公平的事情，何况是人所共知、家弦户诵的唐诗。前述王兆鹏确定的所有各项指标和权重，都可以提出疑问，毕竟不像刘翔是否破纪录有成绩可以证明。

就历代选本来说，各代有各代的侧重。比如大家都向往盛唐的气象，但公认选诗有眼光也公平的殷璠《河岳英灵集》，以常建为第一，李白、王维都在其下，杜甫没入围，他可是盛唐人哦。后来历代都有特别的好恶，一些选本标榜某些流派，专家又有宗唐宗宋的不同。规模大的选本，比如影响巨大且最为专家赞赏的明高棅《唐诗品汇》，录诗六千首，就没有什么统计的意义。而同样是选本，《唐诗三百首》的影响因子显然要大于古今所有选本，《排行榜》中的诗，也十有八九与其重叠。但在专家来看，这本书只是一本童蒙读物，给小孩看的，根本不入大家法眼。当然，王兆鹏选取了七十种选本，可以在一定程度上弥补缺憾。

近年学者颇重视评点，从中发掘出许多微言妙理，但就我的立场，却不那么看重。虽然古人在作诗方面应较今人为强，但除部分名家外，多数批评属于率性而为，并没有多大价值。就唐诗来说，更是如此。评点当然要显示专家的独到体会，而那些现今人人能背的名篇，诗意大都很晓畅明白，不须要做太多的发挥，评选时不免吃亏。再进一步说，唐诗批点之很大部分，都是附在选本上的，与上述选本在数据统计上不免重合。而在权重方面，两者占了百分之八十。即便区分古今选本的比例，古代选本仍然占据过半表决权，主导了排行榜的产生。这就难免使网民要愤慨与自己的所知大相径庭了。

至于论文的数量，所根据者只是论文题目，与学界常讲的引用率有很大不同。值得做专题研究的诗篇，大约一是主题复杂，二是文本歧义，三是寓意不明，四是评价径庭，五是归属有异，六是系年未定，等等，其实都与其在读者中的影响力没有必然联系。就如同现实中的问题人物，大家都知道，但并不适合评全国劳模或人大代表。

文学史是近代以降才有的著作，既不同于诗话的说故实、讲技法，也不同于选本的择名篇、示典范，它的责任在于展示文学发生、发展的过程，表彰有重大贡献的作家，评述其最具创新意义的作品，且求适应大学讲授之参考。

对于网络，我最表怀疑。虽然王兆鹏说曾在不同时期三次检索，并选取其平均值，但人人都知，检索诗题和诗句是会有很大不同，诗题、作者名字之常见与不常见，又会有很大不同，何况现在网络经常给你提供大量类似或相关的检索结果，无时无刻不在考验检索者选择文本的能力。

还可以举出其他的疑问。比如资料仅仅局限在大陆，港台会有很大的不同。那边好像更关注亲情表达和传统道德，因此如杜甫《羌村》不会挂到榜尾，《赠卫八处士》一定会入榜。以前看过民国老教材，这两首是中学生必读的。如果还考虑到唐诗的国际化，譬如在东瀛将是白居易的一统江山，美国可能还会加上寒山或王梵志。

另外一个办法就是民意调查，发几万张问卷，随机询问，或让每人写出喜欢的十首，就是操作有些困难。当然，在山村，在都市，在写字楼，在大学小学，结论也会有很大差异，比现在的方法也不见得好。

三、两次榜单的比较

同为王兆鹏教授编的榜单，2008年刊布于《文学遗产》的一百篇唐诗，与《排行榜》比较，有很大不同。

一是前十名。2008年杜甫《登高》排第三，张继《枫桥夜泊》排第五，白居易《琵琶行》排第十，新版三诗分别退到第十五、十二、二十三；而新版排第二的王维《送元二使安西》，排第七的孟浩然《临洞庭湖赠张丞相》，排第八的常建《题破山寺后禅院》，旧榜分别排第十四、二十一、三十三。

二是两榜不同的作品，多达十三或十四首（2008年目录因九十九名有三首并列，实收一百零一首）。2008年有而《排行榜》没有的是杜甫《茅屋为秋风所破歌》、杜牧《过华清宫》、杜甫《自京赴奉先县咏怀》、卢纶《和张仆射塞下曲》、岑参《走马川行奉送封大夫出征》、白居易《钱塘湖春行》、李商隐《嫦娥》、骆宾王《在狱咏蝉》、李白《赠汪伦》《长干行》《闻王昌龄左迁龙标》《望庐山瀑布》、孟浩然《宿建德江》。2008年无而《排行榜》新增的则是岑参《奉和贾至舍人早朝大明宫》、王维《过香积寺》、杜甫《九日蓝田崔氏庄》《秋兴》《登楼》《羌村》、赵嘏《长安秋望》、孟浩然《岁暮归南山》《与诸子登岘山》、卢纶《长安春望》、崔颢《行经华阴》、李白《秋登宣城谢朓北楼》、司空曙《云阳馆与韩绅宿别》。

其他各诗先后的变化就不举例了。仅隔三年，何以有如此大的不同？排除人为因素，只能说参评数据取资之不同，数据权重取舍之不同，会造成很大的差异。两次榜单统计方法的不同，一是增加现代文学史的引录，二是将古今七十种选本区分开来，增加古代选本的权重。这样可以部分解释变化的原因，即新榜更重视古人的选择，像常建《题破山寺后禅院》最能见盛唐空灵蕴藉之韵味，杜甫《秋兴》是其沉郁顿挫诗风的代表，《羌村》最见其乱后见到亲人的情感波动，王维《送元二使安西》被称为古今送别诗之最，《过香积寺》是他禅趣诗画合一的代表，都当之无愧。岑参《奉和贾至舍人早朝大明宫》稍有些出人意外。古人认为此诗骨格高朗、气象宏大，是盛唐的代表；而今人重视政治标准，天下动荡之际讲什么雍容华丽，因而坚决摈斥，选本绝少提及，论文、文学史都付阙如。此外如杜甫《茅屋为秋风所破歌》《自京赴奉先县咏怀》、岑参《走马川行奉送封大夫出征》、骆宾王《在狱咏蝉》、白居易《钱塘湖春行》《琵琶行》等都是近代以来特别推崇的作品，古人认识没有那么崇高，有出入很正常。张继《枫桥夜泊》当然是优秀诗篇，不过唐宋人关心的是半夜是否打钟的时候，推尊到极致，还是明清，特别是近代的事情。稍感意外的则是杜牧《过华清宫》、李白《长干行》《闻王昌龄左迁龙标》《望庐山瀑布》、孟浩然《宿建德江》，古今都一致认可，竟至出局，虽有些意外，没有看到交待，不好乱猜。

此外，我对照现代选诗最普及的《唐诗一百首》，也可以指出古今最通行诗歌而未入榜的，有贺知章《回乡偶书》、高适《别董大》、刘长卿《逢雪宿芙蓉山主人》、李益《江南曲》、元稹《行宫》、李绅《悯农》、崔护《题都城南庄》、朱庆余《近试上张水部》、王建《望夫石》、张籍《节妇吟》、韩愈《左迁至蓝关示侄孙湘》等，估计也是某些方面指标欠缺而落选。

四、排名显示唐诗流布的时代差异

唐诗的流行，因为各个时代的社会变动、文化趣尚和价值取向，而有很大的不同，并非最优秀的作家及其作品，一定就最受欢迎。艺术史上有大量生前潦倒而身后暴得大名的例子，诗歌也一样。陶渊明在《诗品》中仅列为中品，在六朝崇尚美文的时代，没有人喜欢他的纯朴自然，到苏东坡出来鼓吹，才奠定他一流诗人的地位。柳宗元也一样，宋初人开始阅读他的文章，诗歌则要到苏轼“发纤秾于简古，寄至味于淡泊”的妙论提出，才得到承认。此外，不同文化程度的人群，于诗歌的接受也有不同。比方敦煌遗诗中没有杜甫、韩愈、李贺、李商隐的诗歌，不是诗不好，而是那边总体文化水平还是较中原稍逊。到日本暴红的是白居易，而不是李白、杜甫、韩愈，也是同样道理。我曾根据长沙窑出土唐代民间日用瓷器上的题诗，和敦煌、吐鲁番学童杂写中的诗歌，分析唐代社会下层流行唐诗的情况，结论是现在最流行的唐诗，那时都没有人特别关注。那时流行的都是表达最世俗的饮酒、送别、怀人、感恩、劝善、劝学一类作品，连白居易以为妇孺皆解的通俗诗，也要改得更明白些。如温情脉脉的“晚来天欲雪，能饮一杯无”，被改成了“晚来天色好，能饮一杯无”，意思很明白，韵味就没有了。宋代文化发达，一流文人极力标榜杜甫，乃至尊为诗圣，也是因为杜甫满足了那时的文化追求。明代以后乃至当今，中国社会是越来越走向世俗化，文化是普及了，但社会主流人群的阅读趣味则每况愈下。与此相对应的，是唐诗中那些黄钟大吕的杰作，比如杜甫最好的作品，当然是《秋兴八首》《诸将五首》《咏怀古迹五首》《北征》，逐渐不太有人喜欢了；而一些诗意浅显、内容健康的小诗，则渐次占据主流。这大约就是《唐诗三百首》久盛不衰的原因，也是《排行榜》硬是祭出古人的宝贝，引致舆情哗然的原因。如果今后王兆鹏教授还有雅兴作成各代唐诗的流行榜，或者变化各部分的加权指数看看榜单的变化，我相信还会有许多新的发现。

现代学者喜欢研究文学接受学，展示同一作品在各个时代的不同遭遇、升沉荣辱，确是很有意思的事。不经意间，《排行榜》也将唐诗的这一变化，适度地作了某些展示。比如李白《静夜思》，好像唐宋时期没有人特别关注过，早期选本和诗话几乎没有人提到。直到明代李攀龙《唐诗选》将其改出两个“明月”，后来的选本群起而效之，终至人人朗诵，妇孺皆知。“春眠不觉晓”那首，现在题作《春晓》，当然是据首句拟题，在宋版《孟浩然诗集》中，保留的原题是《春晚绝句》，写的是暮春醒来惜花的感受，现在的读者大多忽略了这一点。而此诗的流行，也是较晚的事情。王兆鹏教授说他最受感动的唐诗是孟郊《游子吟》，“谁言寸草心，报得三春晖”。身为人子，谁无此感。可惜此诗也未能入榜，我相信编者在此的忠实。苏轼也是位孝子，据说每逢其母忌日，他都手抄一份《金刚经》以表哀悼。可惜他读孟郊集时的心情大坏，自述如龟背拔毛，钱锺书说如瓷片划过金属，没有特别加以表彰，以致此诗很晚才得以彰显。类似例子太多，就不啰嗦了。

王兆鹏很聪明，早就声明，进入排行榜的诗，并不一定是艺术上最优秀的。他没有说的是，现在最通行的唐诗，未必是唐人最好的作品。比如同样写月下的思念，李白的《玉阶怨》无疑是最出色的作品：“玉阶生白露，夜久侵罗袜。却下水晶帘，玲珑望秋月。”写女子独立玉阶，思念远人，直到夜深，露珠侵润了罗袜，依然不觉。回到室内，隔着晶莹的水晶窗帘，遥望秋月，久久无法释怀。寄意之遥深，意境之圆融，都非直白的“举头望山月，低头思故乡”可及。问题在于，复杂的诗意和含蓄的意境，并非初学者可以理解，在明以后文化普及的氛围中，后者必然取而代之。

五、《排行榜》无意揭出的问题唐诗

《排行榜》按照上述几点为唐诗排名，制造一些话题，算不上学术著作。不过因为从某种途径清理过文献，也将一些流行唐诗隐藏的问题，不经意间彰露出来。以下试举几例。

陈子昂《登幽州台歌》没有入榜，最让网友震怒。王兆鹏揭示的材料是唐、宋、明二十二种选本都没有提到它，清代只有两种选本有收，走红完全是最近一百年的事，因而数据偏低。我则要指出，这首诗在陈子昂友人卢藏用为他编的《陈伯玉文集》中是没有的，文本来源最早是卢藏用记述其事迹而写的《陈氏别传》，说陈进谏不被采纳，“因登蓟北楼，感昔乐生燕昭之事，赋诗数首。乃泫然流涕歌曰：‘前不见古人，后不见来者。念天地之悠悠，独怆然而涕下。’时人莫之知也”。陈子昂在幽州作过一组诗，题目是《蓟丘览古赠卢居士藏用七首》，序称“作七诗以志之，寄终南卢居士”，当时卢在终南隐居，不在陈身边，他如何知道陈流涕所歌？如果有此歌，又为何不编入文集？今人已经揭发，“前不见古人，后不见来者”二句，是南朝宋孝武帝读到谢庄《月赋》时感慨的原话，见孟启《本事诗》。后两句则是屈原《远游》“惟天地之无穷兮……心愁凄而增悲”两句的改写，类似的感慨在《蓟丘览古》这组诗里也有表述。我比较倾向认为此诗是卢藏用根据陈寄诗的大意、根据前人的旧句所作之改写。可以明确作结论的是，这首诗的题目出自明代杨慎的手笔，见《丹铅总录》卷二一。感士不遇是古今文人的共命，这几句集中概括了这一痛苦和孤独，因而流传，是不是陈子昂所作，并不重要。

杜牧《清明》，十几年前听说香港市民调查最喜欢的唐诗时排名第一，也没有进入《排行榜》。其实这首诗在杜牧文集和《全唐诗》里都没有收入，最早出现在宋代无名氏类书《锦绣万花谷后集》卷二六，仅称唐诗；再见于宋末类书《合璧事类别集》卷二八，作“古选诗”；元代收入《千家诗》后，才算到杜牧名下。今人或从清明风俗的变化，认为此诗写于宋代，我是愿意相信的。

女诗人一篇都没入榜，我相信不是有意的歧视。比如这首署名陈玉兰的《寄夫》：“夫戍边关妾在吴，西风吹妾妾忧夫。一行书信千行泪，寒到君边衣到无？”很关切入微，像女性之体贴，当然是好诗。可是追索文本，较早收录此诗的后蜀韦縠《才调集》卷七、宋王安石《唐百家诗选》卷一九都作王驾《古意》，即是拟古的闺妇怀夫之作，可能陈玉兰其人都出于假托。至于现在流行的所谓黄巢作“满城尽带黄金甲”一类诗，出现更晚，我很怀疑是宋元说书人的假托。

排行榜是物欲盛行的现代社会商业文化的一部分，带有很大程度的娱乐成分，不可不认真，也不可太认真。今人读古诗，最大的意义是陶冶心情，增加学养，根本不必在意别人如何评议。兆鹏教授锱铢必较地整出个榜单，深谋远虑地展开唐诗攻略，或许不会赞同我的随意解释，那就请鉴谅吧！

全唐诗文整理的方法与难度[1]

一、清编全唐诗文的成就与缺失

今人研究唐代诗文，主要还是利用清编《全唐诗》和《全唐文》。

《全唐诗》九百卷，康熙四十五年（1706）编成于扬州，由曹寅召集，彭定求等十位在籍翰林编纂，仅历时一年半即完成。现在由于胡震亨《唐音统签》和季振宜《全唐诗稿本》影印通行，可以知道迅速成书的原因是充分利用了两家的成果，以季书为主，以胡书补遗，稍作订补，删简校记，统一体例，匆遽成编。虽然问题很多，但毕竟完成唐一代诗歌的总汇，三百多年广受诗家和研究者之重视。

《全唐文》于嘉庆间下诏编修，由董诰领衔，实际主其事的则是徐松、孙尔准、胡敬、陈鸿墀等人。其工作底本是海宁陈邦彦于雍正、乾隆间初编的所谓“内府旧本《全唐文》”，徐松等人又据得见的四部书、《永乐大典》方志、石刻和佛道二藏，做了大量的遗文网罗和校正工作。历时六年，先后有五十多人参与编修，终成

1　本文为2013年8月22日在上海书展古籍论坛上的发言，见《文汇报》2013年11月10日，发表时略有删节。

书一千卷。存文二万零二十五篇，作者三千零三十五人，除首列帝王外，臣工均以时代前后为序。《全唐文》成于朴学既盛时期，主事者又颇具学识，在搜罗遗佚、录文校订、小传编次诸方面，均优于《全唐诗》。但不注所出则两书相同，漏收重收、录文缺误、事迹出入等问题也所在多见。

清代编纂全唐诗文，主要目的是存一代文献，作写诗作文的参考。二书毕竟完成一代文献的总汇，至今仍为学者所重视，与现代学术对文本完整、原始、准确的要求有很大不同。先说《全唐诗》。经过现代学者的反复研究，全书存诗四万九千四百零三首又一千五百五十五句，误收非唐五代诗逾千首，重出互见诗约六千八百首，今人补录的佚诗已经接近八千首，至于录文讹误、小传差错、编次欠妥、体例未善等问题，也在在多有。

再说《全唐文》，因为曾大量参考内府善本精拓，以及当时还保存丰富的《永乐大典》，该书保存有数量可观的仅见文献和最佳录文，但未能贯彻始终，如昭陵诸碑，文本极差，大赦文书常一文以全文和片断分录为五六篇。嘉庆以后，为其作补遗者代有其人，至今新见唐文超过两万篇，几乎与《全唐文》存文篇数相当。

二、最近三十多年唐代文学文献研究整理的成就和对全唐诗文整理的期待

20世纪以来，特别是最近三十多年间，唐代文史学界的成就举世瞩目，如果举其大者，我以为特别可以指出以下诸端。

一是以敦煌文献和石刻文献为重心的大量新见文献的系统整理和刊布。目前敦煌文献的绝大部分已经有高清影印本的刊布，主要文本的整理校录和研究都达到了相当高的水平。石刻文献的整理影印，二十年前已经完成旧拓本的影印和校录，近年陆续新发现的文本数量尤为可观。此外，域外汉籍的介绍和研究也卓有成就，佛道二藏的数字化已经接近完成，传世善本的影印和流布也让学者可以便捷利用这些以往很难见到的文本。

二是唐代诗文作品和作家研究的深入。其中有关作家生平传记的研究，以20世纪80年代陆续编纂完成的《唐才子传校笺》和《中国文学家大辞典·唐五代卷》为代表，包括大量专著和论文，从一流大家到仅存一二篇作品的小家，生平基本脉络已经得到清理，有关唐代诗文的寓意解读、互见甄别、真伪考辨也有很突出的建树。

三是唐人别集校勘注释，在旧本整理和新本笺注方面，都很有成就。一二流大家文集的整理本已经基本完成，传世的重要唐集之善本得到充分挖掘和利用，有些别集有了三四种不同的新注本。其中前辈如瞿蜕园笺刘禹锡集、朱金城注白居易集，今人如刘学锴等注李商隐诗文、刘真伦校注韩愈文集，达到很高的水平。

四是全唐诗文的补遗卓有可观。《全唐诗》补遗开始于日本市河世宁，近代以来则孙望、闻一多、王重民、童养年迭有所得。我继踵前贤，续有所得，1992年汇编为《全唐诗补编》，约得六千多首。此外，徐俊清理敦煌诗卷，续得近千首。唐文补遗始于清末陆心源，得三千篇，拙辑《全唐文补编》补七千篇，周绍良主编《唐代墓志汇编》及续集尚存文五千篇，吴钢主编《全唐文补遗》录文约五千篇，近年新发表墓志另有逾三千篇。

以上这些成绩，为专家所了解，但对一般读者来说，则很难完整地参考利用。整理全唐诗文，纠正清编二书的缺失，让前述各类成果可以为一般读者掌握，是有重大学术价值的学术工程。

三、全唐诗文整理的学术难度和编纂方略

我曾在十多年前的一篇文章中说到，断代文学全集编纂的学术评价应该考虑八个方面：一、搜辑全备；二、注明出处；三、讲求用书及版本；四、录文准确，备录异文；五、甄别真伪互见之作；六、限定收录范围；七、作者小传及作品考按；八、编次有序。每一方面要做好都很不容易。而全唐诗文由于有清人原编的基础，新编本应该是原有总集的升级版，对于原书中的所有问题应该有所回应，对于清以来所有新发现的文献应作出处理，比新编总集应有更高的学术追求。相比较来说，最初提出改编《全唐诗》的李嘉言考虑在《全唐诗》范围内修订，今人新编唐文保留《全唐文》一字不动，仅将新发现文章附入；今人增订《全唐诗》对互见诗，采取在书中卷次先后确定归属的简单办法，都难以满足学术界的期待和要求。就我之认识，全唐诗文整理应达到很高的学术追求，才有取代旧编、为学界普遍接受的价值。而欲臻于此境，从文献普查、善本选用、异文备校、疑伪辨订、体例划一，乃至编排校对，任何一个细节都不能轻忽。没有一批真正的学力相当的志同道合者，是很难

完成的。

整理全唐诗，首先必须弄清，现在可以见到的五万多首唐诗是如何保存下来的？我们可以发现，其中大约三分之二唐诗，是靠各家别集保存下来的，此外则依靠各类总集、类书、史乘、笔记、地志等得以保存。而在见于记载的大约三四百种唐人别集中，保存唐人编次面貌的大约仅有二三十种，有宋本保留的大约六七十种，此外绝大部分是明人编次；很大一部分主要依靠几种总集和类书编录，虽然曾反复刊刻，但校勘价值并不高。可以说，唐诗整理大约近百家以别集为主整理，其余三千五百位诗人的作品则要广参群籍来校勘写定。

同时还应指出，唐诗流传文本的差异和错讹，是很复杂的原因造成的，其中既有作者反复修改推敲、作品重复应酬等因素，也有典籍记载以讹传讹、民间流传随意改动、后世版刻缺落顶冒、学者记录随意改写、后世诗家有意改窜，等等。举一个近期热点话题来说。“更无一个是男儿”，《全唐诗》收在后蜀花蕊夫人费氏下，源自陈师道《后山诗话》，据说她对宋太祖的回答是：“君王城上竖降旗，妾在深宫那得知。十四万人齐解甲，更无一个是男儿。”其实南宋吴曾《能改斋漫录》已指出在其以前的何光远《鉴诫录》已载为王承旨诗：“蜀朝昏主出降时，衔璧牵羊倒系旗。二十万人齐拱手，更无一个是男儿。”是一首诗有两个文本、两位作者。据我研究，这位王承旨就是五代诗人王仁裕。而《全唐诗》花蕊夫人下收《宫词》一百五十六首，据浦江清《花蕊夫人宫词考证》的研究，只有九十八首可能是其所作，另外五十八首分别是唐代王建、杜牧以及宋代王珪诗的误收；而就各诗涉及内容看，作者为前蜀后主王衍的生母顺圣太后徐氏，而非后蜀后主孟昶妃费氏。举这个例子是要说明，在一位作者身上，即存在作者之张冠李戴、诗作之不同归属、传本之伪误窜入等问题。在古籍整理之有序操作层面来说，当然要梳理《花蕊夫人宫词》的传本系统，确定底本和参校本，认真校定。但仅此还完全不够，必须充分查清其作品在存世典籍中的保存状况，并吸取学界已有的研究成果。而就全部唐诗来说，几乎每位作者、每首作品都有其传播接受史和研究史，即在新本写定时必须充分考虑到这些因素。

唐文的校录难度也与此类似。举例来说，昭陵诸大碑，碑文都是唐初的大文章，但碑文经千年日晒雨淋，漫漶严重，每块碑都有很多拓本流传，拓本的早晚、精粗、完残，差别很大。如《姜遐碑》明以后仅存下半截，有十多种拓本和录文。“文革”间出土上半截碑石，则须要重新拼接写定。敦煌三碑也有石刻与写卷的不同传本。再如大赦文书，存世较全的文本多有错讹，而史籍则有节引和改写的区别，即便日本学者《唐代诏敕目录》已经做了很好的索引工作，要重新写定仍不容易。再如作者归属，诏敕是以君主名义颁布的，但唐代大多保留执笔学士的署名，且如大赦文书学士一般仅起草大赦缘起一段，而大赦所涉及的政策变化，即涉及各职能部门的举措条流，则由有司拟定。

我在二十多年前，曾谈到整理全唐诗应追求达到备征善本精心校勘、备注出处以求征信、全面普查广辑遗佚、删刈伪讹甄辨重出、重写小传务求翔实、合理编次以便检用等六项目标。近年看法略有一些变化，即唐诗的文本多歧是由历史原因造成的，新编总集有必要将这些多歧的面貌反映出来，没有必要一定说某本某字为是，而他本为误；唐诗文本写定的目标，应该努力接近或恢复唐人创作的原貌，纠订后人的改动，包括题目、本事、诗句和编次等；对互见传误诗应该有所考辨，但毕竟还有很多似是而非的作品难以确断，不妨可以作附存备参，毕竟被依附托伪也是一种文化现象，不应轻易忽省。

四、从全唐诗文整理谈古籍人才的培养

以上谈了全唐诗文整理的学术难度和应该追求的学术目标，可以认为，真要做好此项工作，需要古籍整理人才具有多方面的学术知识和组织能力。

首先，必须掌握古代文献学和古籍整理的基本能力，从遵循规范入手，了解有关古籍著录、流传、版本、典藏、校勘等方面的基本知识，同时又能够错综变化，通晓此项工作的特殊要求和种种特殊变化，从而足以胜任此项工作，即所谓“从心所欲不逾矩”，“运用之妙，存乎一心”。我多年来指导古典文献学专业硕博士研究生培养，逐渐认识到古籍整理的基本知识说起来并不复杂，但在处理纷繁复杂的古籍文献实践中，要能够熟练掌握而运用自如，没有长时期的积累，没有对古代典籍和文化制度全面深入的把握，很

难有大的成就。

其次，全唐诗文整理对学者的知识要求极其广博，其中涉及唐文的整理要求尤高。就唐诗来说，当然要求学者掌握古代诗歌写作各方面的知识，如声律、音韵、典故、制度、人事等诸多方面，而对于唐文来说，几乎可以认为是唐代社会生活所有方面的原生记录，举凡政治、经济、军事、民族、宗教等各方面无不包容，尤其以涉及官制变化、行政举措、祭祀礼俗、人事迁转、制度兴废、地理沿革等方面为复杂易误。学者没有充分的学术储备，难以胜任此项工作。

再次，全唐诗文就现存世数量来说，大约各有五万和四万多篇，字数均逾千万，对个人来说几乎是达到极限的工作量。现在比较提倡集体合作，我也赞同，但这样大的项目完成，主事者和承担者都有学力和态度方面的要求，不仅要确定体例，各方分工，尤应全力以赴，细大不捐，坚持始终。近年特别感喟司马光编纂《资治通鉴》的成就，原因曾概括四条：曰史观通达，曰方法得体，曰助手得力，曰亲力亲为。特别是亲力亲为，将个人的德、识、才、学贯穿始终。他《进书表》中自述“臣今筋骸癯瘁，目视昏近，齿牙无几，神识衰耗，目前所为，旋踵遗忘。臣之精力，尽于此书”，每读至此，都不能不为之动容。学术研究需要这样的奉献精神。全唐诗文的整理，如果没有一流学者的献身投入，很难有大的成就。

最后，特别想说到一代基本文献的建设，其目的是储材备用，客观忠实地反映一代文献的基本面貌，让各种不同学术方向的学者和不同阅读兴趣的读者可信任地利用。因此，其学术成果的表达应该尽可能地客观公允，避免好奇创新；应该尽可能地兼顾各种文献的分歧矛盾，寻找最稳妥的表达；应该与一般作家作品研究分析有所不同，尽可能地排除个人喜好和主观选择；在涉及作品互见、传误等问题时，应该充分考虑两造的不同证据，避免强说和轻率。在这方面，宋代周必大、彭叔夏校《文苑英华》，坚持没有文本依据时不轻易改字，是很好的范例。如《初学记》收几首杨希道的诗，从宋代以来就认为没有杨希道其人，将其诗收到杨师道名下。最近见到新出土墓志拓本，才知其人是杨师道兄弟，历来都过于想当然了。此外，一代文献处理不免泥沙俱下，求全和求真是永远无法解决的困局，也是编者和读者必须加以理解和体谅的。

e时代唐诗文本考证的惊喜和无奈[1]

幼年时，父母曾让瞎子给算命，说年轻时比较辛苦，二十五岁后会有变化。果然这一年中国变了，我也结束八年知青生活，进入复旦求学。虽然到二十岁才读到《唐诗三百首》，但四十岁时将所纂《全唐诗补编》送给师友，叶保民夸奖："只要唐诗存在，你的书也会存在。"要说没有得意陶醉，那绝对骗人。

20世纪80年代初国门刚打开一条缝，学术有复兴的气象和冲决的勇气，不计利益得失；当然，那时既不立项，也不考核。老辈学者还在，知道什么是学术境界。刚到三十岁的我敢于为一代唐诗补录遗篇，也是时代使然。我的工作方式是据宋元目录知唐人写过什么书，据《中国丛书综录》知道存世有什么书，凡具第一手文献价值的书，无论与文学有关与否，一种一种翻检过去，见到引及唐诗，与手中的《全唐诗》逐篇逐句对核，虽然辛苦，但收获之丰，足以自慰。关键是如何逐人逐诗地对核？我搜集了那时能够找到的所有文史工具书，也把能想到的十八般武艺全部用上，部分解决问题，但遗憾仍很多，那时总幻想如何能将所有唐诗作逐句逐字的检

1　本文原刊于《文汇报·文汇学人》2014年10月17日。

索。后来知道，日本从六七十年代起大量做诗集每字索引，给学者以方便，但也使一些年轻学人以为检索所得就是学问。李嘉言在1957年提出《全唐诗》改编方案后，动员学生做卡片，先做首句索引，他身后由河南大学继续做每句索引。佟培基1996年出版《全唐诗重出误收考》，就是依靠此套索引。我就没有这一方便，因此留下一些误失。1993年我撰文怀疑司空图《二十四诗品》有伪，重要证据是其身后七百年没有典籍引及，当时绝无可能通检宋、明全部古籍，只能作抽样推证。

古籍数码化起步缓慢。记得出版社到复旦推广两百张光盘的《四库全书》，某教授发言坚决反对。两年后《四库》全文检索出现，我最初知道恰是因某教授花巨资购进一套。匆匆检索，发现如《二十四诗品》可补充明末清初的几条材料，但通检宋、明群书，也足验证拙说之可以成立，得到了意想不到的结论。于是花两千元装了单机版。2008年以后，主要用学校图书馆购进的《中国基本古籍库》。

就我来说，在古籍已经可以复制粘贴和逐字检索后许多年，仍很留连传统的纸质文本操作，原因大约一是觉得大型古籍整理若要做成电子文本，首先底本要逐字再校一遍，不如采取善本复制在纸质上操作之准确；二是读古书的人都很迷恋逐次积累文献、反复校订、铅黄满纸、可以追溯还原过程的工作状态，电子文本总感觉隔了几层。最近几年，因为遭逢出道后最诡异而黑暗的事件，发愤愿以个人之力完成全部唐诗的校订，迫不得已全部采取电子文本写作，方意外地感受到掌握现代手段以进行传统学术研究之惊喜。

惊喜之一，是在一个界面中可以展开无数文本的操作。记录今天的数据，我的重编全唐诗总文件数是一万三千七百零三个，其中大约一半是积累的数据，大约六千个是正在写作的文件。每个文件都可以在一二秒内打开，增补新的内容。如此浩大的文本积累是以往不敢想的。我以往做过几部大书，过程中文稿都按四角号码顺序编排，虽然我的四角号码已经好到能像读报那样地检索，不说文本堆积如山，要找到那一人那一篇都要折腾许久。

惊喜之二，是文本可以反复推敲修改，再三斟酌，逐次写定，不断完善。唐诗流传千载，文本变化很大。尽管就世所习知的文本层面上我已经浏览周遍，但不断利用新见文献，不断关注稀僻文本，是我努力关注的方向，许多看法不断在变化，体例在调整，局部出入更大。以前只想通过汇校善本为唐诗写定一个可靠的文本，近年改变为通过汇聚文本展示唐诗的变化轨迹，文本改动当然也更丰富。查修改记录，凡存诗一卷以上的作者几乎都有几百上千次的修改。我手边还保留二十多年前《全唐文补编》的原稿和校样，每页都有无数勾改，当年惶恐得很，真苦了责编和排校，还不说自己的剪贴拼接，昏天黑地。

惊喜之三，是搜寻文献的方便。读研那会儿，老师说学者积累数据各有法门，或做卡片，或记小本，或校书上，或存脑海，我们都这样各显神通。其中治汉语词汇者，无不有搜辑语料的卡片箱。我早期工作是关心唐文学作者事迹、典籍存佚、诗文流传以及文本辑佚，用工具书检索，更逐书记录珍贵线索。现在方便多了，比方要确认唐人说“孝子顺孙”而很少用“孝子贤孙”，一检即得。确定专用名词如人名、地名、书名当然更方便。特别是古籍辑佚，以往要辑某书佚文，要遍检群书，现在输入一个书名，立即给你许多线索。古籍数码化刚开始时，就有学者断言，今后有几路学问肯定没饭吃了，即有鉴于此。

惊喜之四，是通校文本的便捷。古籍校勘的基础工作是对校，虽然基础，但一点也绕不过去。同一书的不同文本还算好，因为内容、次序基本相同，一页一页对读过去就可以。然而唐诗却不是这样。比如孟浩然集，几个不同系统的文本彼此差别很大，要每首诗校过去，底本要翻来覆去地查检。何况唐集多数经过数度分合，为无数典籍征引，且多数别集为明人编刊，据唐宋总集、史乘、类书、地志校勘的价值，有时比别集校意义更大。我是治学认死理的人，既然发愿凡唐宋人曾引录的唐诗，应该尽力通校，那就务求做到。比方《文苑英华》引唐诗逾万首，我还真校完了，结果发现，这么常见的书居然前人并没有完成通校，包括如杜甫、白居易这样的作者。想想也是，白居易存诗三千首，《文苑英华》引录约三百多首，每一首都要在三千首里找出来，谈何容易！现在真不难，见诗在文档中搜索，一检即得，逐字对校，记录同异，也可以较快完成。

惊喜之五，是辑佚、辨伪都有许多意想不到的线索。早年曾作唐诗辑佚，未免贪多误取。唐诗误收互见情况更严重，在四万九千四百零三首诗中互见接近七千首，非唐五代的伪诗也超过千首。今人考辨已多，结论坚确或仅属推测者皆有。我始终觉得，一首而作者有二说或三说者，考订做结论要充分考虑两造间的证据，方能作出可靠结论。以往《四库》全文检索在显示一句诗或一个词的检索结果时，提供了许多记录，但文本要逐一打开，方知前后内容。基本古籍库则每条搜索结果都显示前后文字的内容，每页显示几十则，一览可知结果，最感方便。一首诗的几十次引用结果能得备览，对其文本真相的考辨极其重要。近年完全无意于作唐诗辑佚，但因按照程序将群书引唐诗与手边的工作文本逐一记录，发现未见者，复检可会是他人他朝诗之误入。反复推敲之下，确信来源可考，他书未见者，方敢视为佚诗。因为所涉书的数量远远超过前人考订唐诗曾阅读者，加上又是如此严格地加以对检，很高兴发现在《全唐诗》成书三百零七年后，我也搜罗逾三十年后，现在居然还会有数量可观的唐诗陆续奔入彀中，每天都有，能不愉悦吗？

说了五点惊喜，这是学者生活在e时代的机缘。虽然我也用e考据，也确信今日治学离不开这一利器，但就我言，只是多一辅助手段，实在不敢妄谈e考据的划时代意义和法门。就自己的工作，还想泼点冷水。

就我所知，常见古籍数据库学术质量都还存在一些问题。有些标名所据为宋本，但不时见到“邱为”“房元龄”一类文字，就对所据底本的可信度不能不有所怀疑。有的制作态度极其认真，将古籍刻本的一笔一画都保留下来，但出现一大堆无法检索也无法复制的怪字，似乎还沿袭清人让不识字的人校书的古训，认真而不讨巧地摆出一地废品。此其一。

据说至今古籍数据库的总字数已经超过七十亿字，即为《四库全书》的十倍，确实很可观。但其中无用的书也很多。比方《古今图书集成》一亿字，就我站在唐文献的立场来说，有价值的部分不到万分之一。一般一书仅存一个版本，此版本也未必最佳，仅取常见而已。至今未及数码化的文本还甚多，更不可能包含所有古籍。一些学者以为有了数据库的存在，基础文献工作已无进行之必要，台湾持此见者尤多，实在是一种误解。此其二。

即便在已经数据化的古籍中，检索还难达到精密的程度，或因字形差异，或因搭配歧误，同一句诗，查后二字不见，前二字是有的，即因此造成。我的办法是凡希望有结果者，总努力多查几项。此其三。

古籍数据检索是一项特殊的机械化操作。比方唐诗人姓名，如张萧远、庄南杰、长孙佐辅之类，当然不会与别人相混。但如查李白，则诗人固有之，桃红李白也来凑热闹，更无奈的是此类大家一气给你迸出几万条。检索贵在选择，选择的条件对所有人并不公平。偶然找到一条难得数据当然是e考据的胜利，但如我这样立志清理一代文献，就不能寄望偶然的邂逅。此其四。

e检索流行，立即有人认为以往人工编制的工具书皆可作废。部分对，不全对。比方李商隐诗逐字索引，借助计算机制作者当然比人工制作者更准确，也有更多维度的检索功能。但做过大量前期学术研究的工具书，比方中华书局的《二十四史人名索引》，将一个人的不同指称都作了归并，将同姓名的不同人物作了分割，可达到的学术精密度超过数据检索，如何可废？此其五。

检索可以较快速地找到文献，但对文献的解读还要依赖学者的学识积累。现在一些学生有种误解，用检索代替读书，以至很少读书，实不足取。近年审读论文，很关注到底是检索出来的资料堆积，还是潜心独造、深研有得的心会之著。此其六。

读书贵融会贯通，贵入木三分，贵知人论世，都不是检索所能获得的能力。比如李白之天真、杜甫之艰难、韩愈之木强、白居易之私生活，都非通读诸人文集而不能知此。大者如古今治乱之得失，小者如信陵君窃符救赵时的军事形势，都非检索可知。此其七。

凡治古文献之学者，都知道讲求版本之重要、罗备众本之必要。研究唐代文史，更宜重视唐写本和宋本书保存唐人写作原貌之可贵。今检索盛行，学位论文动辄都是四库本，恰应了李清照对陈师道如贫家少女终乏富贵态的讥讽。传统文史学术应该精致雍容，有讲究之品格，有善本不用俗本，有较早记录不取晚出文献，治一端唯恐有第一手记录未及寓目者，尽量不据他书转印文献，皆当虑及。此其八。

我作唐诗文本，几乎每一处选择都必须考虑多层交叉关系。比如花蕊夫人，是前蜀王建妃徐氏还是后蜀孟昶妃费氏，王建妃为姊还是妹。《全唐诗》其名下诗词一百六十多首，必须逐首鉴别，区别处理。虽然大端浦江清已经梳理清楚，重新写定仍然头绪众多。我近年一直认为每一位诗人、每一首唐诗都有其流传史，利用检索可以增加一些线索，但最终写定还需要多种手段。此其九。

今人喜欢讲学术前沿，还有国内、国际的区别，我则始终不乐观。国际化已然大势所趋，局处一隅自成方圆何谈领先。我在香港、台湾和日本任教访学期间，曾彻底通阅过几个大馆的藏书和旧期刊，改变了自己的盲目。即便国内公开学术出版物而不能进入检索系统者，数量也极大。此其十。

因此，到现在为止，我的唐诗文本研究仍坚持以传统阅读为主，以数码检索为辅。利用善本，逐行逐句掐紧，不敢丝毫放松。举戴叔伦诗来说，在前数码时代，蒋寅《戴叔伦集校注》存真一百八十四首，断伪五十六首，存疑六十首；后数码时代，存疑九首可断伪，一首可信真，仍有五十首存疑。慢慢来吧！

全宋诗文都缺尾巴[1]

近二十年专唐忽宋，别无原因，精力有限，难以兼顾耳。因此《全宋诗》是全套买了，仅偶然翻检，未暇通读。《全宋文》曾替出版社审读过两册文稿，因而可以有底气在该书首发会上作几句专家发言，全书则一直无缘通检。年来见研治宋代文学者成群结队，热闹非凡，订补和利用二书之文章如春末柳絮般纷至沓来，虽未能一一体会其精髓，但感受二书之出版预有力焉，因此油然而对两书编著者深怀敬意。古籍整理造福当代，功在千秋，亦于此可知。前时偶然在学校附近专售旧书的古月书店买到《全宋文》第一册，仅二十元，包括全书三百六十册作者名录，觉得偶可查阅，就买下。稍作翻检，竟有意外的发现。

数年前，我曾在《文汇报·学林》谈《全宋诗》存在的主要问题，其一云："将《全唐诗》与《全宋诗》作一比较，不难发现前书的最后部分，收有二十多卷无名氏以及神仙、鬼怪、梦、谐谑、歌谣、谶记、谚语之类作品，但《全宋诗》则没有这些部分。无名氏虽有少数列入正编，多数似乎并没有编录。神仙鬼怪多数见于道

1　本文原刊于《东方早报》2011年12月25日。

书和小说，《全宋词》另作宋人小说所见词来编录，也是一种处理。《全宋诗》可能是因这部分难以整理而一律未编，留给《补编》处理，不能不说是大的缺漏。”

现在看到《全宋文》，最后十册收文较多的作者是陈着、姚勉、许月卿、舒岳祥、方逢辰、马廷鸾、王应麟、牟巘、刘辰翁、俞德邻、何梦桂、文天祥等，最后止于宋恭帝。就以作者生年顺序来编排一时代文章的大书来说，似乎已经编完了。但如果我们以《全唐文》系列书籍来作比较，就不能不提出疑问。《全唐文》一千卷，其中作者世次不明者编录为十四卷，阙名文章收录四十八卷，二者合计共六十二卷，超过全书百分之六。清末陆心源补录八十八卷，阙名文多达二十一卷，占全书百分之二十四。拙辑《全唐文补编》补文一百七十八卷，阙名文达四十三卷，也占全书百分之二十四。此外《唐代墓志汇编》正续集和《全唐文补遗》都以收录唐墓志为主，作者不详者约占三分之一以上。

比较起来，为何《全宋文》可以没有世次不明者和阙名者的文章呢？难道宋代文化发达，教育普及，人们都养成良好的署名习惯，彻底杜绝了无名氏文章的出现？当然不可能。唐圭璋编纂、王仲闻审订的《全宋词》，最后包括无名氏和宋人小说中的词和元明小说依托宋人词，就是明证。

阙名诗文形成的原因很多。朝廷和地方官府之公文来往，许多并不署主官之姓名。诗文流布中，不免因传抄脱落、有所避忌或残破缺页而亡失作者姓名。民间写作经常没有明确的作者意识。此外如小说虚构人物之诗文，道教徒托名古仙今神之作品，民间美刺时政多借歌谣谚语以传，不逞之徒假造谶言以图谋不轨。凡属此类文献，皆一代诗文之所必有，而网罗全宋诗文所不能或缺者。

我以小人之心猜度，《全宋诗》《全宋文》编纂之时，凡此类诗文肯定都曾作过认真的记录和整理。但在最后定稿过程中，因出于某些原因而放弃了。

原因一，大约作为国家重大选题，在一定时间内要完成结项，而此类阙名诗文，可以说是一代文献中的最难处理的残零，整理难度很大，学术价值又未必很高。所谓“行百里者半九十”，这最后几步要走完，谈何容易。这部分所占比例，大约不足全书之十一，而要整理清楚，则工程浩大。投入大而产出少，因此未经商量地都壮士断臂了。

原因二，全字头大书之求全求真是一对矛盾，求全不免泥沙俱下，无可避免地带来许多误收和错讹。在求真的原则上将一切可疑的作品皆摈弃不取，当然是明智的选择。如逯钦立《先秦汉魏晋南北朝诗》排除了大量道藏歌诗，除了囿于当时破迷信的政治氛围，大约也有减少失误的考虑。何况今日之学术批评，常缺乏公正之立场。读者一般都不理解此类大书编纂之艰难，一旦发现误失，经常喜作偏激的批评。其实，编者要负责任的是一代几万作者的几十万篇作品，而读者只要在一人一篇上努力探究，较易发现编纂中的问题。任何读者都不能保证在阅读并加订正后，全书就没有失误了。那么，我们又怎能要求编者不犯错误呢？

二书编者分别采取断尾以减少失误的态度，原因可以理解。但一代文献，毕竟缺了很大一块，不能不说是很大的遗憾。

是不是可以期待这部分由后人来订补呢？我曾做过全唐诗文的订补，就我切身的体会，要订补一代文献，在文本普查方面要做的工作，比该书初编时要大得多，即其曾用之书要逐篇复核，未用之书要广泛搜寻，而最后所得，仅是原编的若干分之一。宋代诗文的存世数量，是唐代的大约五到十倍，其文献利用量和要付出的工作量，大约更在十倍以上。这是任何个人所无法承担的责任。

解决的办法，仍然希望二书原来编纂的研究单位，继续此一工作，将当时暂置而未作处理的调查记录，重新作审视和校录。希望科研主管部门继续支持这一工作，也希望饱学的读者能以宽厚的心态来对待可能出现的错误。

我冒昧地写下这篇短文，真心希望这个尾巴不要留给后代来处理。

承李谟润博士发给我《全元文》的文本，第六十册之末仍无阙名一项。《全元诗》即将由中华书局出版，希望是完整的结集。

我的神明书架[1]

刚开始学术研究那会儿，整天泡在图书馆里，什么书都看。那时总有个梦想，何时自己也能拥有很多的书，享受坐拥书城的感觉。图书馆的书可以阅读可以出借可以利用，但毕竟不是自己的书，不能批点，不能做札记，更不能剪贴，学者还是要有可以处置、可以积累、可以保存的自己的书。几十年下来，不断积累，自己的藏书也有很大的数量，只是阅读的兴趣和能力总觉得在衰退，经常不记得某书自己买过没有，自己肯定有的书，经常遍寻不见，还得劳烦图书馆。

我的书，部分是有兴趣阅读的，有愿望收存的，都属闲书，广涉古今中外。核心部分则是专业书，与本人治学有关，以唐代为中心，以中古基本典籍为主，各路学问的书都完足。谁让我要做唐代基本文献呢！基本文献的特点就是包括四部，奄涵各科，储材备用，服务学林。话说得有些大了，但还属实情。最初也随一般学者那样治作家作品，偶然发现大批唐人佚诗居然不为世知，于是将工作漫及一代，1987年成《全唐诗补编》。继而补《全唐文》，更感

1　本文原刊于《南方周末》2013年8月15日。

原来知识不够用。1993年起做五代史，浸润十来年，完全不带文学的立场，又有别样的感悟。可以说每一段工作，都涉及成百上千的典籍，每天都在书堆中折腾。偶有记者询问最近在看的书、可以推荐的书、最喜爱的书，我都茫然无以应答。在我，是详尽阅读所有相关存世文献，理解每部书的作者、成书、留存、价值后，可以在学术研究中运用自如，有早晚真伪完残的区分，但不厚此薄彼。这是专业学者与业余阅读者不同的地方。

当然，也有如神明般守护我的书架，引领我学术航路的宝书。

第一部是中华书局点校本《全唐诗》。初版于1960年4月，精装十二册，仅印二千六百册。整理者署名王全，是王仲闻与傅璇琮两位先生1959年据清扬州书局本整理，仅作点断，略有订正，末附《全唐诗逸》。1978年我考入唐宋文学研究生，开始在图书馆看到。第二年看到将要再版，平装二十五册，定价三十九元，大约是我一个月的生活费。现在书的扉页有题记：“1979年10月预订。1980年2月26日始取得第一至第五册。略翻审，除分册略异，文字较1960年初印时未加校订。”就现在来说，这部书平常多见，凡做古代文学的，谁手上没有呢？但我的这本，真和所有人的都不同。

《全唐诗》是康熙第五次南巡时，让曹寅在扬州开局，由彭定求等十位江南在籍翰林用一年半时间编纂而成。康熙撰序，称“得诗四万八千九百余首，凡二千二百余人，厘为九百卷。于是唐三百年诗人之菁华，咸采撷荟萃于一编之内，亦可云大备矣”。近年因为胡震亨《唐音统签》、季振宜《全唐诗稿本》先后印行，这部钦定大书成书过程以及材料取舍都已经很清楚了，可是那时还不了解。当时读岑仲勉《读全唐诗札记》、闻一多《全唐诗校读法》、李嘉言《改编全唐诗方案》，知道这部大书内问题很多，但就全局来说，似乎并没有清晰的认识。那时候年轻，精力好，胆子也大，古人不是说读书必先校书吗？我就从校书开始。我将唐诗基本典籍中收录唐诗的篇目，与《全唐诗》逐篇对核，在自己的书上做记录。其中包括各种文本的唐集，《文苑英华》《唐诗纪事》《万首唐人绝句》《乐府诗集》等要籍、明清时期刊刻的大型丛集与总集。那时图书馆凡康熙以后刊本都不算善本，研究生可以借到寝室阅读，我就每天借几大捆线装书，包括《唐音戊签》《全五代诗》等。列入善本的明刊本，比如《唐诗纪》《唐人八家诗》等，则在图书馆爬梳。我的工作是竭泽而渔式的，在20世纪80年代初期就将复旦图书馆所藏唐诗典籍阅读殆遍，且留有记录。凡遇稀见善本，也与手边文本作校勘记录。这样积累几年，我手上的这部《全唐诗》已经附抄了大量材料，记录了各种典籍中保存唐诗的线索。当然，也因此而见到许多清人失收的唐诗。书当然还是原来的书，但有这些阅读调查记录，我的这部《全唐诗》可以说已经完成升级换代了。我后来的许多工作，就这样做好准备。做《〈全唐诗〉误收诗考》，是在查对中发现数百首其他朝代人诗混入唐诗；做《全唐诗补编》，是在《全唐诗》以外查到数千首唐人佚诗；做《二十四诗品》辨伪的最初契机，是我从没见到明末以前有此书为司空图做的记录，《全唐诗》下此篇一直空白。当然，有此凭依，我可以做出可以取代清编《全唐诗》的新本。年轻时愿意牺牲一些名分与别人合作，可惜所遇不淑，终难有成。近年忽感时不我待，始发愤著书，期有所成。

第二部可以说的是《全唐文》，中华书局1983年影印本，略作点断，有标识。书价高达三百七十元，那时可是我三四个月的薪水，新婚不久，恰是手头最吃紧的时候。犹豫很久，偶见打九折，咬牙买下。按照当时书价，大约在一百至一百五十元间，后来确认是书局财务算错了，郁闷。恰好唐诗辑完，准备辑补唐文，这当然是必不可少的准备。方法仍和《全唐诗》一样，只是1985年后复印开始普及，平冈武夫《唐代研究指南》已经可见，不必全部记录。但文有比诗更复杂的地方：一是文体界定不如诗清晰；二是诗至少可以句为单位查检，文的传异、传误则更严重，很难检索；三是文包括了社会日常生活的所有方面；四是清末以来新发现文章数量极其巨大，近年几乎是以几何级数在增加。做《全唐文补编》增补七千篇，够丰富了吧，此外未用的墓志和新出石刻居然还有上万篇。算了，学无止境，坐观云起云灭吧！

第三部可以说的是一部索引，傅璇琮先生等编《唐五代人物传记数据综合索引》，中华书局1982年出版。以前看陈寅恪、岑仲勉的著作，在涉及人事研究时，文献随手取舍，佩服得很。但这部索引则将唐代基本人事文献的具体细目全部作了编录，使笨拙如我也可以在史料间任意跳掷腾挪。这本书为八十五种书编了传记索引，其中既包含正史、全唐诗文、唐诗基本典籍、书志、书画、僧传等，还包括了《元和姓纂》《郎官石柱题名考》《重修承旨学士壁记》《唐登科记考》《唐方镇年表》等缙绅、职官类专书。我在80年代做唐诗文辑补，广检文献，手头一直放着这本书，随时准备对检查核。可以说，我那时能够广泛了解唐代人物事迹，在很大程度上是得益于这本书提供的方便。许多学者都喜欢故作高深，似乎一切学问都是阅读得来，何曾利用工具书。其实有成就的学者都离不开工具书，甚至自编工具书。在我则多年来坚持购备各类文史工具书，自己也编过。金针度人也自度，学问其实不复杂。

最后一部书说《资治通鉴》，司马光空前绝后的著作。中华书局1955年整理本，集中了当时最优秀的学者，其确定的规范为后来《点校本二十四史》所继承。我是1978年买的1976年上海印本，二十厚册定价三十元，那次偶去书店见正特价二十元，愉快何如！司马光是我很钦佩的历史人物，他有执着的政治立场，但在遭遇挫折时退而著书，真是进退得宜、穷不丧志的典范。对这部书的认识，则绵续许多年而逐渐加深。我在研究生一年级时为熟悉唐代史事而通读唐代部分，欢喜其叙事条理清晰，主次分明，人事恩怨、政事得失每有深入陈述和诛心之论。以后研究深入，特别是与欧阳修比较，更可知他不强调春秋笔法，不讲究正统偏见，努力探索历代兴亡过程和真相的努力。十多年前做《旧五代史》的考证和辑校，把正史、《册府元龟》所存实录与此书作了几乎每天史实的逐条比较，确认其叙事在纷繁文献中取舍之有识，在文献纷歧时遴选和考证的准确精当，以及改写史文时的忠实严肃。2009年是司马光诞辰九百九十周年，我曾在复旦学院作题为“兼济独善之典型千年史家之魁首”的学术讲座，肯定其为人为政为学的成就，而《资治通鉴》成功的原因，我则概括了四条：曰史观通达，曰方法得体，曰助手得力，曰亲力亲为。缺了其中任何一项，必无所成。特别是亲力亲为，全书一手写定，更属难能可贵。司马光的德、识、才、学，在这部书里贯穿始终。他在最后完成的《进书表》中说：“重念臣违离阙庭，十有五年，虽身处于外，区区之心，朝夕寤寐，何尝不在陛下之左右。顾以驽蹇，无施而可，是以专事铅椠，用酬大恩，庶竭涓尘，少裨海岳。臣今筋骸癯瘁，目视昏近，齿牙无几，神识衰耗，目前所为，旋踵遗忘。臣之精力，尽于此书。”这是一位伟大学者的自述，是他以生命贡献学术的写照。每读至此，不能不为之动容。

可说的书成百上千，天热，就此打住。

《唐五代文作者索引》弁言[1]

本书的编写，缘起于虞万里兄的一通电话。2009年8月中旬，他来电话问我，唐人的文章近年发现很多，也已经做了很多的补遗和汇集，现在有没有什么办法可以完整地检索。我介绍了一些情况，也提到一些工具书，比方日本气贺泽保规的《新版唐代墓志所在总合目录》，至于要从作者方面检索，则目前还没有很好的办法。

放下电话，我陷入沉思。以我曾经编纂过《全唐文补编》的经历，尚且无法完整把握近几十年新见唐人文章的情况，其他人就更难掌握了。就大端方面来说，唐五代人的文章，《全唐文》编次为一千卷，收文二万零二十五篇（从平冈武夫《唐代的散文作品》统计）。在这以后，光绪间陆心源编《唐文拾遗》七十二卷、《唐文续拾》十六卷，补文三千多篇。最近二十多年，较大宗的补遗则有三批。一是周绍良主编《唐代墓志汇编》和《唐代墓志汇编续集》，收唐代墓志五千多篇，虽不像《全唐文》那样以作者立目，但其中十分之九为《全唐文》未收的唐人文章。二书都编有很好的人名索引，但很难从作者方面加以检索。二是吴钢主编《全唐文补

1　本文收入拙编《唐五代文作者索引》（北京：中华书局，2010）。

遗》，历时十四年，出了十册，均以作者立目，收文总数超过六千篇，大约十分之三不见于周绍良二书。每册自成单元，自编索引，查检不便。三是拙辑《全唐文补编》，正编一百六十卷，另附《全唐文再补》十卷、《全唐文又再补》八卷，补文近七千篇，其中与周绍良、吴钢两个系列重见文章约仅十分之一左右。此外，《全唐文》的整理校点本则有王水照主持的《传世藏书》本和孙映逵主持的山西人民出版社本。此外还有署名周绍良主编的《全唐文新编》，《全唐文》卷次大致未变，但声称补入一万多篇，其实没有太多的新意。另外，最近几年陆续发表的唐人文章还有很大数量，我都做了收集。也有今后条件成熟时重新全面编录唐人文章的想法，只是这一规划太艰难：所有文章都应该交待来源，对校善本，备录异文，甄辨疑伪，搜辑残零，编次小传，即便有强有力的研究集体来推动此一工作，最少也要八到十年才能完成。然而，学界确实急迫希望有一部较便捷的工具书，能全面迅速地掌握唐人文章。几经反复，我选择了编纂本书，并匡定了基本体例。

本书以《唐五代文作者索引》为题，是至今为止编录唐五代文章最基本的几个系列图书的作者索引。主要包括四个系列：一、《全唐文》和陆心源《唐文拾遗》《唐文续拾》为一个系列，据中华书局1983年影印本编录卷次和页数。其他如上海古籍出版社影印本、《传世藏书》本和山西人民出版社点校本，可以根据卷数查得。二、拙辑《全唐文补编》附《全唐文再补》《全唐文又再补》。三、吴钢主编《全唐文补遗》，包括一至九辑和《千唐志斋新藏专辑》，共十册。四、周绍良主编《唐代墓志汇编》和《唐代墓志汇编续集》。以上四个系列以外的文献，则列为第五栏，较大宗的有赵君平《邙洛碑志三百种》、乔栋等《洛阳新获墓志续编》、赵君平等《河洛墓刻拾零》《西安碑林新入藏墓志汇编》、杨作龙等《洛阳新出土墓志释录》等，以及其他各种零星发表的文章。由于本书为笔者今后重新编次唐五代文章作准备而编，前四栏无论真伪，一律列出，第五栏几种大书和一些稀见文献也尽量标出。第五栏本意为编录前四栏未有之唐人文章而设，但编录时发现逐项要比对，很难实现，因此而偶有重复，幸祈谅察。应该说明的是，由于前四个系列图书中的后三项，资料大致截止于本世纪初（《全唐文补编》截止于2004年，《唐代墓志汇编续集》到2000年，《全唐文补遗》到2006年），此前出版的各类大型与唐文有关的文献总汇都曾充分利用，本书即不再罗列，一般仅取2004年后的新出书。第六栏为备注，说明有关误收、互见、同姓名作者之区别等内容。

本书没有包括《全唐文新编》，是基于对该书价值的基本判断。该书虽然称补入一万几千篇，其中三千多篇是原来陆心源已经补出的，又从《唐代墓志汇编》及《续集》《全唐文补遗》最初几辑收录唐人碑志大约五千多篇，此外所录较大宗的，一是从唐代史书中大量采录君臣谈话，二是据敦煌遗书大量编录各类公私文书，三是据《永乐大典》录各种古籍的片段。我曾很认真地复核该书所收全部新增唐文，确认除重见于本书各系列图书者外，其他几乎没有提供该书独有而可以凭信的文献（敦煌遗文在《全唐文补编》和《全唐文补遗》第九册所收均去取较严格，录文也更准确）。因此，本书没有将其收入。

我希望本书，在新的可以取代清编《全唐文》的汇录唐五代全部文章的总集出版以前，能够为学者和读者检索唐人文章提供一个方便的途径，也揭示今后新的总集的一个大体框架。在我的期待中，新的总集应该对每篇文章的来源都有完整的说明，且录文都据善本精拓做过会校，对作者归属有认真鉴别，对作者事迹有准确叙述，对时代先后有精心安排，对章真伪有妥善处置，要做到很不容易。由于这些工作都未展开，本书仅以个人之力仓促编成，相信在文献处理细节上还有许多缺憾，特别是《全唐文》等书因避讳而改动者还未理清，各书所收姓名相同者是否同一人仍有待斟酌，此外所见有限，恐仍不免多有遗漏。希望方家读者发现错误，随时告我，谨此致谢。

《敬畏传统》自序[1]

人生百年，倏近六十，大半已经过去。从1978年入研究生算起，从役学术也超过了三十年。复旦大学出版社编辑“三十年集”，入选人物都是“特立独行的思想者，精神家园的守护人”，明知我很不合格，仍然约我编一本集子。想到三十多年的学术经历，有机会稍作清理，也很难得，就抱持“稍存异数”的心情答允下来。

写出回顾学术起点几年的纪事文字，才惊讶于一些成长的经历十分模糊。我绝无家学传承，中学初一就遭逢“文革”，到农场劳作八年，与几位高中生读过一些书。作为最后一届工农兵大学生进入复旦不到一年，老师认为水平不下于“文革”前大学生，怂恿考研，居然顺利录取。如何跨越中学到大学的教育，是得益于“文革”十年的饥渴阅读，还是入大学一年的发愤读书，自己也说不清楚。可能是此一原因，我一直以谦恭敬畏的心情读书治学，卑以自持，不断进取，不敢张狂，不敢稍懈，逐渐得悟学术之一二。在上世纪80年代初新方法笼罩全国的学术氛围中，我则在传统文史考据

1　本文收入拙著《敬畏传统》（上海：复旦大学出版社，2011）卷首。

的道路上越走越远，无法自拔。回头来看，这一选择还算值得，差可欣慰。现在回头说研究方法，我觉得创新固可喜，其实守旧也很精彩。中国传统治学方法强调学者应博通四部，从掌握目录和校书识字入门，通过典籍的反复研读，先作批点札记，进而形成论文和专著，这和当代国际主流学术的基本规范其实是相通的。我受教于复旦几位杰出学者而初窥学术堂奥，在转益多师的摸索中寻求适合自己个性的治学路数，在学术史定位中确定可以开展的工作。三十年间主要完成以下几项工作：一是1992年在中华书局出版《全唐诗补编》，会聚前人所得补录唐诗六千四百多首，三分之二是我搜寻所得；二是发表各类学术文章约二百多篇，最重要的是1994年与汪涌豪一起提出《二十四诗品》伪书说，其他还有各类辞书和札记逾万则；三是2005年在中华书局出版《全唐文补编》，补录唐人遗文近七千篇；四是2005年复旦大学出版社出版的《旧五代史新辑会证》，最初思路受到史学大家陈垣的启发，基本治学方法则遵循司马光、刘恕做《资治通鉴》先做长编的古法，较彻底完成五代史基本文献的清理。目前在做的工作，可以提到的有二十四史修订承接了《旧唐书》《旧五代史》《新五代史》三书，其中前二部有师辈的工作基础，有责任接续；再是修订逯钦立《先秦汉魏晋南北朝诗》，希望清理明清积存的唐前诗歌文献，反映最近四五十年学术的进步，满足当代研究之需求；另编纂《唐五代诗纪事》，编录全唐本事诗，系统清理唐人集部以外的诗歌。这些都可以在近期完成。

归纳起来，我的主体工作是步武传统文史考据的方法，立足于当代学术的需求，着眼唐一代文学、历史基本文献的建设，期冀因自己的努力，巩固唐代文史研究的基石。如果说到个人的学术体会，我常与学生讲到三点：一是掌握目录学以求全面掌握已佚和存世文献，兼顾四部，不拘学科，兼收并蓄，不弃涓滴；二是重视史源，区分文献的主次，在此原则上从事专题研究和文献重建；三是不盲从前人，不轻信权威，对所有问题都强调在文本阅读基础上的重新评估和认识，因此而看到前人的种种不足和今后可以努力的方向。唐代基本文献也是如此。我觉得，无论马克思讲的“怀疑一切”，还是陈垣说的“毋信人言”，其实都是以庄敬的态度阅读和审视前人的著作，而以自己的眼光建立认识。这其实是一切从事严肃的学术研究应该持有的立场。

今后做什么？也是我近年经常考虑的问题。本书最后收录为金程宇所作序，拟题《学者应知所取舍》，其实表达的是我的犹豫。像我这样坚持传统著述的学者似乎已经不多了，我也很庆幸在自己还没有衰老以前达到了一定高度，相信还有余力做一些较为重大的课题。就我目前的学识和能力，可以完成唐史基本文献的重建（这是严耕望曾反复斟酌而最终放弃的设想），也可以完成全唐诗文的新辑会校，虽然都已经积累了数量极其巨大的文献，但个人生命和精力，似乎难以全部完成。就在几天前，在经历了此生最难忘的一段经历以后，完成了第一项选择，会在调适心情后开始新的努力。

由于我的主体研究无法在本书中展示，只能选取相关的叙述文字以作弥补；一些较有心得的论文也因篇幅太长，只好稍作节取或放弃。这些均请读者谅察。

书名调换了几个，最后的选择是表示对传统学术和治学方法的尊重，也是我多年来从事学术工作一直抱持的心情。

《唐女诗人甄辨》引言[1]

人分男女，唐代也一样。唐人会写诗，唐代妇女也一样。但很可惜，唐代女性存世的诗歌大约仅占全部唐诗的百分之一。即便如此，保存至今的女性诗歌，其错讹传误的程度，也较男性作者更显严重，实在有必要加以甄辨澄清。

存世唐女性诗人有多少人呢？大约一百五十人左右。即以收录较备的《全唐诗》来说，较集中的部分是卷七九八到卷八〇五录名媛诗八卷，共作者一百一十七人。此外，在卷首帝王后妃部分中，有文德皇后、则天皇后、徐贤妃、上官昭容、杨贵妃、江妃、宜芬公主、宋若华、宋若昭、宋若宪、鲍君徽、萧妃等，加上参与中宗联句的有韦皇后及长宁、安乐、太平三位公主，十国国主眷属则蜀太后徐氏、太妃徐氏，又可增十八人。卷八六三女仙，亦偶有女道士之作。卷八九九收女词人五人，较前增闽后陈氏、王丽真女郎、耿玉真三人。至于鬼怪卷中之女性诗，皆小说家言，可不计。市河世宁《全唐诗逸》未见女作者，据《游仙窟》所录崔十娘、崔五嫂诗，皆为小说家言，亦可不计。《全唐诗补编》新增女作者，有宋

1　本文写于2014年2月10日，收入《唐女诗人甄辨》（北京：海豚出版社，2014）卷首。

家娘子、杨氏、韩氏、姜窈窕、吴二娘、凌行婆、淑德郡主等。此外，《千唐志斋藏志》存谢承昭撰《唐秘书省欧阳正字故夫人陈郡谢氏墓志铭》，志主为女诗人谢迢，并录其《寓题》诗“永夜一台月，高秋千户砧”二句。西安碑林存石刻《淮南公主墓志》，也有录诗，作者为高祖女李澄霞。就以上所列，可知存名女诗人大约一百四十多人。

要对以上作者之真伪讹乱做出判断，首先必须弄清楚这些诗人的作品是如何保存到现在的。每一人之细节考察，容后文逐一道来。就大宗来说，要提到以下几部书。

一是唐蔡省风编《瑶池新咏》。《新唐书·艺文志》著录：“蔡省风《瑶池新咏》二卷，集妇人诗。”晁公武《郡斋读书志》（袁本）卷四下：“《瑶池新集》一卷。右唐蔡省风集唐世能诗妇人李季兰至程长文二十三人诗什一百十五首，各为小序于其前，且总为序。其略云：‘世叔之妇，修史属文；皇甫之妻，抱忠善隶。苏氏雅于回纹，兰英擅于宫掖。晋纪道蕴之辩，汉尚文姬之辞，况今文明之盛乎！’”保存了此书的基本梗概。从南宋以后，这本书似乎早已失传了。但意想不到的是，在俄藏敦煌文献中，居然发现了此集的若干碎片，且其中有“□大唐女才子所□篇什。著作郎蔡省风纂”的题签。荣新江、徐俊1999年首先发表《新见俄藏敦煌唐诗写本三种考证及校录》（《唐研究》第五卷59—79页，北京大学出版社，1999），据Дx.3861、Дx.3872、Дx.3874三残卷录出李季兰、元淳诗若干首。继而又发现Дx.6654、Дx.6722、Дx.11050诸残片，续撰《唐蔡省风〈瑶池新咏〉重研》（《唐研究》第七卷125—144页，北京大学出版社，2001），录出李季兰、元淳、张夫人、崔仲容四人诗二十三首，其中颇多佚诗。我特别注意到，敦煌残卷所存四人的收诗顺序，与唐末韦庄《又玄集》卷下、传宋陈应行编《吟窗杂录》卷三〇所录四人诗的顺序相同。参照《郡斋读书志》记录该集所收“李季兰至程长文二十三人”；《又玄集》卷下自李季兰至程长文凡二十一人，分别是李季兰、元淳、张夫人、崔仲容、鲍君徽、赵氏、张窈窕、常浩、蒋蕴、刘媛、廉氏、张琰、崔公达、宋若昭、宋若茵、田娥、薛陶、刘云、葛鸦儿、张文姬、程长文；《吟窗杂录》所录亦为二十一人，无宋若昭、宋若茵，赵氏下增梁琼，蒋蕴下增崔萱，薛陶作薛涛。二者排列顺序的如此雷同，以各自不同的二人一并补入，应该即是《瑶池新咏》二十三人的完整名单，该集的基本面貌得以保存。这对唐女诗人的甄别很重要。由于该集没有收鱼玄机的诗，残序有“况今文明之盛乎”，我比较倾向该集之编成应该在宣宗以前。

二是后蜀韦縠编《才调集》卷一〇，书末录女诗人二十六人。

三是南宋初计有功《唐诗纪事》卷七八、七九有女性诗人四十人。

四是传宋陈应行编，事迹可能是北宋末蔡传编著的《吟窗杂录》卷二九、卷三〇、卷三一《古今才妇》卷，录唐女诗人约五十余人。

以上四书时代较早，集中收录唐女性诗，所录也多数可靠，是鉴别女诗人的重要佐证。

到明中叶以后，出现了一批专门编录女性诗歌的总集，如《诗女史纂》《唐宫闺诗》《名媛诗归》等，所收女性诗歌大大超过了前代文献。当时是市民文化高度发达的时期，社会上涌动着物欲艳情，民间更充斥色情文艺，女性文学在这一时期的热闹，是与这一时代特征相联系的。其实，明人看到的材料并不比宋人多，但既然社会上有对女性诗歌阅读的兴趣，那当然是书商应该加以满足的。好在办法总是有的，没有也可以编造嘛！唐代女性诗歌之大量造伪，是这时重商好色的结果。到明末开始编录全部唐代诗歌，大约经历了从黄德水、吴琯的《唐诗纪》一百七十卷，到胡震亨《唐音统签》一千零三十三卷，清初季振宜《唐诗》七十七卷，康熙四十四年下旨编《全唐诗》九百卷，就在胡、季二书基础上仓促编成。诸家虽然也讲甄别真伪，但大体仍沿袭前代的文本，也沿袭了几乎所有的讹误。相沿至今，今人仍然以《全唐诗》为依据来研读唐诗，至于真伪，仅个别专家有所认识，并不为一般读者所理解。确实，要甄别真伪，没有对所有存世唐诗的深入体会，没有对所有唐诗保存文献的深切认识，很难得出准确结论。三十多年前，笔者曾撰《〈全唐诗〉误收诗考》（刊《文史》24辑，北京：中华书局1986年4月。收入拙著《唐代文学丛考》，中国社会科学出版社1997年版时略有增订），考及《全唐诗》误收非唐五代诗六百多篇，当时所见未广，考及女性诗仅一二则。近年通盘斟酌文献，逐渐发现唐代女诗人作品的传误情况非常严重。在这本小书里，我尝试作一些分析甄辨。凡分三编，曰《存真编》《存疑编》《祛伪编》。女性书家与墓志作者偶有可述，仅殿于后。

本稿最初撰写于2009年夏，仅万余字，主体部分是甄辨后见、传误、伪托的女诗人。论文提交该年9月台湾大学举办的“文化视域的融合：第九届唐代文化国际学术研讨会”上宣读。台湾大学文学院院长叶国良教授担任论文评议人，提供李节度姬一则的考证，成功大学王三庆教授就《瑶池新咏》收录作者有所质疑。略作修订后刊《文献》2010年2期，中华书局程毅中先生阅后曾来信赐教。淡江大学中文系主任吕正惠教授认为内容重要，又嘱再次增订，在《淡江中文学报》2010年2期刊出。此次承陆灏先生美意嘱增写后收入《海豚丛书》，得以全部新写，在上编《存真编》部分用力较多，对诗人生平、才情性格、作品真伪等，皆有所涉及。在我则有机会再次全部梳理了唐代女性的诗作，体会不平凡时代各种具有独特个性的才女奇媛的人生和文学。凡今人论述已多者从略，一般细节从略。文献或有遗漏，判断偶或武断，识者幸有以赐正。

《贞石诠唐》自序[1]

石刻之学，昉自北宋欧阳修，积平生所得金石逾千品，所撰《集古录跋尾》屡言石刻可见古今政事之兴衰，可知历代文章之演变，可观汉晋以来书迹之风韵，可为考订文史典籍之左证。鸿论博稽，诚为有识。继起者赵明诚所得更倍之，所述尤重金石考史一途，为学亦更为细密。欧之所见，今知其目者约存十之七八，赵之所见，则《金石录》前十卷记载全备，二家所见而存于今者，约仅十之二三。至南宋而为显学，若《通志·金石略》《隶释》《宝刻丛编》《宝刻类编》《舆地纪胜》诸书记录汉唐石刻，较欧、赵又复倍之，存于今者亦寥寥。亡失之多，学者每为浩叹。多年前因辑补唐文，同时作《唐文待访目》，逐一记录宋人所见而今不存者，凡数千篇，记录虽详略不同，足资考证者实多，正不必因原石不存而轻弃也。

所幸贞石不朽，幽邃难掩，百年沧桑，刊布尤富。自清中叶以降，尤以王昶、陆增祥、端方、罗振玉、张钫、李根源等前辈积累至富，刊世亦亟，遂使贞珉秘拓，化身千百，得为一般学子所

1　本文收入拙著《贞石诠唐》（上海：复旦大学出版社，2016）卷首。

知，弥可珍贵。近三十年则因科学考古，规模基建，以及民间私掘等故，仅墓志一项刊布即逾八千方之多。虽其间多干犯国禁，破毁旧藏，天人共怒，学者不耻，守护文化，打击犯罪，是有司之责，亦全社会当关注者。唯收拾零残，存留记录，则有识者之努力又何可轻忽。不幸之幸，今可见之唐石居然数倍于欧赵之所得，其于唐一代文史研究之意义，实极其巨大。前辈尝言，唐以前文献太少，学术之纠纷终难得定谳；唐以后文献太多，学者以一生之力难以通治一代，唯唐代不多不少，为治学之最佳试验田。此不多不少之文献，百年来更得敦煌文书、域外典籍、释道二藏以及石刻文献无数新见资料之滋润，所取得之成就，正所谓日新而月异，有天地翻覆之气象。专治唐一代之学者如陈寅恪、岑仲勉、严耕望、黄永年、张广达、傅璇琮、陶敏等成就卓著，皆凭借对存世典籍、新见文献之全面掌握与参互发明。厕身于此一时代而专治有唐如我，庆慰何如！

早年读岑仲勉先生《元和姓纂四校记》《唐史余沈》《唐人行第录》诸书，深佩其广引石刻以纠订遗史阙文，搜罗既博，考订尤密，私心颇向往之。至1985年见文物出版社影印张钫旧藏《千唐志斋藏志》，亟购一册，且即据以订正《新唐书·宰相世系表》之失，为我治唐石刻之起步。匆匆不觉已近三十年，所撰长短文字约得数十篇，或据以考史，或藉以补诗，考人物得前所未知，稽典籍亦收获颇丰。时风所及，不甘寂寞，偶或论及政事得失、闺帷隐情、世家谱系、名人轶事，幸亦能发明一二。其他论述偶或引及者，尚不在此数。

适陈引驰教授主系政，有《复旦中文学术丛书》之规划，知我留连唐石刻多年，乃嘱编次。遂清点旧文，粗成此编，略作铨次，分为五列。其一通述石刻文献之研究意义，其二据石刻考订文史而能淹贯一代者，其三以个案研究为主，其四为书序书评及综述，末以长沙窑瓷器题诗二篇附录。短札而不能轻弃者，亦总题《贞石偶得》附入。所收诸文，均存发表时旧貌，其有误失须订正、新石可补充、重见宜删削、议论欠周允处，为精力所限，不能一一是正，幸祈读者谅之。

甲午仲秋，陈尚君谨述。